经济学如何改变我们的生活

THINKING LIKE AN ECONOMIST

陈永伟 — 著

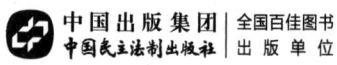

中国出版集团
中国民主法制出版社
全国百佳图书出版单位

图书在版编目（CIP）数据

经济学如何改变我们的生活/陈永伟著.—北京：中国民主法制出版社，2024.5
ISBN 978-7-5162-3634-5

Ⅰ．①经… Ⅱ．①陈… Ⅲ．①经济学 Ⅳ．①F0

中国国家版本馆CIP数据核字（2024）第089911号

图书出品人：刘海涛
出版统筹：石 松
责任编辑：张佳彬 姜 华

书 名/经济学如何改变我们的生活
作 者/陈永伟 著

出版·发行/中国民主法制出版社
地址/北京市丰台区右安门外玉林里7号（100069）
电话/（010）63055259（总编室） 63058068 63057714（营销中心）
传真/（010）63055259
http：//www.npcpub.com
E-mail/mzfz@npcpub.com
经销/新华书店
开本/32开 880mm×1230mm
印张/14.75 字数/293千字
版本/2024年10月第1版 2024年10月第1次印刷
印刷/文畅阁印刷有限公司

书号/ISBN 978-7-5162-3634-5
定价/78.00元
出版声明/版权所有，侵权必究。

（如有缺页或倒装，本社负责退换）

推荐语

陈永伟博士的新著《经济学如何改变我们的生活》，选编有据，见解清新，又不失幽默。我深有感触：第一，读大师传记是通过了解经济思想史节点人物（尘世哲人）的贡献，研学经济学的有效途径，甚至是捷径。第二，读大师传记既能激发兴趣，避免枯燥沉闷，又容易把握经济学思想的来龙去脉。第三，读大师传记可有效避免被虚假概念、片面思想所误导，陷入思想歧途。

——天津财经大学原副校长 于立

经济学大师群星璀璨，陈永伟博士笔下生花。

——清华大学社会科学学院经济学研究所教授、清华大学华商研究中心主任，孙冶方经济科学奖得主 龙登高

陈永伟先生的著作《经济学如何改变我们的生活》，从宏观经济、增长理论、微观经济、当代经济学前沿四个视角书写了三十多位著名经济学大师的学术小传，对经济思想史学科发展具有一定"边际贡献"，对掌握现代经济学理论背后的方法和思维具有重要启发，对立志成为经济学家的当代青年学者而言，更是一本学会"像经济学家一样思考"的好书。

——北京师范大学经济与工商管理学院院长、教授 戚聿东

经济思想的产生往往与时代背景和个人经历息息相关，阅读经济学家的个人传记是理解经济思想最有效的一种方式，因为它

I

可以展现晦涩经济理论背后的生动故事,《经济学如何改变我们的生活》既可以帮你了解大师的思想,也可以带你看大师的八卦,值得一读。

——中央财经大学副校长 陈斌开

每年诺贝尔经济学奖公布前后,第一期待就是看永伟的推介!这本书以优美流畅的文笔写活了经济学几百年来的思想之光!极力推荐,也期待续集!

——北京大学经济学院教授、《大国经济学》作者 杨汝岱

从古典到现代,从经典到前沿,从宏观到微观,《经济学如何改变我们的生活》是经济学的《人类群星闪耀时》。

——武汉大学经济管理学院副院长、教授 罗知

改革开放的辉煌经验,容易让国人以为持续增长并不稀奇。实际上,经济繁荣来之不易,并非惯例或常态,需天时地利人和等各个方面勉力促成。其中,经济学大师们的功劳不可磨灭,他们的工作乃是二战之后世界总体繁荣的重要基石。《经济学如何改变我们的生活》描画现代经济思想史及其对经济生活的重大影响,以点带面,由传入思,因人叙事,可谓别开生面。加之内容通俗生动,行文清晰简练,更兼辞采斐然,充满对经济学思想的热情,值得郑重推荐给所有对经济问题感兴趣的人。

——中国人民大学吴玉章讲席教授 刘永谋

本书摒弃了经济学著作深奥学理性的叙述手法,用幽默风趣的笔调,带领读者从学者的生平中感受大师的思想和魅力,从历史人物的故事中引出学术话题,兼具知识性和趣味性,是一本有

趣又有料的经济学读本。

——中国科学技术大学教授、Erdős-Rényi奖得主　吕琳媛

从人生经历发现思想之来处，把无趣术语升级为有趣且深邃的理论逻辑，让我们跟随大师们去思想的远方。

——山东大学经济研究中心经济学教授、法经济学研究所所长、《山东大学学报（哲学社会科学版）》主编　魏建

有趣的人写的有趣的书，用生动流畅的文笔将教科书中呆板的名字和深邃思想，活灵活现地展现在我们面前。让我们从一个个鲜活又完整的人的视角，来体悟大师们的思想温度。

——中国人民大学经济学院教授　孙圣民

当下的经济系统正在被数字技术重构，然而令人惊奇的是，经典的经济学智慧不仅没有失去光泽，反而愈加熠熠生辉。本书作者是一位优秀的数字经济学家，但这本书却是他对传统经济学大师的致敬。翻阅这部简明深邃的思想宝典，或许我们会发现，缤纷复杂的智能世界只是某位已故经济学家思想的新注脚。

——腾讯研究院资深专家、首席经济学顾问　吴绪亮

如果说大学者们的学术成就，像是门庭紧闭、高耸幽深的城堡，那么他们的人生就是缤纷开阔的园林。前者令游客望而生畏，后者则任人闲庭信步。城堡就在园林当中，但不是每位到访者都能够/愿意深入的地方。园林景色本身就足以给普通人很多享受和启发。我觉得陈永伟老师就是大经济学家们的园林景观导游。他的经济学科班出身，让大经济学家们的"学术城堡"不会被忽略和误解，而他丰富的人文知识积累、极佳的写作功底，

让"学术园林"如此趣味盎然。身为各个学科的热心游客（门外汉），我爱极了这类"学术园林导引"（高质量学者小传）。感谢陈永伟老师这部让我十分愉悦和解渴的文集。这类"学术园林导引"多多益善！

——《哈佛商业评论》中文版执行主编 程明霞

经济学从来不是枯燥的图表、冷冰冰的理论，而是理解人如何在社会中行动及社会如何变化的重要维度。它关注那些生动的人，凝结于经济学家们不停止的观察和思考。了解这些经济学家的生平，就更容易理解经济学各种理论的来龙去脉和相互交织。无论你是想建立初步学习框架的经济学爱好者，还是单纯想知道有趣的聪明人如何在这个领域探索，这本书都是很好的读物。作者在写理论，更在用灵动的笔触写鲜活的时代与人。

——《经济观察报》原编辑 林密

要知晓世界与中国经济的变迁与未来，经济思想史的演变是一把开门的钥匙，此书提供了一个典范。

——牛津大学经济史教授及牛津万灵学院院士 马德斌

经济学的伟大创新，必须被理解为一件艺术品，而且，像所有艺术品一样，它们都带有其创造者的个性。经济学家的传记强调个人的重要性，因为个人可以取得突破性或原创性发现，从而在学科上留下不可磨灭的印记。读陈永伟先生的这本书，可以寻找经济学和艺术之间的联系，了解经济学家在历史上所发挥的创造性作用，由此加深对整个经济学发展的理解。

——北京大学新闻与传播学院教授 胡泳

自 序

十多年前，当时在《管理学家（实践版）》任编辑的邓中华先生找到我，希望我为杂志开设一个介绍著名经济学家及他们思想的专栏。我欣然接受了这个邀请，并按照自己的理解，挑选了一批我认为比较重要的当代经济学者，每期杂志介绍一位。就这样，一口气介绍了十多位学者，直到杂志改版才告一段落。本来，我以为给著名学者作传的玩票生涯应该会就此结束，但谁料这只不过是一个开始。

2016年，奥利弗·哈特斩获了诺贝尔经济学奖。第一时间，各大媒体都想要一篇关于哈特的介绍文章。网易、界面、财新几家媒体的编辑都不约而同找到了我，问我能不能赶紧写一篇文章。这时，我想起曾经在《管理学家（实践版）》的专栏中写过哈特，于是就将文章稍加修改后给了他们。由于出稿比其他的作者都更为及时，因此一时之间，我的这篇"新瓶装旧酒"之作竟成了当时网络上介绍哈特的文章中流传度最广的一篇。这让几位编辑都很高兴，并怂恿我干脆再多写一些人物，这样每年诺贝尔奖开奖时都可以来个"抢跑"。我其实对预测诺贝尔奖并没有什么兴趣，但有媒体给自己留版面，能写点自己感兴趣的东西，还是令我很开心。就这样，我又陆续写了一些学者。说来也怪，自此之后，几乎每一年的诺贝尔经济学奖得主都会在我写过传记的那些学者中诞生——甚至如诺德豪斯、迪弗洛、戈尔丁等"冷门"学者也被我不小心"押中"。因此，几乎每次诺贝尔经济学奖一开奖，我的某篇文章就会"火爆"一把。有朋友戏称，我都快成诺贝尔奖预测专业户了，人家科睿唯安每年列十几个人都押不中几个，我倒好，年年都中。

从2018年开始，我在《经济观察报》开设专栏。我的专栏编辑林密女士应该是看到了我在为经济学者作传方面的比较优势，所以每逢诺贝尔奖揭晓、某位著名经济学家离世，或者某些学者的生卒纪念，都会要求我写一个详细的介绍。因此，几年下来，我又在自己的专栏上积累了多篇介绍文字。

所谓聚沙成塔、集腋成裘，就这样，从早年的《管理学家（实践版）》到后来的网络媒体，再到后来的《经济观察报》，我在这些不同的平台上积攒的经济学家介绍已经达到数十篇之多。积攒得多了，自然想给这些文字找一个整齐的去处。正好，华景时代的张缘先生问我有没有什么出书的选题，我就将过去写的传记挑选了一些，并稍作整理，于是就有了现在这本书。

自 序

为什么要读经济学家的传记？

我在念博士时曾经看到过一则萨缪尔森的逸闻，说是一位初学经济学的学生向萨老抱怨经济学体系太过庞杂，自己难以得其要领，并请教如何才能培养起学习经济学的乐趣，把握经济学的脉络。萨缪尔森听罢，建议这位学生去读一下罗伯特·海尔布隆纳（Robert L. Heilbroner）的《尘世哲人》（*The Worldly Philosophers*）①。

我看完这则逸闻后很好奇，这部萨老推荐的书究竟是怎样一本书。找来一看，才知道那是一部思想史的著作，介绍了从亚当·斯密到凯恩斯的经济学发展史。但和一般思想史作品枯燥乏味的论述模式不同，这部书采用了一种传记式的写法，把每一位经济学家的生平事迹和思想演进以一种非常生动、巧妙的方式结合了起来。一卷读罢，读者可以很容易知道某个经济学家的某个理论究竟是在怎样的情况下产生的，这些思想的源头在哪里，又和哪些思想有交锋。一旦一位学习者了解了各种理论的来龙去脉，这些理论在他眼里也就不再枯燥和僵硬，而会变成鲜活的东西。对于那些想进一步探索理论的人，他们的兴趣就会由此被激发，后续的研究方向将不再迷茫；而对那些仅想简单了解一下各种理论，顺带知道一些学者八卦的人，这种传记类的介绍其实已

---

① 国内曾有两家出版社引进过中文版，并先后将其标题译为《经济学统治世界》和《哈佛极简经济学》。我认为前一译法完全破坏了原题的美感，后一译法则更是不知所云，所以这里用《尘世哲人》来称呼此书。

经可以大致满足他们的需要。

在领悟萨老提供的这个学习"法门"之后，我就非常自觉地找寻关于经济学家的传记读物来读，实践证明，这种学习方法非常好。很多原本让我感到艰深无比、不明所以的理论，最终都是通过这个方法搞明白的。后来，我受中国社会科学院工业经济研究所的邀请，给他们的在职博士生课程班开过一段时间的《经济思想史》课程，其间也将这种方法介绍给了听课的学生。从他们的反馈来看，似乎这个方法也是奏效的。

值得注意的是，在我搜集各种经济学者的传记来读的时候，发现在经济学发展的早期，那些大师们都非常热衷于给前辈学者作传。比如，凯恩斯曾经出版过一本《传记文集》，里面就包括了好几位经济学家的传记；又如，熊彼特曾出过一本《从马克思到凯恩斯的十大经济学家》，对这个阶段的多名经济学家的生平和理论进行过介绍。对于一位学习者而言，阅读这些由大师写成的文字，简直可以说是一种幸福。然而，随着经济学学科的发展，这种愿意为同行写传，对他们进行介绍的学者似乎越来越少了。尤其是国内，大多数专业学者都忙于写论文、拼课题，类似传记之类文字的写作几乎都被他们视为不务正业之举。在这种情况下，既有内容，又有可读性的介绍学者生平和理论的作品似乎很难找到。梁小民先生的《话经济学人》应该是个例外，但美中不足的是，这部书介绍的学者都是比较早期的，因而比较难以体现经济学近几十年的发展。

基于以上原因，笔者认为这本小册子应该可以作为经济学爱

自序

好者学习时的一个参考材料。虽然它肯定不能和凯恩斯的《传记文集》及海尔布隆纳的《尘世哲人》相提并论，但它提供的学者生平和理论简介应该可以在一定程度上帮助读者减轻学习经济学时的痛苦，激发他们的兴趣。当然，如果仅仅是希望了解一些学界的八卦，我想，这本书也能提供一些帮助。

本书的各章是在不同时间分别写成的，彼此相互独立，读者可以根据自己的兴趣和需要挑选阅读。成书时，我根据内容将它们分成了四辑。第一辑是"宏观的求索"。这一辑介绍了凯恩斯、萨缪尔森、弗里德曼、卢卡斯等在宏观经济学发展史上具有路标意义的人物。通过阅读这部分内容，读者可以对凯恩斯主义、货币主义、理性预期学派、新凯恩斯主义等重要的宏观经济学流派，以及它们之间的相互关系有一个比较初步的了解。第二辑是"增长的迷思"。这一辑对索洛、罗默、诺德豪斯、阿西莫格鲁等几位重要增长理论研究者进行了介绍。除了介绍这些学者的生平之外，本辑还对新古典增长理论、内生增长理论、以及制度与增长等较为前沿的论题进行了介绍。通过对这一辑的阅读，读者对增长理论建立起一个初步的认知框架。第三辑是"微观的探究"。从表现上看，现代微观经济学的发展和宏观经济学的发展模式有很大不同。如果说宏观经济学发展的主要特征是先后兴起的几个重要学派围绕着一些核心的论题彼此争论，那么微观经济学发展的特征就是价格理论、博弈论等基本的微观理论分别在不同领域的应用。在本辑中，我对威廉姆森、哈特、威尔逊、米尔格罗姆、克雷普斯等经济学家进行了介绍，他们分别是交易成本

IX

理论、产权理论、拍卖理论、声誉理论等微观经济学的重要领域的代表。通过阅读本辑，读者不仅可以了解这些学者的生平，还可以初步了解他们的主要理论。第四辑是"前沿的发展"。这一辑对代表当代经济学发展方向的几位学者进行了介绍。从总体上看，现代经济学的发展有三个重要的方向：一是在方法论上，经验研究已变得越来越重要；二是在论题上，收入分配等问题越来越被人们重视；三是在学科交流上，心理学和社会学对经济学的影响变得越来越大，行为经济学、社会网络理论等交叉学科已逐渐成为主流。本辑介绍的几位学者都是在这些方向上具有代表性的人物。通过对本辑的阅读，读者可以对当今经济学的发展趋势建立起一个大致的认知。

最后，我要对在本书成书的过程中提供帮助的各位师友表示感谢。尤其是邓中华先生、林密女士、张缘先生，没有这几位的支持，应该不会有这本书。

当然，本书中的所有错误、不当，责任都由本人来负。

为了方便对正文中的内容进行扩展阅读，我在书后列了一个书目，读者可以按照自己的需要阅读。需要提醒大家的是，其中的一些书相当有难度，要完全读懂可能会费一些功夫。

陈永伟
癸卯金秋于杭州

目 录

—— 第一部分 ——

宏观的求索

经济学的诞生和经济现象的本质

亚当·斯密和凯恩斯：经济学的"双子星"　003

萨缪尔森：用数学重塑经济学　023

弗里德曼：从价格理论到货币理论　043

卢卡斯：掀起理性预期革命　065

巴罗：从非均衡的"叛徒"到新古典的"圣徒"　085

布兰查德：将经济理论应用于实践　095

伯南克、戴蒙德、迪布维格：理解金融危机　109

清泷信宏：解密信贷周期　141

—— 第二部分 ——

增长的迷思

经济发展的困境与阻碍

索洛：用一个方程描述增长的奥秘　153
诺德豪斯和罗默：揭秘增长的始与终　175
阿西莫格鲁：求索经济增长的制度之维　193

—— 第三部分 ——

微观的探究

那些影响全局的局部

威廉姆森：探寻交易成本的意义　207
哈特：揭开产权的奥秘　219
威尔逊、米尔格罗姆：探寻拍卖背后的奥秘　231
克雷普斯：理解声誉的意义　259
巴格瓦蒂：捍卫自由贸易　271
戈尔丁：展示"半边天"的力量　281

―― 第四部分 ――

前沿的发展

从现实中来，到生活中去

卡德、安格里斯特、因本斯：求索经济中的因果　307

巴纳吉、迪弗洛、克雷默：将实验引入经济学　339

皮凯蒂：重提资本、不平等和意识形态　361

卡尼曼：让经济学遇见心理学　373

格兰诺维特：解释关系的力量　397

曼昆：交过经济学的接力棒　409

书中主要经济学家名录　427

第一部分
宏观的求索

经济学的诞生和经济现象的本质

亚当·斯密（Adam Smith, 1723—1790）

约翰·梅纳德·凯恩斯（John Maynard Keynes, 1883—1946）

保罗·萨缪尔森（Paul A. Samuelson, 1915—2009）

米尔顿·弗里德曼（Milton Friedman, 1912—2006）

罗伯特·卢卡斯（Robert Lucas, 1937—2023）

罗伯特·巴罗（Robert J. Barro, 1944— ）

奥利维尔·布兰查德（Olivier Blanchard, 1948— ）

本·伯南克（Ben S. Bernanke, 1953— ）

道格拉斯·戴蒙德（Douglas W. Diamond, 1953— ）

菲利普·迪布维格（Philip Dybvig, 1955— ）

清泷信宏（Nobuhiro Kiyotaki, 1955— ）

亚当·斯密和凯恩斯：
经济学的"双子星"

亚当·斯密

Adam Smith, 1723—1790

英国经济学家、哲学家、作家,英国古典政治经济学体系的主要创立者。他强调自由市场、自由贸易以及劳动分工,被誉为"古典经济学之父""现代经济学之父"。他的主要作品有《国富论》《道德情操论》。

约翰·梅纳德·凯恩斯

John Maynard Keynes, 1883—1946

英国经济学家,宏观经济学创始人,现代经济学最有影响的经济学家之一。他创立的宏观经济学与弗洛伊德所创的精神分析法、爱因斯坦提出的相对论并称为20世纪人类知识界的三大革命。他的主要作品有《货币改革论》《货币论》《就业、利息和货币通论》等。

按照星座说，6月5日出生的人属于双子座。据说，这个星座的人无拘无束，对万事怀有永无止境的好奇心，性格和思维神秘多变，让人很难捉摸。尽管星座说多有牵强附会，但上述关于双子座的描述用在本文的两位主角——亚当·斯密（Adam Smith）和约翰·梅纳德·凯恩斯（John Maynard Keynes）身上，却也恰如其分。

斯密于1723年6月5日生于苏格兰法夫郡的小镇寇克卡迪（Kirkcaldy），而凯恩斯则于1883年6月5日生于英格兰的剑桥，两人的生日前后正好差了160年。有人说，同一天出生的人很可能会有类似的生活轨迹，从某种意义上讲，这种观点在这两个人身上得到了很好的印证——他们最终都成为了不起的经济学家，斯密被人尊称为"经济学之父"，而凯恩斯则被誉为"宏观经济学的创始人"。但在很多人眼中，这两个出生在同一天的人却又如此不同——斯密被认为是一位坚定的自由经济的捍卫者，而凯恩斯则被认为"革了斯密的命"，让政府干预取代自由放任成为经济学的主流观点。

虽然斯密和凯恩斯都早已作古，但他们的"幽灵"却一直在经济学界游荡。一旦遇上重大的论战，他们的理论、观点、名言警句就会被重新搬出来，他们的名字则会被贴上标签，成为响亮的口号，例如"拥抱亚当·斯密""埋葬凯恩斯"。这些铿锵有力、充满激情的文句很容易抓住我们的眼球。不过,当我们对这些标签化的口号习以为常的时候,我们真的了解这些口号中的主角究竟主张些什么、反对些什么吗?我们要"拥抱"的究竟是哪个亚当·斯密,要"埋葬"的又是哪个凯恩斯?我们究竟有没有拥抱斯密的条件,究竟有没有埋葬凯恩斯的能力?这些问题的答案,恐怕并没有想象的那样简单。

国民财富从何而来

如果单从经历上看,亚当·斯密的一生可谓单调而乏味。除了幼年时有一次被吉普赛人绑架的经历之外,斯密的整个生命历程几乎是波澜不惊:14岁时进入格拉斯哥大学学习,17岁时转入牛津大学。毕业后执教于爱丁堡大学,随后又返回母校格拉斯哥任职。1759年,他因出版《道德情操论》(*The Theory of Moral Sentiments*)而在学界闻名。1764年,他辞去教授职位,担任私人教师,同时游历欧洲。1767年辞职回乡,投入《国富论》(*The Wealth of Nations*)写作中,并在9年后将这一传世巨作发表。1787年,他出任格拉斯哥大学校长,3年后安然辞世。

和一般的名人不同,斯密十分在意生活的安宁,拒绝一切不必要的纷扰。为了安宁,他不仅拒绝让自己的名字出现在媒体上,甚至回绝其终生挚友大卫·休谟(David Hume)的嘱托,拒不为其整理出版遗作。终其一生,斯密都与自己的母亲相依为命，没有结婚，无儿无女，也没有任何花边新闻。但正是这样一位在生活上极为沉闷无趣的人，却在思想史上留下了珍贵的遗产。

说到斯密的思想，人们首先想到的一定是他的经济学。尽管在约瑟夫·阿洛伊斯·熊彼特（Joseph Alois Schumpeter）等人看来，斯密的理论鲜有原创性，很多内容都可以在理查德·坎蒂隆（Richard Cantilion）、切萨雷·贝卡里亚（Cesare Beccaria）、杜尔哥（Turgot）等人的著作中找到出处，但即便如此，斯密对这些知识进行系统化、体系化梳理的努力，应该是前人所无法比拟的。可以说，在斯密之前，很多经济学的思想虽然已经存在，但它们更像是散落在地上的珍珠，而斯密则把这些珍珠串成项链，使其成为真正的艺术品。从这个角度看，斯密获得"经济学之父"的桂冠实至名归。

斯密的经济理论从两个问题出发：国民财富的性质究竟是什么？它们的来源又在哪里？在当时的欧洲，关于这两个问题的回答，形成了两套截然不同的理论。

一套理论是所谓的"重商主义"（Mercantilism）。这套理论认为，金银等贵金属是衡量国民财富的唯一标准，一切经济活动的目的就是获取贵金属。由于除了直接开采之外，贸易是获得贵金属的主要来源，因此政府为了增加本国的国民财富，就必须积极鼓励出口，同时不鼓励进口，甚至对其加以限制。

另一套理论是所谓的"重农主义"（Physiocracy）。这套理论宣扬"土地是财富之母，劳动是财富之父"，认为源于土地的自然产品才是真正的国民财富,主张只有农业劳动才能真正创造财富。根据这一理论,一个国家要想实现国民财富的增长,就不应该将力气花在贸易上,而应该更多关注农业的发展。

而在斯密那里,则给出了不同于"重商主义"和"重农主义"的第三种答案。他认为,国民财富既不是重商主义者唯一关心的金银,也不像重农主义者主张的那样,仅仅来自土地。在斯密看来,生产性劳动的创造物,都应该被视为财富。虽然这只是一个定义上的修正,但是在当时的背景下,这样的财富观是具有革命性和破坏力的。在斯密生活的年代,工场手工业已经相当发达,工业革命也在悄悄地发生,但无论是在"重商主义"还是"重农主义"的世界观里,这些先进生产力的代表所产出的物品竟然连财富都算不上。显然,至少在舆论上,这对于相关产业的发展是相当不利的。在这种环境下,斯密扩大了财富的定义,就相当于给这些产业正了名,其意义十分重大。

那么一个国家又需要采用怎样的方法来提升其国民财富呢?在斯密看来,这个问题的答案是十分明显的:既然财富源自生产性劳动,那么劳动的效率,以及投入生产的劳动数量就是决定国民财富产出的两个关键因素。

在《国富论》中,斯密首先从劳动的效率,也就是我们熟悉的劳动生产率入手开始了讨论。影响劳动生产率的因素很多,在斯密眼中,分工显然是所有因素当中最关键的那一个。在《国富论》的第一章,他就开宗明义地讲道:"劳动生产力上最大的增进,以及运用劳动时所表现的更大的熟练、技巧和判断力，似乎都是分工的结果。"为了佐证这一观点，他给出了或许是经济学界最有名的制针厂案例：如果让一个人独立制作扣针，那么或许一个人一天不能制作出一枚，但如果将制针的工序分开交由多人完成，那么一个人一天平均生产的扣针就可以达到4800枚。尽管这个例子十分简单，但它却充分地向人们道出了分工的威力。

一旦有了分工，每个劳动力的生产率就会获得大规模提升，更多的新财富就会被生产出来。这些更多的新财富除了满足人们的消费外，还可以被用来进行投资，用来雇用更多的劳动力，这样整个社会就有能力创造出更多的财富。

如果斯密的分析到此为止，那么这套理论就谈不上有多新鲜。事实上，至少在古希腊，人们就开始注意到了分工的作用。在柏拉图的《理想国》里，就曾经谈过要促进分工，让每一个人去做他最合适的工作，以此来提升城邦的财富。不过，在柏拉图那里，分工是靠人进行安排的，什么人干什么事，要靠"哲学家王"来进行分配。而到了斯密那里，市场取代了高贵的"哲学家王"成为分工的安排者。他指出，分工的程度主要受到交换能力大小的限制，只要市场在不断扩大，交换在不断增加，分工就会不断演进。

那么，究竟是什么动力支撑了市场的不断扩大呢？斯密给出的答案是"自利"。他指出："我们每天所需的食物和饮料，不是出自屠户、酿酒家或面包师的恩惠，而是出于他们自利的打算……我们不说自己有需要，而说对他们有利。"

通过这样的分析,斯密版的增长模型就很清楚了:市场的扩大导致了分工的进行,分工的进行带来了生产率的提升,生产率的提升使得财富产出增加,进而导致积累的增加,更多的积累带来更多的投资,吸收更多的劳动,从而带来更多的财富产出……而在这个过程中,"自利"这个因素取代了柏拉图《理想国》中的"哲学家王"和重商主义者口中的政府,成为整个增长过程的第一原动力!

或许有人已经惊讶地发现,在斯密的上述论证中,并没有提到政府。那么,政府的作用究竟有哪些呢?在《国富论》中,斯密给出了自己的看法。他认为,政府的作用主要有三个:保卫本国不受侵犯、保护社会成员的财产和人身安全,以及建设和维护公共工程和公共事业。除此之外,政府不应该过多地干预经济。

斯密是一名自由放任者吗?

后来的经济学家给斯密的理论贴上了一个标签——"自由放任"。应当承认,这个标签确实比较好地反映了斯密的学术观点,但是在政策主张上,斯密本人似乎并没有那么纠结于自己的理论。在很多场合,斯密依然积极主张政府力量的介入。

一个例子是贸易问题。在很多文献中,斯密被描绘为自由贸易的坚定主张者,但实际上,他却发表过很多类似重商主义者的言论。斯密对于英国出台的《航海法案》十分赞许,称赞它是"英国历史上最为明智的法令"。斯密的这一行为令人十分不解。他对此的解释是，诚然，《航海法案》会阻碍英国得自贸易的利益，减少国民财富的增长，但如果任由荷兰发展，英国将面临更大的战争风险，而"国防"的考虑显然要重于"国富"。值得注意的是，斯密对于贸易干预的支持不只表现在文字上。事实上，在晚年，斯密还以一名海关专员的身份，成为经济限制和禁令体系的热情执行者。

除了贸易之外，即使在国内斯密也并不完全支持"自由放任"。人们的行为——即使这种行为来自"天然自由"——只要威胁到了整个社会的安全，政府就应该对其进行制止。根据这一信念，他支持政府对货币市场的干预，也支持政府对一些产品的生产和销售进行限制。

有人认为，斯密以上的行为和观点是典型的言行不一，是自己背叛了自己。但在我看来，斯密的这些做法其实更加符合一名经济学家的本分。出于务实的角度，他深深知道，自己的理论其实是有界限和前提假设的。如果超出了这个前提，那么理论就会不适用，就需要根据现实的情况重新进行权衡取舍。或许正因为如此，他并没有选择成为自己理论的坚定捍卫者，而是做出了更为务实的选择。

再看斯密对"自利"的论述。尽管对于现在的我们来说，这套理论已经是司空见惯，但是在当时来看，斯密的理论显然是具有爆炸性的。他把政府和国王拉下了神坛，却把"自利"捧上了神坛。很多卫道士感到不满，认为这种公然宣扬自利的做法会败坏社会风气;与此同时,很多贪婪自私的商人则为斯密鼓掌欢呼,认为斯密的这一观点正好说出了自己的心里话,并且为自己的那些"不道德"行为正了名。

但是,斯密真的是一位利己主义的旗手吗?答案恐怕并非如此。我们在谈论斯密时必须注意,他除了是一位经济学家之外,还是一位伦理学家,甚至首先是一位伦理学家,他对于著作《道德情操论》的重视恐怕要高过《国富论》。事实上,直到去世之前,他都一直在修改《道德情操论》,以便让它为完善。

作为一名伦理学家,斯密显然不是一名极端的利己主义者。这一点在《道德情操论》的开篇就得到了体现。他指出:"无论人们会认为某人怎样自私,这个人的天赋中总是明显地存在着这样一些本性,这些本性使他关心别人的命运,把别人的幸福看成自己的事情,虽然他除了看到别人幸福而感到高兴以外,一无所得。"斯密把他提到的这种本性称为"同情"。在他看来,由于同情的存在,人们在进行各种活动时就会设身处地为别人着想,不至于太过损人利己。

当然,仅仅"同情"还不足以保证人们的道德。为了保证社会的良序运行,斯密在自己的伦理体系中引入了一个"公正的旁观者"的概念。在整部《道德情操论》中,"公正的旁观者"一词不断出现,但含义却不尽相同。它有时候指的是真实的人,有时候指的是神明,或者我们内心应该有的道德准则。在斯密看来,一个人的行为,必须符合"公正的旁观者"的判断。

当然,根据"公正的旁观者"含义的不同,他们所对应的道德水准也是不一样的。如果一个人只害怕真实的人，那么他的行为只能说得上是合乎规范。如果可以时时反躬自省，让行为通过自己心中那位"公正的旁观者"的审判，他的行为才可以被视为正义。

斯密在《国富论》中提到的"自利"，其实并不是一些人认为的那种彻底的自私，它的前提是要符合社会中的旁观者的判断，而不能为所欲为。即使满足了这些条件，按照斯密的标准，"自利"也只是不应该受到批判而已，还谈不上受到赞扬。说斯密是自私的鼓吹者，其实并不确切。

凯恩斯的学术思想来源

相比于斯密的"灰暗"生活，凯恩斯的人生实在精彩太多：14岁进入伊顿公学，19岁进入剑桥大学，毕业后通过文官考试，入职印度事务部。在政府任职3年后，凯恩斯辞官返回剑桥任教，此后陆续辗转于高校、政府部门，以及投资机构之间。作为官员，他参与过大政方针的制定，见证过众多历史时刻；作为投资者，他炒过股、赚过大钱；作为学者，他更是开宗立派，以一己之力开创了宏观经济学。他是一位学者，却不甘寂寞，热衷于在媒体上亮相；据说他是一位同性恋者，却又能娶得娇妻，并能厮守到老。这样的人生，真可谓是哪一样都没有落下。

比起斯密，凯恩斯在经济学圈内遭遇的争议要多得多。一方面，他的《就业、利息和货币通论》(*The General Theory of*

Employment, Interest and Money，以下简称《通论》）及由此衍生出的"凯恩斯主义"被很多人认为偏离了经济学一贯的自由放任传统，为政府的过度干预开了先河；另一方面，在凯恩斯的学术生涯中，实在留下了太多的前后矛盾（当然，很多矛盾其实是人们的误解）。例如，在1930年发表的《货币论》（A Treatise on Money）中，他主张货币的稳定，而在《通论》中，他却成了扩张性货币政策的支持者；又如，在早期著作中，他曾大力主张自由贸易，而在《通论》当中，他却用了很大篇幅为重商主义鸣冤叫屈……这些前后的不一致，着实让人很难理解。

如果我们不想简单地把凯恩斯理论的善变推到其双子座的特征上，就需要对其学术思想的来源进行追寻。

实际上，成为经济学家并不是凯恩斯的初衷。在年少时，凯恩斯的兴趣是数学，并且很早就表现出了这方面的天赋。然而在上大学之后，他很快就放弃了成为一名数学家的梦想，因为他发现这门学科根本无助于实现他解决人类社会根本问题的理想。在放弃了数学之后，他开始对伦理学着迷——这一点倒是和斯密的学术历程十分类似。他旁听了著名伦理学家乔治·爱德华·摩尔（George Edward Moore）的课程，而后在1904年发表了一篇题为《伦理学与行为的关系》（The Relation between Ethics and Behavior）的论文。在后来的回忆中，他曾表示，摩尔的《伦理学原理》（Principia Ethica）（以及罗素的《数学原理》）对其影响甚大。

那么,对凯恩斯产生了重大影响的摩尔在伦理学上有什么主张呢?总体上讲,他提出了两个重要的问题:"什么是善",以及"我们应该怎么办"。对于第一个问题,摩尔的回答是,"善"是一个单纯的、独立的、不可分析和推理的概念。他批判了传统的功利主义中关于"善"的观念,认为它其实混淆了"善"与"善的行为"之间的关系,将目标和手段混为一谈。对于第二个问题,摩尔则采用了一种归纳逻辑的思路,认为应当探究行为和行为效果之间的关联,选择那些可以最大化"善"的行为。

尽管从后来的发展看,凯恩斯并没有接受摩尔在伦理上的这些观点,但是在其思想的发展历程中,却多少受到了摩尔思维方式的影响。

第一个影响体现在凯恩斯对于功利主义的抛弃。与凯恩斯同时代,以及其后的经济学家们通常会习惯于将人的动机简化为一个抽象的效用函数,并将人的行为抽象为对这个效用函数进行最大化的过程,但凯恩斯不喜欢这种思路。显然,他受到了摩尔区分"善"与"善的行为"这一做法的启发,倾向于在分析经济问题的过程中,从人的心理动机入手。

这一点在《通论》一书中表现得尤其明显。例如,他在分析储蓄时就考虑了八种动机:防患于未然、远见、谨慎、追求进步、寻求独立、事业心、自豪感和贪财;在分析消费行为时指出了六种动机:享乐、短视、慷慨、不谨慎、虚荣和奢侈;而在分析流动性偏好时,则又区分了四种动机:收入动机、业务动机、谨慎动机和投机动机。可以毫不夸张地说，在凯恩斯的著作中，分析的是真正的人，而不是抽象的人。从这个角度看，以唐·帕廷金（Don Patinkin）为代表的一些学者，把凯恩斯理论简单视为一般均衡理论在宏观层面的一次应用，其实是对凯恩斯本人的一种严重误读。

值得一提的是，正是由于凯恩斯不喜欢把人的动机看成一个抽象的函数，所以在他的著作中数学公式很少——尽管实际上他的数学造诣颇高。

第二个影响是凯恩斯在摩尔学说的启发之下创立了自己的概率理论，而这在后来的学术研究中成为他理论的哲学基础。

与《货币论》《通论》相比，出版于1921年的《概率论》（A Treatise on Probability）可谓默默无闻。但实际上，凯恩斯在这本书上花费的精力恐怕要比其他著作多得多。

从书名上看，这似乎是一本数学书，但实际上，它是一本逻辑书。在书中，凯恩斯仿照摩尔对"善"的定义的方法，将"概率"理解为一种不可定义的概念。在当时，学术界通常将概率理解为一个客观的概念，认为人们可以通过事物出现的频率，或者归纳的经验来推断概率——事实上，当时摩尔就持有第二种观点。但在凯恩斯看来，这些认识显然没有抓住概率的本质。他认为，概率的本质是不同事件之间的逻辑关系，这种关系并不是一个确定的东西，更不可能用某个简单的数字来衡量。要理解概率，只能诉诸理性，而归纳得到的信息充其量只能为理性的信念提供参考，而不能成为概率本身。举例来说，我们可以抛一万次硬币，发现正面朝上的概率几乎为50%，但我们可以认为，正面朝上的概率就是50%吗？在凯恩斯看来，答案是否定的，事实上，面对同样的信息，不同理性信念的人会得出完全不同的答案。

凯恩斯的这个思路奇怪吗？或许是。但如果我们换一下名词，把"概率"换成"不确定性"，把"理性"换成"企业家精神"，就马上会得到一套人们更为熟悉的学说。是的，这套理论就是富兰克·奈特（Frank H. Knight）的理论。恰好，他的《风险、不确定性与利润》（Risk, Uncertainty and Profit）也出版于1921年。现在的很多学者乐于抨击凯恩斯，而习惯于把奈特作为凯恩斯的反面，但事实上，当时奈特本人的观点和凯恩斯十分类似。

当然，凯恩斯关于概率的观点在当时受到了不少批判，其中最著名的批判者就是弗兰克·拉姆齐（Frank P. Ramsey）。熟悉现代宏观经济理论的朋友应该会十分熟悉这个名字。这位天才只活了26年11个多月，一生只发表了两篇经济学方面的论文，但这两篇论文却奠定了经济增长和税收这两个领域研究的基础。在《概率论》出版时，拉姆齐还是一名在校的大学生，尽管凯恩斯算是他的老师，但他却对凯恩斯的理论十分不认同。在他看来，人们只要通过实践，就可以揭示出真正的概率。他在一个研讨会上公开发表了这一观点，还将其整理为论文。据说，拉姆齐的攻击让凯恩斯无言以对。不过在我看来，凯恩斯的这种状态恐怕更多地是出于谦逊。从后来的实践看，凯恩斯并没有接受拉姆齐的批评。

那么，凯恩斯和拉姆齐的观点到底谁对谁错呢？或许，很难就此分出一个胜负。事实上，凯恩斯和拉姆齐代表的是两种哲学观——对于这个世界，凯恩斯其实像休谟一样，更多地抱有一种不可知论态度，而年少气盛的拉姆齐则更多地持一种可知论态度。这两种哲学观在经济政策上的体现是，凯恩斯的主张更为谨慎，在他看来，在必要时引入政府的干预，其实只是为了增强人们的理性能力，尽管有政府的帮助，但归根到底还是要人自己来发挥作用。由于不同时刻的经济冲击是不一样的，人们面对的问题不同，因此政府也需要采用不同的思路来帮助人们应对风险，而这种不同，就导致了凯恩斯在政策主张上的善变。相比于凯恩斯，拉姆齐对政策的主张则更为自信——这一点从他的两篇经济学论文中可见一斑。这两篇文章都用了严格的数学推导，体现出了满满的掌控经济的自信。从这个角度看，有人说凯恩斯是一个"致命的自负"者，其实是不太妥当的。至少相比于拉姆齐及其后继者来说，凯恩斯只能算是一个怀疑派。

凯恩斯是一名干预主义者吗？

限于篇幅，我不想花太多时间来具体介绍凯恩斯的理论。毕竟，在不同时期，凯恩斯的理论充满了变化，简单介绍无疑会挂一漏万。这里，我只想讨论一个问题，那就是凯恩斯究竟是不是一个政府干预的支持者？

现在，一些人说到政府进行财政扩张，或者央行进行货币扩张时，都会不由自主地说一句："瞧，他们又要搞凯恩斯那一套了！"好像凯恩斯在宏观政策上的主张就是积极扩张。更有甚者，一些学者还会将诸如管制、行政垄断等一系列的问题都归为凯恩斯的理论。但真实的情况并非如此。

在我个人看来，凯恩斯本质上应该是一个自由经济的爱好者。如果整个经济能像斯密所说的那样，在个人自利的驱动之下，成功达成市场的扩大、分工的演化、资本的积累、国民财富的增长……那么，这一切就真是再好不过了。但在现实中，斯密预言的伊甸园并不会总是存在，由于各种不可捉摸的因素，经济总会受到干扰。举例来说，企业家们是否进行投资，进行多少投资，都要根据对未来的判断进行。但这些判断的基础，其实是不可测算的概率，而最后进行选择的，却是难以捉摸的"动物精神"。在这种情况下，人们难免会出错。如果一个人出错，判断失误，那么没问题，市场会自动地把它纠正过来。但是，如果市场上的企业集体出错，那么市场本身就难以纠正了，这个时候，诉诸政府的力量或许就是一个可行的办法。诚然，政府的决策不能减少经济的不确定性，但是政府的介入却能够起到凝聚共识，提升人们理性能力的作用，而这毫无疑问能够帮助处于麻烦中的人们尽快走出困境。

需要指出的是，凯恩斯诉诸政府的力量，并不等于就是积极主张政府干预。在那篇被人们解读为对自由放任主义檄文的名篇《自由放任的终结》（The End of Laissez-Faire）中，凯恩斯就指出："政府干预是避免破坏现存经济形式完整性的唯一可行的办法，并是使个人主动性成功发挥作用的前提条件。"由此可见，在他看来，干预更多是一种权宜之计，而非长久之策。

而在对政府作用的认识上，凯恩斯表现得也非常谨慎。举例来说，凯恩斯在《通论》中曾经分析过用公共投资来破解危机的可能性，这一观点在现实中被很多人批评。一些批评者认为，凯恩斯的这一观点完全是一种"破窗理论"，它忽略了巴斯夏（Bastiat）所说的"看不见的成本"，从而忽视了政策对经济整体带来的影响。但事实上，如果批评者真正读过《通论》，就会发现凯恩斯在讨论这个观点时非常小心。他不时地提醒人们，像"乘数"这些经济概念只是一种猜想，是在十分严格的理论条件下才能得到的。应用这些概念时，一定要小心评估政策对其他投资的挤出，要小心政策对乘数本身带来的影响，权衡利弊之后方能推行政策。

实际上，如果我们进行一下词频分析，就会发现凯恩斯在引入"政府"这个概念时，甚至可以说充满了疑虑。我曾在英文的《通论》电子书稿中搜索过"government"（政府）一词出现的次数，结果发现在整本书里，这个词出现的次数总计只有20多次，其中有几次还是出现在编者所撰写的前言当中。这些词大多数都被用来指称某一个具体的政府（例如美国政府），而涉及政府应该怎么做的内容其实很少。这种用词上的回避，或许可以从侧面佐证凯恩斯对于政府的态度。有趣的是，当我在中文版《通论》电子书稿中搜索"政府"一词时，发现搜索结果有200多个。对照之下发现，原来是原文中的"Public"（公众）一词都被译成了"政府"——尽管这样的译法可能只是反映了译者的习惯，但或许也从侧面反映出了人们印象当中凯恩斯理论的样子。

两位经济学巨匠竟在同一天生日，这或许是一个巧合，但也或许是一种必然。上天或许在冥冥之中告诉我们，经济思想其实是一脉相承的，看似对立的观点，其实只是硬币的两个面而已。

尽管斯密和凯恩斯都早已不在人间，但我相信，只要人们还要争论经济问题，还要制定经济政策，就很难走出这对"双子星"的影子。或许是出于记忆的需要，这两位巨人一直都以一种标签的形式存在——斯密是"自由放任主义者"，而凯恩斯则是他的对立派。不过，如果我们拨开历史的迷雾，就会发现，其实斯密并不是那么拒绝政府干预，而凯恩斯也绝不是什么干预主义的旗手。事实上，从这两位伟大的经济学家身上，我们都可以看出一种务实的，能根据具体经济问题及时调整自我的态度，而这一点其实非常值得我们学习。当代经济社会还有很多问题有待解决，简单地喊一下支持其中某一方，反对其中某一方十分容易，但也十分廉价。而要和两位先哲一样，面对具体问题做出具体的分析，则是一件难事。

与此同时，或许两位先哲的生平和经历还能够告诉我们一点，那就是，经济学其实应该被视为是伦理学的一个衍生学科，在处理经济问题时，我们所秉承的绝不能只有冷冰冰的理性，而更应该有一份温情。

延伸阅读

[英]伊安·罗斯，《亚当·斯密传》，浙江大学出版社，2013年5月。

[英]亚当·斯密，《国民财富的性质和原因的研究》（上、下），商务印书馆，1972年10月。

[英]亚当·斯密，《道德情操论》，商务印书馆，1997年11月。

[英]坎南，《亚当·斯密关于法律、警察、岁入及军备的演讲》，商务印书馆，1962年12月。

[英]罗伯特·斯基德尔斯基，《凯恩斯传》，生活·读书·新知三联书店，2006年4月。

[美]尼古拉斯·韦普肖特，《凯恩斯大战哈耶克》，机械工业出版社，2013年4月。

[英]凯恩斯，《货币论》（上、下），商务印书馆，1986年6月。

[英]约翰·梅纳德·凯恩斯，《就业、利息和货币通论》，商务印书馆，1999年4月。

萨缪尔森：

用数学重塑经济学

保罗·萨缪尔森

Paul A. Samuelson，1915—2009

美国著名经济学家，美国麻省理工学院经济学教授，凯恩斯主义在美国的主要代表人物，创立了新古典综合学派，获得1970年诺贝尔经济学奖。他的主要作品有《经济学》《线性规划与经济分析》《经济分析基础》等。

1915年5月15日,萨缪尔森出生于美国印第安纳州的加里(Gary)城的一个波兰犹太移民家庭,其父亲法兰克·萨缪尔森是一名药剂师。受第一次世界大战的影响,加里城作为新兴的钢铁城市经历了很长一段时期的繁荣,而萨缪尔森的家庭也从这轮繁荣中获益颇多,这使得小萨缪尔森能在富足安康中度过童年。

此后,萨缪尔森随家庭移居到了芝加哥,并进入海德公园中学(Hyde Park School)读书。中学时,萨缪尔森身上的经济学天赋开始表现出来。在一年级时,他就开始研究股票市场,并且帮助自己的代数老师选择股票。16岁时,萨缪尔森从海德公园中学毕业,进入享誉美国的芝加哥大学学习。当时芝加哥大学已经是传统新古典经济学的研究中心,但萨缪尔森此时并不知道这些,他选择芝加哥大学的原因仅仅是"它是离家最近的大学"。

1932年,年轻的萨缪尔森偶然参加了学校的一次讲座。讲座是关于人口理论的奠基人、英国著名经济学家托马斯·罗伯特·马尔萨斯(Thomas Robert Malthus)的。萨缪尔森被马尔萨斯传奇的经历和精深的经济逻辑深深地吸引了,他暗下决心,以后也要以经济学作为自己的事业,成为和马尔萨斯一样了不起的经济学家。很多年后,萨缪尔森回忆道:"我作为经济学家的生命,是从1932年开始的。"而又有谁能想到,让这样一位伟人走上经济学之路的,竟是一次并不起眼的小小讲座,或许这世界本来就是偶然的产物吧!在明确了自己的奋斗目标后,萨缪尔森开始如饥似渴地学习经济学知识。

当时作为本科生的他,就已经开始选修芝加哥大学经济系的研究生课程。在课堂上,他聆听了富兰克·奈特、雅各布·维纳(Jacob Viner)、亨利·西蒙斯(Henry C. Simmons)、保罗·道格拉斯(Paul H. Douglas)等大师的教诲,从这些大师们那里汲取来的丰富知识为萨缪尔森日后的经济学研究打下了坚实的基础。在修课过程中,萨缪尔森还结识了已经是研究生的米尔顿·弗里德曼(Milton Friedman)和乔治·斯蒂格勒(Greorge J. Stigler)。弗里德曼和斯蒂格勒在后来都成为芝加哥学派的代表人物,也分别获得了诺贝尔经济学奖。在和天才级同学的交流过程中,萨缪尔森的经济思想得到了极好的磨砺。几十年后,弗里德曼成为保守主义经济学的领袖人物,和作为凯恩斯学派代表人物的萨缪尔森在观点上经常发生冲突。但两位大师一直珍视着早年在芝加哥大学求学时结下的友谊,私交甚密。这两位大师级论敌之间的友谊,在经济学界已经成为一段佳话。

1936年,以所有课程全A的优异成绩从芝加哥大学毕业后,萨缪尔森面临的问题是究竟要去哪里继续自己对于经济学的求索。他主要有两个选择:一个是哥伦比亚大学,另一个是哈佛大学。当时,包括奈特、维纳在内的大部分老师都建议萨缪尔森去哥伦比亚大学继续学习。而他最终却没有接受这些恩师的建议,选择进入哈佛大学经济系继续深造。萨缪尔森选择哈佛大学,这可能已经反映了他经济思想的一个重要转变。在芝加哥大学求学时,萨缪尔森被灌输的是阿尔弗雷德·马歇尔(Alfred Marshall)创立的新古典经济学思想。在这套思想体系中,对于失业,哪怕是失业的可能性都是绝口不提的。这样的经济理论当然不能让善于观测现实的萨缪尔森感到满足,他需要新的知识,更能解释现实的知识,而新崛起的凯恩斯主义可能正是一个好的选择(当年,凯恩斯的划时代巨著《就业、利息和货币通论》刚刚出版)。当时,哈佛大学是凯恩斯主义的重镇,被称为"美国凯恩斯"的阿尔文·汉森(Alvin Hansen)正在此执教,萨缪尔森选择哈佛大学就读,在很大程度上就是因为仰慕汉森等凯恩斯主义者之名。

当萨缪尔森来到哈佛大学后,惊喜地发现哈佛大学能带给他的不仅仅是凯恩斯主义,还有很多此前很难有机会接触到的思想。

当时熊彼特、瓦西里·里昂惕夫(Wassily Leontief)、戈特弗里德·冯·哈伯勒(Gottfried von Haberler)等经济学大腕为了躲避欧洲大陆的战祸,纷纷来到哈佛大学。后来萨缪尔森曾经调侃说:"从某种意义上说,我应该感谢希特勒。"正是这位大独裁者在欧洲的暴行,才使得萨缪尔森得到如此众多名师言传身教的机会。当然,哈佛除了强大的师资力量外,还有大批优秀的研究生,在萨缪尔森求学期间,詹姆斯·托宾(James Tobin)、罗伯特·索洛(Robert Solow)、沃尔夫冈·斯托尔珀（Wolfgang Stolper）、理查德·马斯格雷夫（Richard A. Musgrave）、艾布拉姆·伯格森（Abram Bergson）等一大批杰出的经济学人才也都云集于此，这些人日后都成为叱咤经济学界的风云人物。萨缪尔森在和这些优秀经济学家的交流中，不但收获了无尽的知识，也收获了很多终生的至交好友。尤其值得一提的是索洛，正是他在此后的几十年里和萨缪尔森一起精诚合作，将麻省理工学院（MIT）的经济系办成了世界上最好的经济系之一。

哈佛大学良好的学习和研究环境让萨缪尔森如鱼得水。广泛的阅读、大量的讨论成为萨缪尔森生活中的主要内容。萨缪尔森尤其喜欢和自己的老师探讨各种问题，但又从不满足老师给出的现成答案。他往往提出自己的观点，并和老师进行辩论。托宾后来评论道，萨缪尔森在争论时不尊重年龄、不尊重地位。或许，在旁人看来萨缪尔森的举动实在不太礼貌，但是了解他的老师们却也从来不注意这些小节，而是对其格外欣赏。例如，当时在哈佛大学任教的熊彼特就经常夸奖萨缪尔森为自己所见过的最有天赋的学生。

萨缪尔森在哈佛大学经济系的学生生涯是在1941年的一次传奇答辩中画上句号的。当时萨缪尔森的答辩委员会阵容十分强大，熊彼特、里昂惕夫等大腕经济学家都在其中。但年轻的萨缪尔森面对如此众多的专家毫无惧色，用自己深厚的学术功底完全主导了这场答辩。于是戏剧性的场面出现了：本应紧张的学生侃侃而谈，并向答辩组成员提出尖锐的问题，而答辩组成员却显得特别紧张，恍惚间以为自己才是答辩人。在答辩结束时，熊彼特擦着汗问里昂惕夫："瓦西里，我们通过了吗？"萨缪尔森答辩的这篇论文是《经济理论操作的重要性》，这部作品后来为萨缪尔森迎来了"大卫·威尔士奖"（大卫·威尔士奖，是为奖励哈佛大学优秀博士论文设立的奖项。旨在奖励对经济学某个领域具有原创贡献的研究。后来，有一位中国人也得到了威尔士奖，他就是被誉为发展经济学创始人的张培刚）。1947年在此基础上发表的《经济分析基础》（*Foundations of Economic Analysis*）则为萨缪尔森赢得了克拉克奖和诺贝尔经济学奖等荣誉。

从哈佛毕业后，萨缪尔森试图留在母校任教。但这一愿望最终未能实现，时任经济系主任的哈罗德·赫钦斯·伯班克（Harold Hitchings Burbank）教授未批准萨缪尔森的请求，其原因一部分是由于萨缪尔森重视数学逻辑，关心现实问题，推崇凯恩斯主义的研究思路和哈佛大学当年的学术环境不大相符，而另一部分则是因为萨缪尔森是一名犹太人。萨缪尔森的同事、诺贝尔经济学奖得主索洛在谈及此事时曾说："如果你过于聪明，是犹太人，或是凯恩斯主义者，那么你就不符合工作（指当时的哈佛大学教职）的要求。而萨缪尔森恰恰很聪明，是犹太人，又是一位凯恩斯主义者。"

从事后来看，哈佛大学的经济系一定会后悔当年没有给萨缪尔森教职，但从结果来看，或许哈佛大学的这一错误行为恰恰推动了经济学的进步，否则目前世界上的经济学可能还是哈佛大学一家独大，而非百家争鸣。萨缪尔森被哈佛大学拒聘后，回到了和哈佛大学同在一个小镇的麻省理工学院（在1940年时，萨缪尔森已被聘为了该校经济系的助理教授）。此后，萨缪尔森一直都没有离开过麻省理工学院，他于1944年成为该校的副教授，于1947年晋升为正教授，又在1966年被聘为学院教授（这是麻省理工学院给予教授的最高荣誉）。萨缪尔森在麻省理工学院的日子里，不仅笔耕不辍，发表了数百篇论文，而且和同为犹太人的索洛一道，大力加强本校经济系的建设。他们不仅自己为学生开课，而且还请来了里奥尼德·赫维克兹（Leonid Hurwicz）等众多经济学巨匠来麻省理工学院任教。在萨缪尔森等人的努力下，麻省理工学院的经济系成为足以和哈佛大学经济系相抗衡的院系。萨缪尔森曾经说："这是对伯班克教授'甜蜜的报复'。"当然，如果要说对哈佛大学"真正的报复"，那么严格地讲，要等到很多年后萨缪尔森的侄儿——同样聪明，是犹太人，又是凯恩斯主义者的劳伦斯·萨默斯（Lawrence H. Summers）成为哈佛大学教授、校长之后，这个"甜蜜的报复"才能算被完美地实施了。劳伦斯·萨默斯的父亲罗伯特·萨默斯（Robert S. Summers）是保罗·萨缪尔森的弟弟，也是一位经济学家。由于他感叹其兄在经济学界的地位无法超越，不愿意仅仅成为其兄的影子，所以将姓氏改成了萨默斯。萨默斯在美国经济学界素有"纯种经济学家"之称，他的父母都是经济学家，其伯父为保罗·萨缪尔森，其舅舅则是另一位诺贝尔经济学奖得主肯尼斯·阿罗（Kenneth J. Arrow）。

1947年，美国经济协会为了奖励40岁以下的优秀经济学人才而设立了约翰·贝茨·克拉克奖。而萨缪尔森由于对数理经济学的巨大贡献，当之无愧地获得了第一届克拉克奖。

但是，当时萨缪尔森的心中可能还有一丝遗憾。据说，曾经有人问萨缪尔森："学习经济学最大的坏处在哪里？"萨缪尔森回答说："是不能得诺贝尔奖。"当时诺贝尔经济学奖还没有设立，从事经济学研究的学者和这一科学界的最高奖项无缘。而这对于一直致力于将经济学科学化的萨缪尔森来说，无疑是一大憾事。幸运的是，瑞典银行为了纪念诺贝尔而增设了"纪念阿尔弗雷德·诺贝尔经济学奖"，即通常所说的诺贝尔经济学奖。1969年诺贝尔经济学奖首次颁奖。而第二届（1970年）的诺贝尔经济学奖得主，就是萨缪尔森。由于是北欧人设立的奖项，所以第一届诺贝尔经济学奖"照顾"了简·丁伯根（Jan Tinbergen）和拉格纳·弗里希（Ragnar Frisch）两位学者。虽然这两位学者凭借其在计量经济学领域的开创性贡献，获得诺贝尔经济学奖也是毫无疑问的，但其成就和萨缪尔森相比还有不小差距，从这个意义上看，他们能首先获奖可能在很大程度上得益于他们的出生地。诺贝尔经济学奖评审委员会在给萨缪尔森的颁奖词里这样写道："在提升经济理论的科学分析水平方面，萨缪尔森比当代任何经济学家的贡献都大。"

在获得诺贝尔经济学奖之后，萨缪尔森并没有因此去享受生活，而是继续和自己的弟子们一道，积极开拓着经济学的各个领域。萨缪尔森不仅著作等身，而且还培养出了罗伯特·默顿（Robert Merton）、约瑟夫·斯蒂格利茨（Joseph E. Stiglitz）等优秀弟子。他在经济学领域的影响无论怎么形容都不过分，而其高尚的人格、广博的学识还让其影响力远远超出了经济学界。萨缪尔森逝世后，麻省理工学院的校长苏珊·霍克菲尔德（Susan Hockfield）在讣告中这样写道："保罗·萨缪尔森改变了他所接触的一切：他研究领域的理论基础、世界各地经济学的教育方式、其学系的团队精神和学术水平、麻省理工学院的投资实践和他的同事和学生的生活。"萨缪尔森的侄儿劳伦斯·萨默斯则这样评价他："他对这个国家和世界的经济领域的影响超过任何经济官员和很多总统。"

面对荣誉和盛赞，萨缪尔森的反应则异常淡定，当1996年时任美国总统克林顿授予他美国国家科学奖的时候，他只是谦虚地说了一句："被认可的感觉真好！"

用数学再造经济学

在经济学领域，萨缪尔森的影响几乎无处不在，以至于我们很难对他的学术贡献做一个全面的概括。如果强行概括，那就是：他运用最优化、矩阵代数、微分方程等数学工具，几乎完全重写了当时的经济理论。限于篇幅，我们仅列举以下两个例子。

第一个例子是引入矩阵代数来进行均衡分析。

经济学中的"均衡"指的是经济体系中各种相互关联和相

互对立的因素在既定的范围内的变动中处于相对平衡和处于相对稳定的状态。在各类研究中，均衡通常被作为分析的起点和基石。

在进行均衡分析时，会重点关注四类问题：（1）均衡是否会存在；（2）均衡是否唯一；（3）均衡是否稳定；（4）"比较静态"问题，即在给定其他条件不变时，某个外生变量的影响会怎样影响均衡的变动。

在萨缪尔森之前，经济学家们已经发明了一些工具来对上述问题进行分析。比如，如果考虑的问题仅局限于某个局部市场的供需均衡，那么可以简单画出这个市场的供求曲线，利用它来直接地观察均衡是否存在、是否唯一、是否稳定，并十分容易地进行比较静态分析。

不过，在很多时候我们要面临的问题可能要比这更复杂。比如，分析石油危机对各行业产品价格和产量的影响，就是个相当棘手的问题。当石油危机导致油价上升后，可能会影响很多部门。不同部门之间是相互联系的，如彼此之间的产量和价格相互关联，可谓牵一发而动全身。在这种情况下，仅用供求曲线这样的简单工具进行分析就会让我们捉襟见肘。

那么，如何应对以上问题呢？萨缪尔森的思路是引入矩阵代数来帮助分析。具体来说，在分析上述的多部门问题时，每一个部门的情况都可以被描述为若干个线性方程，这样整个被考察的经济体就可以用一个巨大的线性方程组来表示。利用矩阵代数的相关结论，人们可以知道这个方程组有没有解、有多少解，对应地，就可以推出这个经济体是否存在均衡、有多少均衡。当存在均衡时，人们可以进一步用矩阵代数的厄米特定理，通过考察线性方程组对应矩阵的代数主子式确定均衡究竟是否稳定。至于比较静态问题，则可以用克莱默法则很容易地进行处理。

在萨缪尔森的示范之下，这套分析流程很快被传播开。尤其是在20世纪七八十年代，这套分析几乎成为当时经济学分析的代表范式。如果有机会翻一下那个年代的代表性教科书，比如威廉姆·布朗森(William Branson)的《宏观经济理论与政策》(*Macroeconomic Theory and Policy*)或托马斯·萨金特（Thomas J. Sargent）的《宏观经济理论》(*Macroeconomic Theory*)的前半部分，就会发现里面几乎全是这样的分析。这种分析的范式，最早就是由萨缪尔森确立的。

第二个例子是将微分方程、差分方程和动力系统理论用于动态分析。

有时候，人们除了关注均衡的变化之外，还会对变化的过程感兴趣。以分析本国货币贬值对净出口的影响为例：国际贸易理论告诉我们，当贬值的冲击过去之后，新的均衡将会带来更高的净出口。然而短期来看，情况则可能完全相反。在调整没有完成时，本国的出口商品会变得更"不值钱"，因而净出口可能会先出现一段时间的下降，直至某个阶段，它才会止跌回升，最终超过初始水平。在国际贸易上，这种本币贬值导致的净出口先降后升的情形被称为"J曲线效应"。对于政策制定者而言，了解这种调整的具体情况是非常重要的。在现实生活中，他们不仅要了解类似的调整会怎样进行，还需要知道调整会持续多久，幅度有多大。但遗憾的是，如果仅用比较静态分析，类似的问题很难找到答案。

为了能对经济动态的过程进行很好的分析，萨缪尔森将微分方程和差分方程引入了经济分析。借助于一些建模手段，经济系统中变量的变动趋势将可以被表示为一些微分或差分方程。通过解这个方程，可以得到这些变量的动态变化路径。当然，有一些方程可能很难找到解析解。不过，通过方程的动力系统性质，人们依然可以对其稳定性，以及变量的大致变化状况有所了解。另外，通过对方程进行数值模拟，也可以在一定程度上对变量的变化作出定量的把握。

萨缪尔森本人曾在很多的研究中应用了上述的动态分析技术，最为经典的例子就是对"乘数—加速数"问题的研究。在萨缪尔森之后，越来越多的学者都开始采用动态的观点分析经济问题，并将变分法、最优控制、动态规划等数学工具引入到经济学中来。经过后续几十年的发展，动态分析已成为经济学，尤其是宏观经济学领域的基本分析范式之一。

对凯恩斯主义的传播

和一般的学院派经济学家不同，萨缪尔森对现实的政策制定具有很大的影响力，这种影响很大程度上来自其美国凯恩斯主义先驱的身份。

萨缪尔森最初接触凯恩斯主义,是受汉森的影响。在凯恩斯发表《通论》后不久,汉森就接触到了这本书。起初,他对于凯恩斯的理论并不以为然,但在读到了希克斯(John R. Hicks)对《通论》的解释之后,他很快就意识到了凯恩斯理论的价值,开始专门开设课程,带领学生研读凯恩斯的理论。当时,萨缪尔森正在哈佛大学求学,选修了汉森的课程。由于萨缪尔森的数学能力十分突出,汉森总是将自己思考中遇到的一些问题交给他去进行数学建模。久而久之,这种教学相长让师生二人都对凯恩斯的理论有了深刻的理解,并成为美国最早的凯恩斯信徒和凯恩斯理论的传播者。

萨缪尔森对于凯恩斯主义的贡献很多。限于篇幅,这里仅举三个例子作简要说明。

首先是国民收入决定模型和"乘数效应"。凯恩斯在他的《通论》中对消费、投资、国民收入等经济变量的关系进行了十分深入的探讨,但由于行文晦涩,一般人很难理解其确切含义。为了帮助后来的经济学学习者了解凯恩斯的基本思想,萨缪尔森提出了一个简单的国民收入决定模型[1]。在这个模型中,国民收入等于消费、投资、政府支出以及净出口之和。消费是国民收入的函数,国民收入越高,消费越大,两者之间的关系由边际消费倾向确定,投资、净出口则分别受到利率和汇率因素的

---

[1] 它首次出现在萨缪尔森的教科书《经济学》(Economics)中。——作者注

影响。

利用这个简单的模型，萨缪尔森向人们展示了著名的"乘数效应"（Multiplier Effect）：如果经济中的边际消费倾向小于1（即国民收入增加1元时，消费的增长小于1元），那么1单位投资最终可能产生高于1单位的国民收入的提升。

虽然"乘数效应"的概念最初来自凯恩斯，但受制于《通论》的阅读难度，所以这个概念在很长时间内都很难深入人心。经过萨缪尔森的通俗化演示，"乘数"概念很快就广泛传播。直到现在，"乘数效应"依然是决策者们制定宏观经济工具的重要工具。这个理论能有这样的影响，萨缪尔森实在功不可没。

第二个例子是"凯恩斯交叉图"（Keynesian Cross）。在流行的宏观经济学教科书中，"凯恩斯交叉图"都会被作为一个重要的内容加以讲解。这个图形反映的是计划支出与实际支出之间的关系。所谓实际支出，就是消费主体（包括家庭、企业、政府）实际花费在产品和服务上的数额，它等于一个国家的国民收入。计划支出，是消费主体想要花的钱。由于企业经常会存在因销售和预期不一致而产生非计划的存货投资，实际支出和计划支出有可能并不相同。当两者不一致时，存货都会根据情况进行调整，最终两者将会达到一致。当计划支出等于实际支出时，这个值就是均衡的国民收入水平。表现在图形中，这个均衡水平就由实际支出曲线，以及实际支出等于计划支出的45度曲线的交叉点决定。

从形式上看，"凯恩斯交叉图"非常简单，但它可以很好地帮助人们思考各种变量的变化对均衡国民收入的影响,并帮助人们理解"节俭悖论"(即储蓄越低,国民收入反而会更高)等并不太直观的经济效应。因而在凯恩斯主义者那里,这个模型是极具标志性意义的。在一些倾向于凯恩斯主义的教科书中,它甚至作为Logo印在封面上。第一个想到用这样一个简单模型来展示凯恩斯的基本思想的,就是萨缪尔森。

后来,经济思想史家马克·斯库森(Mark Skousen)出版了关于萨缪尔森和凯恩斯主义的书,书中提到一个概念叫作"高举凯恩斯十字架的保罗"(Paul Raises the Keynesian Cross)。很显然,斯库森在这里用了基督教的典故,用一语双关,把"凯恩斯交叉图"转义为了"凯恩斯的十字架"。保罗·萨缪尔森则被描述成了宣扬凯恩斯理论的圣保罗。

第三个例子是"乘数—加速数"模型。在凯恩斯的《通论》中,虽然给出了"乘数"等重要的概念,但他本人并没有给出一套完整的经济周期模型,用以刻画在整个周期中投资、消费、国民收入等变量究竟是如何变化的。为了弥补这一缺憾,萨缪尔森在汉森的建议下建立了"乘数—加速数"模型。

在这个模型中,萨缪尔森引入了一个重要的假设:投资会受到国民收入变化的影响。这一假设是非常直观的,一般来说,当国民收入持续上升,经济处于繁荣期时,企业家们就有更高的创业热情,其投资就会更高;而当国民收入下跌,经济出现萧条时,企业家则会进行收缩,投资也会随之降低。萨缪尔森将这个假设与基本的国民收入模型结合起来,并建立了一个差分方程。虽然用现在的标准看,这个模型非常简陋,但它却很好地向人们展示出了经济周期当中主要经济变量的变化趋势。在很长时间里,它都是凯恩斯主义者的一个重要分析工具。

传世的教材

说到萨缪尔森,不能不提到他那部传奇的教科书《经济学》(*Economics*)。这部书从1948年第一次出版开始,至今已经出版了20个版本,并被翻译成了各种语言,在全世界范围内销售,启迪和引导了一代又一代的经济学学习者。

萨缪尔森《经济学》的出版,是经济学教材的一次伟大革命。事实上,在萨缪尔森的《经济学》出版前,有两部教材曾经垄断过经济学的教学。第一部是约翰·穆勒(John Mill)的《政治经济学原理》(*Principles of Political Economy*),这部教科书是古典经济学的集大成之作,自1848年出版后被经济学界追捧了数十年。第二部是马歇尔的《经济学原理》(*Principles of Economics*),这部教科书体现的是"边际主义革命"之后的新古典经济学思想,自1890年出版后这部教科书"垄断"经济学教学领域长达半个多世纪。萨缪尔森《经济学》的出版终结了马歇尔的教科书"垄断"。从思想背景上看,《经济学》属于"新古典综合派",即一方面在微观领域体现了自马歇尔以降新古典经济学的发展,另一方面则在宏观领域对刚刚兴起的凯恩斯主义进行了完整的介绍,是试图融合新古典经济学和凯恩斯主义的创造性尝试。萨缪尔森这种将微观宏观分离写作的方式为此后的教科书写作树立了典范，此后的所有经济学教科书在写作体例上大多延续了这一传统，再无"革命"。

那么，究竟是什么原因让萨缪尔森这样一位伟大的经济学家抽出大量的时间去为经济学的入门者写作一部教材呢？其实起初的原因十分简单，不是为了使命感，也不是为了什么学术威望，仅仅是为了赚钱养家。当时，萨缪尔森和其结发妻子玛丽恩·克劳福德育有6个孩子，其中3个男孩是三胞胎。养育6个孩子带来的生活压力让萨缪尔森一家不堪重负，据说当时他们家不得不每周给洗衣店送去350块尿布。他的一个朋友劝他出本书挣钱养家，于是他决定写一本经济学教科书，而经典的《经济学》就是在这种背景下诞生的。如果现在大家注意一下《经济学》的扉页，还可以看到"献给我的孩子"的字样。天知道，如果没有当年那350块尿布，我们今天还能不能有机会看到如此精彩的经济学教科书。世界就是这么偶然！或许真的如此。

尽管萨缪尔森写作《经济学》的最初目的仅仅是给孩子赚"奶粉钱"，但他对于该书的每一版都倾注了大量的心血。其对教材内容的选择、结构的布局可谓煞费苦心。据说，在该书的第一版于1948年出版的时候，著名经济学家约翰·肯尼斯·加尔布雷思（John Kenneth Galbraith）就拍案叫绝，惊呼："以后的人都要读萨缪尔森的教科书学习经济学了！"此言不假，到2023年《经济学》已有75年了，但它依然是全世界最畅销的教科书。其长盛不衰的原因是萨缪尔森每隔几年就要对这部教科书进行一次重大的修改，加入新的内容、删去过时的论述，让这部经典与时俱进，获得"重生"。

我们可以做这样的猜想，或许最初萨缪尔森写作教科书是"为了孩子"，久而久之，《经济学》本身就已经被他视为自己的另一个孩子了，此后他为教材的修订所付出的心血，完全是出于一个父亲的责任和爱。

萨缪尔森的500余篇论文，他的经典教科书，以及他的探索精神、独立的学术人格，都将不断激励后代的经济学家。

延伸阅读

[英]罗杰·巴克豪斯，《萨缪尔森传》，中信出版集团，2020年10月。

[美]保罗·A.萨缪尔森，《萨缪尔森自述》，格致出版社、上海人民出版社，2020年8月。

[美]保罗·萨缪尔森、[美]威廉·诺德豪斯，《微观经济学(第19版)》，人民邮电出版社，2012年1月。

[美]保罗·萨缪尔森，《经济分析基础》，商务印书馆，1992年9月。

弗里德曼：

从价格理论到货币理论

米尔顿·弗里德曼

Milton Friedman，1912—2006

  美国著名经济学家，芝加哥经济学派领军人物、货币学派的代表人物，以研究宏观经济学、微观经济学、经济史、统计学、主张自由放任资本主义而闻名。他获得了1976年诺贝尔经济学奖，被誉为20世纪最具影响力的经济学家及学者之一，并对20世纪80年代开始的美国里根政府，以及其他许多国家的经济政策有极大影响。他的主要作品有《资本主义与自由》《自由选择》等。

1912年，弗里德曼出生于纽约布鲁克林一个工人阶级家庭，其父母都是来自奥匈帝国的犹太移民。在高中时，他的父亲去世，随后他们一家就一起搬迁到新泽西州的罗威市。

16岁那年，弗里德曼从高中毕业，随后他进入新泽西州的罗格斯大学学习。起初，他对数学很感兴趣。当时凭借数学可以找到的唯一工作是精算师，所以精算师就成为他的目标职业。但不幸的是，大学的学习让他认识到，他在数学这个兴趣上似乎并没有足够的天赋，所以他就果断放弃了原本的职业规划。幸运的是，在罗格斯大学求学期间，他遇到了阿瑟·伯恩斯（Arthur Burns）[①]和霍默·琼斯（Homer Jones）[②]两位贵人。伯恩斯向他推荐了阿尔弗雷德·马歇尔的《经济学原理》，而芝加哥大学出身的琼斯则向他介绍了奈特等芝加哥学人的观点。这些都为弗里德曼后来转行经济学打下了基础。

从罗格斯大学毕业后，弗里德曼进入芝加哥大学求学。在这里，他不仅聆听了维纳、奈特等当时最顶尖经济学家的授课，更重要的是成功收获了爱情。在经济学课上，维纳为了点名方便把学生名单按照字母排列，这让弗里德曼和一位名叫罗斯·德

[①] 阿瑟·伯恩斯后来曾经担任过美联储主席，同时也是艾伦·格林斯潘（Alan Greenspan）的学术恩师。
[②] 霍默·琼斯后来曾担任圣路易斯联邦储备银行的副总裁。

瑞特（Rose Director）的女生坐到了一起。而这一个偶然，就让这对有情人一起走过了大半个世纪。

在芝加哥大学获得硕士学位后，弗里德曼为一个政府研究计划工作了一段时间——这个研究完全是罗斯福新政的产物，仅仅是为了创造就业，自然也没有什么趣味。所以不久之后，弗里德曼就进入了哥伦比亚大学继续求学。求学的同时，他为了谋生，辗转于多所学校和科研机构。期间，他曾在威斯康星大学遭遇校园政治，曾在美国财政部研究税收，也曾跟随西蒙·史密斯·库兹涅茨（Simon Smith Kuznets）参与武器的设计。直到1946年，他在哥伦比亚大学拿到了博士学位并获得了芝加哥大学的教职，一切才稳定下来。

在随后的30年中，弗里德曼一直任教于芝加哥大学，潜心教学研究，取得了很多学术成果。这些成果让其在学界拥有了崇高的声望，并因此获得了1976年的诺贝尔经济学奖。而在那一年，他也从芝加哥大学退休。

在退休之后，弗里德曼更加积极地参与公共舆论。1980年，他主持并录制了名为《自由选择》的电视节目，后来又出版了同名的著作，并以此确立了作为自由主义旗手的身份。与此同时，他还周游列国，积极推广自己的经济思想。期间，他曾为智利的皮诺切特政府出谋划策，也曾在中国开堂授课。

2006年11月16日，弗里德曼在旧金山家中因心脏病发作逝世。

弗里德曼和罗斯一共育有一儿一女。其中，儿子大卫·德瑞特·弗里德曼（David Director Friedman）也是著名的经济学者。而大卫的儿子帕特里·弗里德曼（Patri Friedman）则是一位著名的无政府主义活动家，同时也是"海洋家园研究所"的主要发起人。

实证经济学的方法论

在学术界，弗里德曼主要以其在宏观经济学领域的成就著称，以至于大多数经济思想史的书籍在介绍他时，列出的几乎都是他在宏观领域的成就。但事实上，如果我们对弗里德曼的著作有更为深入的了解，就会知道在弗里德曼那些宏观经济理论的背后，其实有着两样更为基础性的东西——实证经济学的方法论和价格理论。

弗里德曼步入学界之时，正好是经济学高歌猛进的时代。"新古典经济学"的兴起让经济学彻底摆脱了作为哲学和伦理学附庸的地位，成为一门有独立研究问题、独立研究方法的新学科。随之而来的"凯恩斯革命"，更是让人们看到了利用经济学理论干预经济、改造世界的可能性。

在那个时代，主流经济学重要的主题有两个：一是从理论上构建其精密的、统一的系统。在构建这个系统的过程中，经济学家们开始大量使用数学，从微积分到拓扑，再到最优规划，在短短几十年内，就让经济学论文在阅读上有了比肩物理学的难度。二是在实践中更多地介入政策的制定。尤其是在"二战"结束后,越来越多的经济学家以顾问的身份进入政府,指导官员们制定政策。在经济学的指导下,诸如"补偿性财政政策""补偿性货币政策""增长性赤字财政政策"等一系列新的经济政策开始出现在各国政府的发展计划当中。

与此同时,美国的经济学界兴起了一股反对主流经济学的运动。曾在弗里德曼母校芝加哥大学任教的托斯丹·邦德·凡勃伦(Thorstein Bunde Veblen),以及开创所谓"威斯康星传统"的约翰·罗杰斯·康芒斯(John Rogers Commons),就举起了制度主义的大旗,质疑主流经济学中采用的边际分析法,主张经济学研究应该更多考虑心理、法律层面上的限制,以保证其前提假设必须是真实的。

在这个时期,制度主义者们搜集了很多例子来说明主流经济学的荒谬。比如,当时有学者通过问卷对企业定价的方式进行了大规模的调查,结果表明在现实中,几乎所有的企业都在采用成本加成定价,其商品的价格都是在成本的基础上简单加上一个比例,而所谓的"边际定价法""企业的利润最大化行为",在现实中都是不存在的。制度主义的学者认为,既然这些前提都不存在,那么以这些前提为出发点的主流经济学就是错误的。

上述各种思潮的交织,让"经济学应该如何做"成了一个问题。在1953年发表的名篇——《实证经济学方法论》(The Methodology of Positive Economics)当中,弗里德曼系统地对这个问题进行了回答。

在这篇雄文的一开始，弗里德曼就开宗明义地表示，自己认同约翰·内维尔·凯恩斯（John Nevile Keynes，就是《通论》作者约翰·梅纳德·凯恩斯的父亲）的观点，认为经济学应该是一门"实证的"（positive）科学。所谓的"实证"，是区别于"规范"（normative）而言的，它所关心的是世界究竟是如何运作的，而"规范"所关注的则是世界应该是怎么运作的。在弗里德曼看来，经济学作为一门学科，其性质当然应该是实证的，作为分析现实问题的发动机，其任务应该是向人们展示经济系统究竟如何运作。

弗里德曼不无辛辣地讽刺了现实世界的众多"专家"。这些"专家"观点各异，并且都认为自己没有偏见，在几乎所有的政策问题上，他们都很难形成共识。在弗里德曼看来，造成这种分歧的关键就是因为这些"专家"都只是习惯于从"规范"的角度来分析问题，拒绝对自己所依据的理论进行实证的检验。一旦看到实证的证据与自己的理论不符，他们会更加习惯地质疑实证结论，而不是反思自己的理论。

很显然，弗里德曼认为，这既不是做学问，也不是提政策建议所应该有的态度。在他看来，"规范"的判断都应该建立在"实证"的基础之上，先要搞明白每一种政策可能会产生怎样的后果，然后才能对政策进行选择。否则，即使有些政策看起来是站在道德制高点上的，它们的执行后果也会非常糟糕。

弗里德曼以著名的"最低工资政策"为例。从"规范"的角度看，让工人拥有更高的收入当然更加符合公平和正义的理念,但在现实中,这个政策却经常达不到其设计的政策目标,还会导致更多的失业,让工人的福利状况变得更差。

在阐明了以上立场之后,弗里德曼进一步对理论的实质进行了讨论。在他看来,所谓理论,本质上就是"一种被设计用于促进系统和有组织的推理方法的语言"。作为语言,理论本身是没有任何实质内容的,它只要符合形式逻辑就是"正确"的——或者说,用更科学化的语言说,是有"内部一致性"的。不过,在现实当中,一个"正确"的理论未必是有价值的。比如,我们可以构建一套理论体系,在这个体系中1+1=3,从"内部一致性"的角度看,它或许是可以保证的,但它却很难在现实中被应用,因此其并没有"外部一致性",也不存在实用价值。在弗里德曼后来的很多作品中,对只重"内部一致性",不顾"外部一致性"的理论都进行了批判。例如,在《奥斯卡·兰格有关价格灵活性与就业的论述》(*Lange on Price Flexibility and Employment*)一文中,他就批评了兰格(Oskar Ryszard Lange)只顾模型之美而忽略了对理论的检验,从而让其理论沦为了数学的奴仆。

一个理论如果要有实用的价值,它必须满足两个条件:一是要能够根据理论进行预测;二是这些预测要能够被检验。

关于第一点,需要说明的是,所谓"预测"未必一定是针对未来没有发生的事件的,而是指它可以从逻辑上去判断发生在前提之后的事情。例如,历史学家基于一个时间点的社会经济状况来推断此后发生农民起义的概率,其实就是某种意义上的"预测"。

而关于第二点,尽管看似简单,但在现实中却经常被人们所忽略。在很多时候,人们会沉迷于一些所谓"放之四海而皆准"的理论。比如,前几年国内曾经有过一场关于地铁车票调价是否有助于缓解地铁拥挤的辩论。在这场辩论中,就有一位专家说,只要调价幅度足够,地铁的拥挤就能够得到有效缓解。但其实只要对这个论断进行分析,就会发现,这个理论其实是大有问题的,而其要点就在"足够"两个字上。如果地铁的拥挤真的缓解了,那么他的理论当然就正确了;但如果地铁拥挤没有缓解,那就说明涨价的幅度还不够——总之是横竖都对。类似这样的理论,其解释力看起来很强,但在弗里德曼的观点体系中,却是没有价值的。

如果一个理论和观察到的经验事实是一致的,那么这个理论就得到了证实;反之,如果它和观察到的事实相悖,那么它就是被证伪了。这里我们有必要强调一点,弗里德曼并不认为,一个理论可以用证实或者证伪来说明理论本身的正确性。

关于证实不能说明理论的正确这一点,是比较容易理解的。在现实中,我们可以找到很多看似可以预测现实,但放在现实中检验却很荒谬的理论。比如,"公鸡叫导致了天亮",从经验上看,这个理论和现实一致,但它本身显然不正确。

关于证伪也不能说明理论错误,熟悉了波普尔证伪主义学说[①]的朋友们或许会有一点不解。为了阐明这一点，弗里德曼用自由落体运动公式举例说明。我们知道，如果g代表重力加速度常数，那么在没有空气阻力的条件下，一个做自由落体运动的物体在t时间段内经过的路程S可以用公式$S=\frac{1}{2}gt^2$来表示。如果我们用一个铁球来检验，那么这个公式显然可以得到验证；但如果我们用一根鹅毛来对此检验，那么得到的观察就会和这个公式矛盾。但我们能不能就此说，万有引力公式错了呢？答案显然是否定的。事实上，鹅毛的运动轨迹和公式不符，是由于空气阻力相对于其本身受到的重力而言太大了，这和自由落体运动公式中没有空气阻力的假设不一致。换言之，这并不是理论本身错了，而是正确的理论被用在了错误的地方。

对于经济学家而言，这一点是十分重要的。在经济学中存在着很多对立的理论。例如，古典经济学认为，扩张性的货币政策只会影响价格水平，不会影响产出；凯恩斯主义经济学则认为，扩张性的货币政策不仅会影响价格水平，也会对产出有影响。这两套理论显然是对立的，那么究竟哪一个对呢？按照弗里德曼的观点，其实这两者无所谓对错，因为它们的前提假

[①] 这是英国哲学家卡尔·波普尔（Karl Popper）关于科学方法、科学分界标准和科学发展模式的学说。其主要观点是：科学理论不断通过有限的、个别的经验事实而被证实，但个别的经验事实都能证伪普遍命题。即如果根据演绎推理得出的结论是假的，其前提必假。理论不是来源于观察，而是来源于猜测。——编者注

设是不同的。古典经济学强调市场运作良好，价格、工资等变量都可以自动调节，这时经济总是处于充分就业，扩张性的货币政策当然不会对产出有实质影响。而凯恩斯主义则强调工资刚性等因素会导致市场调节的失效，在这种状况下，扩张性的货币政策就可以帮助经济走出低谷，有效促进产出的增加。

值得重视的是，在弗里德曼的方法论中，有一个备受争议的观点，那就是理论的假设未必是真实的。在他看来，如果一个假设能够通过极为有限的资料进行大量的"阐述"以抽出共同而关键的因素，并能保证在这些有限的资料的基础上做出合理的预测，那么这个假设就具有重要意义。不仅如此，他甚至说，一种理论的重要性与它的假设的现实性之间几乎呈现出相反的关系。人们会发现真正重要的有意义的假说，其假设往往是对现实很不精确的描述。一般来说，理论越重要，其假设越不现实。关键不在于是否把假设描述为是现实的，因为它们从来就不是现实的，而在于理论是否做出精确的预测。很明显，作为坚定的马歇尔学说的信奉者，弗里德曼的这一观点是针对那些以前提假设不成立为由来反对边际分析法的制度主义者提出的，而这个观点，也是在学界受到质疑最多的。

其实，如果我们回到弗里德曼看待理论价值的立场，这个观点并不难理解。正如我们看到的，在理论自身逻辑自洽的前提下，弗里德曼评价其价值的标准就是它能否在与假设相符的条件下有很好的预测表现。在这个意义上，那些依赖的假设更为精简的理论通常是表现更好的。如果我们对统计学有所了解，就会知道当我们用统计模型去进行预测时，模型的参数多并不是好事——因为这类模型会造成过度拟合，它们在解释训练样本的时候会表现很好。但由于参数过多，这些模型就只能局限于针对特殊的现象，进行预测的能力则很弱。相反，那些参数更少的模型，尽管看似很抽象，但通常会表现出极强的预测能力。统计学大师乔治·博克斯（George E.P. Box）很好地概括了这个现象："虽然所有的模型都是错的，但有些是有用的。"从某种意义上讲，这个概括其实是对弗里德曼那个奇怪观点的一个最好注释。

价格理论

在经济理论方面，弗里德曼的造诣首先是在价格理论上——事实上，在他的那本出版于1976年，影响了几代经济学人的《价格理论》（*Price Theory*）教科书中，他坦言，自己去讲授和研究货币理论，只是源于一次意外的教学安排变动。而从他的货币理论当中，我们也不难看出有很多价格理论的影子，因此要全面理解弗里德曼的经济思想，就必须首先对他的价格理论有所了解。

这里我们有必要先对价格理论作一下介绍。在很多人看来，这个名词只不过是以弗里德曼、乔治·斯蒂格勒为代表的一众芝加哥学人对微观经济学的一种称呼。从某种意义上看，这个理解是对的，因为在内容上，两者的重合度是很高的。不过，从思维和研究方法上看，两者其实存在着很大差异。只要我们略微翻一翻现在的微观经济学教科书，尤其是研究生层级的教科书，就会发现一方面现在的微观经济学正变得越来越数学化，另一方面在一般均衡理念的引导下，整个学科的内容正变得越来越一体化。以马斯-克莱尔（Mas-Colell）、迈克尔·D.温斯顿（Michael D. Whinston）和杰里·格林（Jerry Green）的《微观经济理论》（*Microeconomic Theory*），也就是经济学界惯称的MWG为例，这本书从一开始就用数学化的语言对消费者选择理论、厂商理论，以及市场竞争理论进行了公理化的构建。这些分散的理论被统一到了一般均衡的框架下。到此为止，人们在理论上已经可以描述任何一个经济变量的变化对所有其他经济变量的影响，从而掌握整个经济世界的真理。很显然，对于追求理论美感的经济学家而言，这套理论是极具吸引力的。但如前所述，在弗里德曼看来，这样的理论价值恰恰是不高的，因为它们过于复杂，从预测的角度看，它不仅不可靠，而且是非常不经济的。

正是由于这个原因，在弗里德曼等人推崇的价格理论当中，占据核心地位的依然是被人们认为已经过时的马歇尔的局部均衡理论，即考察某一个局部市场上，相对价格的决定，以及价格变化对其他变量造成的影响。在弗里德曼看来，局部均衡理论虽然看似简陋，但如果应用得当，就可以很好地扮演起研究现实问题的发动机的角色。

在马歇尔的理论体系中，事实上存在着很多不明确，甚至矛盾之处。所以作为马歇尔的"忠实粉丝",弗里德曼在价格理论方面最重要的工作就是为这位新古典经济学开山祖师的理论进行注释和修补。而在这些工作当中,我们经常可以看到其深邃的思考。

以弗里德曼的名篇《马歇尔的需求曲线》(The Marshallian Demand Curve)为例,顾名思义,这篇文章是对马歇尔最重要的理论贡献——需求曲线进行解释。所谓需求曲线,就是价格和商品需求量之间的关系。经济学的教科书告诉我们,在给定其他条件不变时,商品的需求量将与价格呈反向关系。这个关系,好像很直观,没有任何难以理解之处。但弗里德曼偏偏就在这个看似简单的问题上发了问:给定其他条件不变,那么什么才是"其他条件"?是名义收入、实际收入,还是其他商品的价格?很显然,如果"其他条件"中包含的内容过多,那么这个理论就会退化到非常无聊的地步。为了说明这点,弗里德曼举了一个例子:假如所谓的"其他条件"包含的是真实收入、其他产品的价格以及购买量,那么对于所有的商品而言,其需求曲线的样子都会是同样的,曲线上的每一点价格弹性都会是1,也就是说每1%的价格变化,总是会引起1%的需求量变动。可以看到,在这种情况下,需求曲线将没有任何对于现实世界的解释力。从这个意义上讲,要让需求曲线成为一个有现实应用价值的工具,就必须对需要固定的"其他条件"作出限制。

在马歇尔的理论中,有两样"其他条件"是最重要的:一是收入,二是其他商品。

先说收入。在弗里德曼看来,马歇尔所指的收入不变应该是指实际收入不变,从而让货币有同样的购买力。我们知道,如果一样商品涨价了,那么它引发的效应有两个:一是它相对于其他商品变贵了,其相对价格上涨了;二是它让我们的实际收入下降了,因为以原来的收入不再可能买得起和原来同样数量的商品。对于价格理论而言,相对价格的影响是更为关键的,因而在分析问题时,后一种效应就需要被控制住。

再说其他商品。显而易见,在对某一种商品的价格和需求进行分析的过程中,并不是所有的其他商品都需要关注。排除哪些商品,考虑哪些商品,要根据研究的需要而定。比如,我们关注的是作为水果的苹果,那么可能需要纳入考虑的商品就主要是其他水果。尤其是那些口感上和苹果有相似之处的水果,如梨子。而如果我们关注的是作为苹果汁原料的苹果,那么需要纳入考虑的就应该是那些经常被用来制作果汁的水果,如橙子、葡萄,此外可能还需要考虑其他饮料的价格走势。问题不同,要考虑的"其他商品"就不同。所以,弗里德曼就特别指出,其实这个挑选"其他商品"的过程,就是一个界定问题范围的过程。很显然,这样的视角很好地体现出了实证经济学的方法论——究竟选什么假设前提,主要还是看它能带来的预测能力。

在对马歇尔的需求理论进行了完善之后,弗里德曼就用这把简单而轻巧的"利剑"对诸多现实问题进行了分析。住房管制、最低工资、教育券……一个个纷繁复杂的现实问题,在经过弗里德曼的抽丝剥茧之后，总能用一套十分简单的工具分析得清清楚楚。

这里需要说明的是，虽然弗里德曼推崇局部均衡的简约，但他从不因此在分析问题时把目光锁死在一个局部的市场上。一个典型的例子就是他对消费税和收入税的分析。

在大多数微观经济学教科书中，都会有一道题，让读者论证。在征收同样额度的税收时，采用收入税总比采用消费税好，因为这可以让经济中的消费者福利水平更高。其解释也很简单：单纯的收入税并不会导致各种商品之间的相对价格扭曲，而消费税会，因此前者对人们最优选择的干预是更少的。这个结论似乎已经成了学界的一个教条——当年我在考研究生时，就曾经背诵过这个结论和推论过程。

但对于这个"常识"，弗里德曼却提出了不同的观点。他的切入点很直观，收入税的征收会让人们买所有东西都有更多的限制，而消费税则只会对某些商品产生限制。作为一个强烈主张自由选择的人，他对一个更高的福利后果会产生在一个限制更多的环境下表示怀疑。在提出这个质疑后，他进一步抽丝剥茧地做了分析：对商品的征税，当然会影响消费者选择，但与此同时也会影响企业的生产，因此要考虑所谓的福利后果，就必须把企业也纳入分析。在现实中，很多企业是具有市场力量的，它们能通过这种力量来向用户收取更高的价格，这时消费者的福利就会受损。在弗里德曼看来，在消费税的设计过程中，如果可以针对这些企业生产的商品收取更高的税，就可以把扭曲的相对价格纠正回竞争水平。这个时候，它所能产生的福利后果就比对应的收入税更高。可以看到，在这个问题的分析中，弗里德曼其实是用到了多个市场一般均衡的思想，这似乎偏离了他信奉的马歇尔主义。从某种意义上说，确实如此。但如果从针对问题务实选取研究工具这点上，这个例子恰恰说明他汲取了马歇尔思想的精髓。

货币主义理论

在凯恩斯主义兴起之后，关于财政政策和货币政策的讨论就开始越来越受到人们的重视。在凯恩斯主义看来，财政政策的作用明显要比货币政策重要。根据凯恩斯主义理论，决定人们货币需求量的主要因素是他们的流动性偏好，也就是对交易、预防和投机性的需求。在这三种需求中，投机性需求是最重要的，而这种需求的影响因素仅仅是利率。只要这个利率低于所谓的资本边际效率（具体解释这个概念比较复杂，但大致上可以将其理解为平均的资本回报率），那么当人们拥有了更多的货币时，就会用其来进行投资。此时，通过货币的增发就可以促进投资的上升，从而产生更多的产出。因此，在一定条件下，政府可以通过增发货币来刺激经济的发展。但是，随着资本的充裕，资本的边际效率是不断下降的，而货币的利率是有下限的。等到货币利率已经降无可降，就会陷入所谓的"流动性陷阱"[1]，这时通过持续增发货币来刺激经济的做法就会失效。而在这种情况下，财政政策的优势就体现出来了。正是基于以上认识，所以在"二战"结束后，欧美各国拉动经济的政策主要是财政政策——因为在经济恢复后，资本的边际效率已经很低，按照凯恩斯主义的观点，"流动性陷阱"已经显现，此时只有财政政策才能维持持久繁荣。

弗里德曼并不同意这个观点。在他看来，相比于财政政策，货币政策才是更重要的。当然，作为一个实证经济学的倡导者，他并不急于表露自己的观点，而是尝试先构建一套可以经得住检验的理论。

在他看来，货币本身也是一种商品，既然是一种商品，那么人们对它的需求就是由收入、价格水平、与其相关的其他商品以及个人的偏好所决定的。

先说收入。由于货币经常被用于进行储藏或投资，其用途显然是跨期的，因而决定这种商品需求的显然不应该是某个特定时期的收入，而是长期收入的一个平均值——弗里德曼把它称为"持久收入"（permanent income），并用它顺便发展出了一套关于消费问题的持久收入假说。

再说其他商品。在凯恩斯主义的学说中，认为与货币密切

---

[1] liquidity trap，当名义利率到达降无可降的地步，甚至接近于零的时候，人们宁愿以现金或储蓄的方式持有财富，而不愿意把这些财富以资本的形式作为投资，也不愿意把这些财富作为个人享乐的消费资料消费掉。这种现象被称为流动性陷阱。——编者注

相关的东西只有债券等少数几种，而在弗里德曼看来，与货币密切相关的东西却很多，例如股票、大宗商品等，都是可能的替代品。因而可能对货币需求产生影响的，就不仅仅是一个利率，而是很多个收益率。

还有价格水平。这一点的影响是显然的，当价格水平越高时，人们对货币的需求量就越大。

如果把这些因素做一个社会层面的加总，就可以归纳出，影响社会层面货币需求量的因素应该包括持久的国民收入、价格水平及其走势以及各种资产的收益率。在弗里德曼看来，所有的这些因素在一定时期内都是相对稳定的，因此在某一个时期内，社会上的货币需求也会是一个稳定量。这里需要说明的是，弗里德曼并不否认某些资产的收益会在短期出现比较大的波动，但由于考虑的资产足够多，所以将它们的影响综合在一起，多半不会影响货币的需求。当然，作为一个实证经济学研究者，弗里德曼专门对这个判断进行了检验，结果当然是证实了判断。

既然货币需求是稳定的，那么如果货币的供给突然有一个增加，会产生什么影响呢？弗里德曼的回答是，出于获利的需要，人们会将超出需求的那部分货币供给配置到资产当中去，而在配置的过程中，他们显然会首先挑选那些效率最好、回报率最高的产业。这样一来，效率最高的产业就得到了更多的资金，就可以更好地成长，整个经济也就实现了增长。基于这个结论，弗里德曼得出了完全不同于凯恩斯主义的结论：作为短期刺激工具，货币政策的作用并不会比财政政策差。

为了进一步验证这个判断，弗里德曼和合作者安娜·雅各布森·施瓦茨（Anna Jacobson Schwartz）一起在1964年发表了《美国货币史：1867—1960》（*A Monetary History of the United States, 1867—1960*）。在书中，他们对"大萧条"（the Great Depression）的成因进行了重新探索。在凯恩斯主义者看来，"大萧条"的发生，很大原因就是当时的经济已经进入了"流动性陷阱"，因此货币政策变得不再有效了。而弗里德曼和施瓦茨则用大量的证据反驳了这个观点，指出"大萧条"之所以会如此严重，很大程度上就是因为中央银行的决策失误，不仅没有保持货币供给的扩张，反而收缩了货币供给。在当时凯恩斯主义盛行的时代，这样一个结论的确是十分震撼的。

这里需要指出的是，尽管弗里德曼认为扩张性的货币政策在短期能对经济起到刺激的作用，但他并不认为这种作用是长期有效的。当时，凯恩斯主义者们发现了所谓的"菲利普斯曲线"，即通货膨胀与失业率之间的反向关系。从这个理论出发，他们认为只要能够通过财政和货币的扩张，就可以让经济持续保持高增长、低失业的繁荣状态，而代价只不过是一些通货膨胀。但在弗里德曼看来，这显然是没有考虑到预期的作用。以货币政策为例，在短期，货币的增发将会让名义工资增加，这会让工人们错误地认为工作更划算了，从而刺激他们的劳动力供给。而与此同时，货币的增加也会降低市场利率，从而让企业扩大投资、增加产量、增加劳动力雇佣。在这种状况下，整个经济的产出就会更高。但这种效应当然是短暂的，当人们调整了预期，发现这一切只不过是增发的货币带来的幻觉时，货币带来的繁荣就结束了，除了价格水平上升了外，一切又回到了过去。

在很长时间内，由于凯恩斯的相机决策政策在维持繁荣上进行得非常成功，所以弗里德曼的观点并没有得到重视。直到20世纪60年代末，整个资本主义世界出现了持续的"滞涨"，弗里德曼的观点才被人们记起。此后，虽然宏观经济理论有了很大发展，但弗里德曼的货币主义学说都一直被视为是足以和凯恩斯学说比肩的一种理论。甚至像罗伯特·卢卡斯（Robert Lucas）这样后来叱咤经济学界的学者，在提出自己的理性预期假说时，也要小心地把自己的理论用弗里德曼的观点包装一下。

从弗里德曼逝世到现在，已经过去了十几个年头。随着时间的流逝，这个睿智、雄辩的矮个子小老头形象似乎变得越来越模糊。一些学习了更时髦的经济理论的学者认为，弗里德曼留给世界的遗产恐怕只剩下他晚年的小册子《自由选择》（*Free to Choose*），而其经济理论则已经过时了。对于这种观点，我并不赞同。

事实上，无论是弗里德曼的实证方法论，还是其思维方式，都十分值得我们学习。尤其是面对理论经济学中越来越严重的数学化，以及应用经济学上规范主义倾向甚嚣尘上时，弗里德曼的作品恐怕依然是一剂最好的"解毒剂"。

延伸阅读

[美]罗斯·弗里德曼、[美]米尔顿·弗里德曼,《两个幸运的人:弗里德曼回忆录》,中信出版集团,2004年1月。

[美]罗斯·弗里德曼、[美]米尔顿·弗里德曼,《自由选择》,机械工业出版社,2008年6月。

[美]米尔顿·弗里德曼,《资本主义与自由》,商务印书馆,2004年7月。

[美]米尔顿·弗里德曼,《价格理论》,商务印书馆1994年8月。

[美]米尔顿·弗里德曼、[美]安娜·J.施瓦茨,《美国货币史:1867—1960》,北京大学出版社,2009年1月。

卢卡斯：

掀起理性预期革命

罗伯特·卢卡斯

Robert Lucas, 1937—2023

美国经济学家,芝加哥大学经济学教授,芝加哥经济学派代表人物之一,因对"理性预期假说的应用和发展"所做的贡献获得1995年诺贝尔经济学奖。他的主要作品有《经济周期理论研究》《经济周期模型》《经济动态的递归方法》等。

1937年，罗伯特·卢卡斯出生于华盛顿州的亚基马县（Yakama是华盛顿州的第二大县，其名字来自美洲原住民的部落）的一个中产家庭。他的父亲罗伯特·爱默生·卢卡斯和母亲简·邓普顿·卢卡斯早年从西雅图迁居至此，并一起在那里经营着一家名为"卢卡斯冰激淋"（The Lucas Ice Creamery）的小餐馆，卢卡斯是他们的长子。就在卢卡斯出生的次年，其父母经营的小餐馆因经济不景气被迫关闭。为了谋生，他们又举家搬回西雅图。在那里，老卢卡斯和简又陆续诞下了一女两子。

卢卡斯的父母可以说是实现美国梦的典型代表。重返西雅图之后，老卢卡斯一开始只是一家造船厂的普通工人，他文化不高，却十分乐于自学，在不懈奋斗之后，终于成为一名工程师，并最终成功当上了公司的总裁；而简则凭借自己的才华成为一名不错的时装设计师。在政治上，卢卡斯的父母都具有鲜明的自由主义倾向，而他们的好友和邻里则都是保守主义者。这多少有点儿让他们显得特立独行，但他们对此并不在乎，而是将其视为具有自我意识的象征。从卢卡斯后来的经历可以看出，其父母的奋斗史和政治倾向都对其产生了十分深刻的影响。事实上，他后来曾公开表示，自己更倾向于自由主义，这很大程度上应该是受到父母的影响。

卢卡斯自幼就对数学和科学十分感兴趣。在读高中时，他就尝试利用学到的数学知识帮助父亲解决工作中的问题。1955年，卢卡斯从高中毕业，准备报考大学。他本想报考华盛顿大学的工程专业，以便日后成为一名工程师。但华盛顿大学并没有给他提供奖学金，而芝加哥大学可以提供。这让他不得不放弃原本的计划，前往芝加哥求学。芝加哥大学无疑是一所很棒的学校，但它却没有工程系，这使得卢卡斯不得不放弃了自己的工程师梦想。与此同时，颇有自知之明的卢卡斯又感觉自己并不适合学习纯理论性的数学和物理，因而再三权衡之下，他选择了历史专业就读。

在芝加哥的岁月里，卢卡斯学习了很多古代史的知识，并阅读了不少历史学家的著作。其中，他印象最深的是比利时历史学家亨利·皮雷纳（Henri Pirenne）的作品。作为历史学家，皮雷纳关心的更多是普通人的生活，而非帝王将相的功业，这一点让卢卡斯大受启发。值得一提的是，虽然当时的芝加哥已经是经济学研究的重镇，包括奈特、弗里德曼、斯蒂格勒在内的一众明星经济学家都在卢卡斯大学期间执教于此，但从卢卡斯本人的回忆来看，这些经济学巨匠都没有在这段时期内对他产生直接的影响（也可能有影响，但他本人不愿意提及）。

在就读研究生期间，卢卡斯的研究兴趣从历史转向经济。1959年，他完成了在芝加哥大学的学业，并拿到了伍德罗·威尔逊博士奖学金，紧接着便前往加州大学伯克利分校继续深造。由于卢卡斯并不懂希腊语和拉丁文，所以他不能选择以考据为主的传统史学，而是选择了偏向经济史的专业——很显然，在这件事上皮雷纳对他的影响十分关键。为了更好地学习经济史，他旁听了一些经济学的课程。很快，卢卡斯发现，相比于历史，他其实对经济学更感兴趣，于是他就提出了转专业的申请。由于加州大学伯克利分校并不支持这种转专业的行为，所以无奈之下他只能回到芝加哥大学，重新开始读经济学的研究生。在正式开始他在芝加哥大学的研究生生活之前，他旁听了一些经济学的专业课程，更重要的是，他阅读了萨缪尔森的名著《经济分析基础》。

众所周知，萨缪尔森的这部著作充满了数学知识，对于普通人来说非常难读。但对于自幼喜好数学的卢卡斯来说，这部书却引起了他的兴趣。他不仅仔细对书中的公式进行了推导，还将萨缪尔森用数学工具研究经济的做法当作自己的榜样。或许，这段阅读萨缪尔森著作的经历正是使得卢卡斯这位毕业于芝加哥大学，并长期执教于芝加哥大学的经济学家在经济学研究方法上很不"芝加哥"的主要原因（以弗里德曼、斯蒂格勒为代表的芝加哥经济学派在分析经济问题时，推崇以局部均衡为基础的分析，通常只会用到非常简单的图表和公式。而卢卡斯后来的研究则大多是以一般均衡为基础的，并会采用大量的高深数学方法，因而从研究风格上看，卢卡斯并不能被归入芝加哥学派。有意思的是，影响了卢卡斯研究风格的萨缪尔森早年也是从芝加哥大学毕业的，从这个意义上看，卢卡斯和萨缪尔森都可以算是芝加哥大学的异类）。

在正式开始经济学研究生课程后，卢卡斯首先修习了弗里德曼主讲的《价格理论》课程。大致上说，这门课讲授的内容就是后来人们熟悉的微观经济学，但根据芝加哥大学的传统，它主要强调的是从马歇尔那里所传承下来的局部均衡分析思路，对于当时大行其道的一般均衡方法比较排斥。这一传统在弗里德曼这个坚定的芝加哥主义者那里，体现得淋漓尽致。卢卡斯承认，弗里德曼的授课非常精彩，其讲授的内容也给他带来了很多启发。但很显然，对于已经熟悉了萨缪尔森分析思路的卢卡斯，弗里德曼对经济问题的分析方法让他感到很不适应。他很快就认识到，自己永远不可能像弗里德曼那样思考迅速，当弗里德曼用直觉和简单的图表就已经把问题分析得十分透彻时，他还在想应该如何把这个问题转化成数学模型来进行思考。此外，这门课的得分也打破了卢卡斯一直保持的优秀纪录，这多少让卢卡斯有些不太开心。幸运的是，从父母那里继承来的独立思考能力很快就让他认识到，这只说明了弗里德曼的方法不太适合他。他坚信，只要坚持自己认可的方法，就能走出一条属于自己的路。

相比于弗里德曼课上的方法冲击，纯技术的课程带给卢卡斯的感觉要好很多。在兹维·格里利谢斯（Zvi Griliches）、格雷格·刘易斯（Gregg Lewis）等知名学者的指引下，卢卡斯学习了不少计量经济学和数理经济学的课程，并根据需要修习了一些数学课程，阅读了一些数学专著。在读过的数学专著中，卢卡斯对威廉·费勒（William Feller）的《概率论及其应用》（*An Introduction to Probability Theory and Its Applications*）

推崇备至。甚至在很多年后，他依然把费勒的书和萨缪尔森的《经济分析基础》作为自己的案头书，时不时拿起来翻阅。当然，除了这些技术性的课程外，阿诺德·哈伯格（Arnold Harberger）在公共财政方面的工作也对卢卡斯产生了很大的影响。卢卡斯正是在哈伯格和刘易斯的指导之下完成了他的博士论文，而论文研究的问题"资本与劳动力之间的替代弹性"很有可能就是哈伯格税收研究项目的一个部分。

1964年，卢卡斯从芝加哥大学获得博士学位，进入卡内基理工学院（即现在的卡内基梅隆大学）的工业管理研究生院任教。在那里，他结识了很多知名学者，例如：艾伦·梅尔策（Allan Meltzer）、里昂纳德·拉平（Leonard Rapping）、约翰·穆斯（John Muth）、戴尔·乔根森（Dale W. Jorgenson）、托马斯·萨金特，以及得过图灵奖和诺贝尔经济学奖的全能学者赫伯特·西蒙（Herbert A. Simon）。这些学者都对卢卡斯后来的研究产生了很大的影响。比如，穆斯启发了卢卡斯关于理性预期的研究，乔根森建议卢卡斯学习动态优化方法，拉平和卢卡斯完成了早期的很多论文，萨金特则成为卢卡斯进行"理性预期革命"时最重要的盟友。另外一个值得一提的人物是爱德华·普雷斯科特（Edward C. Prescott）。在卢卡斯入职卡内基梅隆大学时，他正好参与该校的博士项目研究。因此从理论上讲他应该算是卢卡斯的学生。但其实在私下，他们的关系更像是平等的合作者。卢卡斯的很多观点启发了普雷斯科特，反过来，普雷斯科特也为卢卡斯提供了很多灵感。后来，普雷斯科特将卢卡斯的理论应用到经济周期分析，发展出了著名的真实周期（Real Business Cycle，简称RBC）理论，他本人也被奉为新古典宏观经济学第二代的代表人物。

在卡内基梅隆大学执教期间，卢卡斯完成了很多重要的论文，其中就包括《预期和货币中性》(Expectations and the Neutrality of Money)、《自然利率假设的计量检验》(Econometric Testing of the Natural Rate Hypothesis)，以及《关于产出－通胀替代的一些国际证据》(Some International Evidence on Output-Inflation Tradeoffs) 等名篇。在卢卡斯发表这些论文之前，他在学界还是一个无足轻重的人物。因此在宣讲这些论文时，他还小心翼翼地打着弗里德曼货币主义的旗号。在这一系列文章陆续发表之后，他所信奉的理性预期理论的价值终于被人们所认识，而他自己也一跃成为"理性预期革命"的引领者，变成了宏观经济学界响当当的大人物。

1974年，卢卡斯从卡内基梅隆大学回到了芝加哥大学任教。回到母校之后，他笔耕不辍，发表了很多重量级论文，其中最有代表性的就是1976年发表的《计量经济政策评估：一个批判》(Econometric Policy Evaluation: A Critique)。因为这篇文章的发表，"卢卡斯批判"（Lucas Critique）成了一个专用名词被收入了宏观经济学的教科书。此后，卢卡斯又将理性预期理论应用到了资产定价、国际贸易、公共财政等众多领域，可以说，在当时宏观经济学的任何领域，卢卡斯都是一个难以避开的名字。

从20世纪80年代后期开始，卢卡斯将研究的兴趣从周期问题转向经济增长，并在这个领域发表了一系列重要论文。他的这些论文被认为是所谓"内生增长理论"（Endogenous Growth Theory）的重要文献，而他自己也被称为内生增长理论的代表人物之一。值得一提的是，内生增长理论的另一位代表，后来斩获2018年诺贝尔经济学奖的保罗·罗默（Paul M.Romer）是卢卡斯在芝加哥大学的学生，并且有很多证据表明，罗默在创建其理论的过程中，受卢卡斯的影响很大。

卢卡斯的私人生活十分丰富。1959年，也就是他进入研究生阶段学习的那一年，他和自己的本科同学丽塔·科恩（Rita Cohen）结婚，并在婚内育有两子，两个儿子都很有出息。1982年，卢卡斯和科恩分居，并在几年后离婚。1982年开始，卢卡斯一直和他后来的妻子南希·斯托基（Nancy L. Stokey）生活在一起。斯托基是当时卢卡斯在芝加哥大学的同事，并被认为是最为优秀的女性经济学家之一。卢卡斯和她一起完成了不少论文，并于1989年发表了一部著作，这部著作就是被很多研究生视为学习生涯噩梦的《经济动态的递归方法》（Recursive Methods in Economic Dynamics）。

1995年，卢卡斯因其在理性预期方面的工作被授予诺贝尔经济学奖。但很多人为卢卡斯鸣不平，认为他的贡献至少还可以多获得一个诺贝尔经济学奖。至少在内生增长理论上，他的贡献也是诺贝尔经济学奖级别的。另外，关于卢卡斯的诺贝尔经济学奖还有一个小八卦。据说在卢卡斯和科恩离婚之前，两个人约定如果卢卡斯在1995年之前获得诺贝尔经济学奖，就要将奖金的一半分给科恩。结果，就在两人的赌约快要期满时，卢卡斯成功获奖，于是按照约定，他不得不把奖金的一半分给自己的前妻。后来有人问起卢卡斯怎么评论此事，他笑笑说："显然，她是懂理性预期的。"

用理性预期引领宏观理论变革

现代宏观经济学的历史是从凯恩斯的《就业、利息和货币通论》开始的。在经过了希克斯、汉森、萨缪尔森等学者对《通论》中所述内容的阐述、丰富和细化后，凯恩斯主义经济学成为宏观经济学领域的主流理论。从20世纪30年代末、40年代初开始，这个理论就占据着欧美各大高校的讲坛，影响着各国的政策制定。尤其是在萨缪尔森将凯恩斯主义的主要思想写成著名的入门级教科书《经济学》后，这一学派的思想更是为全社会所熟知。

凯恩斯主义者们相信，借助于政府的积极干预，人们不仅可以免受经济周期的困扰，还可以实现持续的高速发展。在政府的支持之下，大批经济学家开始构建大规模的经济计量模型，并以它们为工具来制定各种经济政策。这里尤其需要指出的是，从20世纪60年代开始，著名的"菲利普斯曲线"理论被纳入凯恩斯主义的工具箱。根据这一理论，通货膨胀和失业率之间存在着替代的关系，这意味着如果政府愿意以一定的通货膨胀作为代价，那么它就可以压低失业率，让经济达到充分就业状态。

应该说，凯恩斯主义在开始时的表现是非常成功的。当时，政府通过反周期政策，成功地实现了高就业和高增长，这反过来也让凯恩斯主义的地位不断得到巩固。根据萨缪尔森在《经济学》(第三版)中所说的，在这段时间，至少有90%的宏观经济学家都宣称自己是凯恩斯主义者。不过，从20世纪70年代开始，凯恩斯主义的魔法似乎突然消失了。菲利普斯曲线预言的通货膨胀和失业率之间的替代关系似乎再也不存在了，积极的财政政策和货币政策不能再像过去那样带来持续增长，反而让经济陷入了"滞涨"的困局。

那么，为什么凯恩斯主义的政策会失效呢？宏观经济学家们对其展开了激烈的讨论。在卢卡斯之前，最有影响力的观点来自弗里德曼。在他看来，菲利普斯曲线之所以看起来不再有效了，是因为人们在应用这一工具时忽略了预期因素的影响。具体来说，传统凯恩斯主义者对菲利普斯曲线中高通胀可以降低就业的解释是：高通胀同时也会造成工资的提升，当人们看到更高的工资后，就会选择更多的劳动力供给。这样一来，整个社会上的总供给就会增加，均衡的增长率就会上升，就业率就会提高。但在弗里德曼看来，这个观点是不对的，因为对于打工人来说，重要的并不是名义工资而是实际工资。如果一项工作看起来是涨了工资，但实际上工资的增长仅仅是反映了物价的提升而没有任何实质性的提升，那么它对于人们来说是没有任何吸引力的，劳动力的供给也不会得到提升。如果将预期因素考虑进去，通胀和失业之间的关系，也就是菲利普斯曲线就不会是一条曲线，而会是一簇曲线，在这簇曲线中，每一条曲线都对应着一个特定的预期通胀水平。因此，在这种情况下，通胀和失业率之间也就不再存在简单的替代关系了。

这里的问题是，人们又是怎样生成对于通胀的预期的呢？弗里德曼认为，预期的变动服从一种适应性的机制。具体来说，人们对于未来时间点的通胀预期取决于当前的通胀值，以及过去一段时间内通胀变化的速度。在每一个时间点，人们都会进行这样一个计算，并据此来决定劳动力的供给。

基于以上分析，弗里德曼得出了一个重要的推论：在短期内，货币的扩张可以在一定程度上增加就业，因为人们的预期还赶不上通胀的变动。但是在长期，人们的预期通胀和真实通胀一致后，货币扩张带来的就业增加效应就会消失，此时再增加货币扩张并不能减少失业，只会提高通胀水平，造成"滞涨"。基于这一点，弗里德曼主张，与其像凯恩斯主义主张的那样，不断通过相机调整的政策去刺激经济，倒不如让央行保持一个稳定的、温和的货币增加水平。这样，从长期看，经济既可以维持一个比较持续的增长，又可以让通胀保持在一个稳定的水平。

卢卡斯关于干预政策失效问题的分析也是从预期入手的。从表面上看，他的观点和弗里德曼非常类似——他也认为菲利普斯曲线之所以失效，是由于没有考虑预期的作用，并且错误地假设了人们的劳动力供给意愿取决于名义工资而非实际工资。

凯恩斯主义忽略了预期的作用，仅仅借助于计量模型来制定政策。由于计量模型是基于人们过去的行为模式得出的，它并不能反映不同预期下人们行为模式的变化，因此用它们来制定经济政策毫无疑问会失败。

与弗里德曼不同的是，卢卡斯并不认为人们在形成预期的时候会采用弗里德曼所讲的那种适应性调整的方式。相比于这种假设，他更愿意接受他的同事穆斯所提出的观点，即人们会通过一种理性预期的方式来调整预期。换言之，人们会根据他所能搜集到的各种信息来及时对预期进行调整。这样一来，整个预期的转换很可能是一个瞬间完成的事，而不会是一个漫长的过程。

在1972年的开创性论文《预期和货币中性》中，卢卡斯对上述观点进行了阐述。在这篇论文中，他假设经济中的决策者都是一个个的"孤岛"。每一个孤岛上的人都只能看到自己提供的商品的价格变化——对于企业来说，这是商品售价的变化，而对于工人来说，这是工资的变化。这时，具有理性预期的决策者们需要根据各种经验去考察，这些商品价格变化中，有哪些是由于价格总体水平上升带来的，而哪些是真实的价格水平的变动。在这样的背景下，那些被预期到的政策所产生的名义效应就不会促进供给的增加，只有那些"意外"的政策才会产生真正效果。举例来说，对于一名劳动者，如果根据他的预期，货币的扩张会带来30%的工资上涨，并且他看到的工资确实上涨了30%，那么他并不会增加更多的劳动力供给。但如果由于政策的意外性，价格水平上升了40%，并同时带动了40%的工资涨幅，那么预期工资涨30%的他就会认为其余的10%是工资的真实上涨，这时他就会选择增加劳动力供给。

尽管从表面上看，卢卡斯的理论和弗里德曼的理论十分类似，但事实上两者还是存在很大的差异。在弗里德曼的理论中，由于人们的预期调整是缓慢的，所以菲利普斯曲线至少在短期内是存在的。也就是说在短期内可以通过通胀来减少失业；而在卢卡斯的理论中，由于人们的预期调整是迅速的，所以这种替代关系在短期内也不存在。在卢卡斯看来，重要的仅仅是人们会相信什么，又有哪些是例外。虽然在当时，人们很难分辨两种理论的正误，但是从后来的实践，尤其是两次石油危机中的经验看，卢卡斯的理论似乎要比弗里德曼的更胜一筹。

这里需要说明的是，有些文章在解释卢卡斯的上述观点时，认为他主张的其实是一种类似"刑不可知，则威不可测"的权谋观点，认为这是启发政府为达到目的，需要不时出台令人意外的政策。但这显然是误解了卢卡斯的本意。事实上，卢卡斯认为，人们在对可见的信息进行提取，并形成预期的过程中，就会考虑到政府的权变这个因素。如果政府的政策一直变化多端，没有确定性，那么即使是一些十分有力的政策，人们也会认为它只是权宜之计。从这个角度看，政府在正常情况下还应该注意维持其政策的延续性，如果变化太多、太快，那就可能造成"周幽王烽火戏诸侯"一样的严重后果，在关键时刻，它的政策将难以奏效。

在随后的一系列论文中，卢卡斯继续对上述观点进行深化。尤其值得一提的是，在1976年的论文《计量经济政策评估：一个批判》中，卢卡斯提出了一个重要的观点：在理性预期下，任何政策变动都会导致计量经济模型的结构发生根本性的变化，因而基于计量模型的经济政策是无效的。相比于之前对具体问题的讨论，这个论断更是从一般意义上否定了基于计量模型的干预政策的有效性。在文献中，这个批判被称为是"卢卡斯批判"，它被认为是对凯恩斯主义最有力的理论回击。

用人力资本视角打开经济"黑箱"

自亚当·斯密开始，关于增长问题的探寻一直是经济学关注的核心问题。为什么在世界上，有的国家经济增长会如此迅速，有的国家则会停滞不前？究竟是什么因素在背后决定了这一切？正如卢卡斯在《经济增长讲座》（Lectures on Economic Growth）中指出的那样，当人们开始思考这些有趣的问题时，就很难再去想别的问题了。

当然，由于经济发展的周期性，在经济不好时，经济学家们自然会把更多的注意力放到对周期的应对上。尤其是凯恩斯主义兴起后，情况更是如此。正是由于这个原因，在整个20世纪70年代，周期问题都是经济学界最关心的问题。但到了20世纪80年代后期，全世界的经济开始逐步复苏，人们对于周期问题的兴趣就逐渐减弱了，增长问题重新成为经济学关注的中心议题。

在此之前,人们其实已经对经济增长问题进行了很多的探索,其中最为重要的工作就是索洛模型的提出。在1956年发表的论文《对经济增长理论的一个贡献》(*A Contribution to the Theory of Economic Growth*)中,索洛用十分简洁的模型展示了人们可以怎样通过资本的积累来实现经济的持续增长。由于这个模型言简意赅,仅用一个核心公式就概括了经济增长的大部分机制,所以有人甚至称索洛模型为"上帝的增长公式"。

不过,即使是索洛模型,也存在一个很大的缺陷。根据这个模型,经济增长的根本动力是技术的进步。但是,在模型当中,技术本身却是一个无法被解释的"黑箱"。也就是说,索洛模型虽然展示了经济增长的过程,但它却没有解释影响经济增长的最根本动力从何而来。因此,它并没有从本质上破解增长的奥秘。20世纪80年代后期,很多经济学家都尝试从不同角度打开这个"黑箱",从根本上解释技术增长的内在动因。因此,这一批经济增长模型经常被统称为"内生增长理论"。

虽然众多模型都被归于"内生增长理论",但其实它们对于技术发展的机制解释是截然不同的。比如,罗默的模型就倾向于用研发、规模经济等因素来解释内生增长;菲利普·阿吉翁(Philippe Aghion)和彼得·豪伊特(Peter Howitt)倾向于用企业家精神来解释内生增长;而吉恩·格罗斯曼(Gene Grossman)和埃尔赫南·赫尔普曼(Elhanan Helpman)则着重强调贸易在内生增长过程中所起的作用。

那么卢卡斯是用了怎样的思路来思考内生增长问题的呢？在这里，他这个非典型的芝加哥学人采用了一个非常典型的芝加哥理论。在芝加哥大学，除了对价格理论的推崇等"教义"之外，其教员还对一些论题有着共同的兴趣，其中之一就是人力资本。包括西奥多·舒尔茨（Theodore W. Schultz）、加里·斯坦利·贝克尔（Gary Stanley Becker）在内的众多芝加哥学派代表人物都曾对这一问题有过深入研究，而卢卡斯在构建自己的经济增长理论时，显然借鉴了这些同事的思想。

所谓人力资本，是区别于物质资本而言的。它指的是对生产者进行教育、职业培训等支出及其在接受教育时的机会成本等的总和，表现为蕴含于人身上的各种生产知识、劳动与管理技能以及健康素质的存量总和。在现实中，人力资本具有强大的正外部性。例如，同样的机器，如果由一个受过高等教育、有更高技能的人操作，其产出通常会更高。

在1988年的论文《论经济发展的机制》（On the Mechanism of Economic Development）当中，卢卡斯基于上述思想构建了自己的增长模型。在模型中，整个经济分为两个部门：一个是物质资本的生产部门，它用资本、劳动力和积累的人力资本来进行生产；另一个则是人力资本的生产部门，在现实中，它们可以被理解为学校和培训机构。由于在物质资料的生产过程中，具有更高人力资本水平的劳动力具有更高的生产率。因此，如果经济要想实现更快的增长，就不能只关注产品生产，而应该在产品生产和人力资本的生产之间进行权衡，在两个部门之间合理配置资源。通过这样的配置，经济中的技术或生产率就可以得到提升，经济的增长速度才可以得到持久的跃升。

通过以上分析，卢卡斯就从人力资本的角度打开了增长的"黑箱"，从而对国富国穷问题给出了自己的解释。

卢卡斯的启示

在读博士期间，我曾认为读卢卡斯的论文是十分痛苦的，因为其中的数学太多了，太难了，需要下很多功夫才能看明白。现在回忆起来，如果抛开繁复的数学推导，卢卡斯给我们留下的思想遗产其实非常朴素。

例如，所谓的理性预期强调的相机政策无效，保持持久稳定的预期才重要，不正是《道德经》里面强调的"治大国若烹小鲜"吗？而他基于人力资本的内生增长理论，则正好暗合了古人"致天下之治者在人才，成天下之才者在教化，……而教化之所本者在学校"的观点。看来，虽然探索的方式不同，但关于真理的结论却经常是殊途同归的。

遗憾的是，尽管人们在不同的时间通过不同的方式获得了这些真理，但"知易行难"。在一些国家，政府政策的随意性还很强，对于教育等能提升长久经济增长能力的事业十分漠视。或许，对于这些国家的决策者们来说，好好读读卢卡斯是可以有所收获的。

延伸阅读

[比]米歇尔·德弗洛埃,《宏观经济学史》,北京大学出版社,2019年10月。

[美]小罗伯特·E.卢卡斯,《经济周期模型》,中国人民大学出版社,2013年1月。

[美]小罗伯特·E.卢卡斯,《为何资本不从富国流向穷国》,江苏人民出版社,2003年7月。

[美]罗伯特·E.卢卡斯,《经济周期理论研究》,商务印书馆,2012年9月。

巴罗：

从非均衡的"叛徒"
到新古典的"圣徒"

罗伯特·巴罗

Robert J. Barro, 1944—

当今世界最具影响力的经济学家之一,在宏观经济学、经济增长、货币理论与政策等领域做出了卓越贡献。他的主要作品有《经济增长》《宏观经济学:现代观点》等。

罗伯特·巴罗1944年出生于美国纽约。早年的巴罗曾痴迷于物理，因此在读大学时选择了加州理工学院的物理学专业。在加州理工学院，他有幸得到了天才物理学家理查德·费曼（Richard Feynman）的指点。不过，在经历了这位天才的言传身教后，巴罗意识到自己不可能在物理学领域成为顶尖人物。于是，当他1965年从加州理工学院毕业后，重新选择经济学作为新的努力方向，并成功进入哈佛大学求学。1970年，巴罗获得博士学位，开启了他的经济学家之旅。此后，巴罗曾在多所著名大学任教。1986年，他回到母校哈佛大学，此后一直在此任教。目前，巴罗是哈佛大学的瓦博格经济学教授。同时，他还是斯坦福大学胡佛研究所高级研究员。

作为学者，巴罗十分高产。目前，他已发表了数百篇论文，出版了10多本专著，其研究领域涉及财政政策、经济增长，以及政治、人口、教育、文化等各个方面。他的两部教材——1984年出版的《宏观经济学》（*Macroeconomics*）和1995年出版的《经济增长》（*Economic Growth*）分别是本科和研究生教科书的经典之作，对万千学子产生了重要的影响。

凯恩斯主义的"叛徒"

在学术生涯的早期,巴罗是以一名凯恩斯主义者的身份而闻名的。1971年,他和赫歇尔·格罗斯曼(Herschel Grossman)一起在经济学顶级刊物《美国经济评论》(*American Economic Review*)上发表了论文《收入和就业的一般不均衡理论》(*A General Disequilibrium Model of Income and Employment*)。论文指出,一个市场上的不均衡可以外溢到另一个市场,从而造成名义需求和实际需求之间的不一致。这篇论文对多个市场之间的相互关系,以及不均衡状态的演化给出了分析,为凯恩斯主义经济学奠定了重要的理论基础。此后很多年,这篇论文一直是《美国经济评论》引用率最高的论文,其重要性可见一斑!

此后,巴罗和格罗斯曼又在这篇论文的基础上进一步研究,并把相关内容扩展成名为《货币、就业和通货膨胀》(*Money, Employment and Inflation*)的著作。这部书建立了完整的商品市场和劳动力市场配给均衡的宏观经济模型,奠定了非瓦尔拉斯均衡理论的基础,不仅是非均衡经济学的重要著作,而且是凯恩斯主义的经典教科书。

然而,正当巴罗在凯恩斯主义的道路上高歌猛进的时候,他却逐渐对这套理论产生了怀疑。当时,随着世界石油危机诱发的失业率和通货膨胀率的同时飙升,凯恩斯主义经济学的缺陷开始逐渐暴露。巴罗开始注意到,以粘性价格、粘性名义工资为主要特征的凯恩斯主义框架无法解决价格决定等重要的宏观问题。他后来曾回忆说："我们取得了一些进展，但最终的实际解释证明它是一条死胡同。在此后的一两年里，在明白现有框架是不正确的但又无可替代的情况下，我不知道什么是正确的方向。"

在巴罗对凯恩斯主义的怀疑不断加深之时，一个新的宏观经济学分支——理性预期学派正在逐渐兴起。这套理论对巴罗产生了重要影响，这让他从理性预期的角度去思考宏观经济问题。随着思考的深入，巴罗终于和凯恩斯主义分道扬镳，并和卢卡斯、托马斯·萨金特等人一起成为"新古典宏观经济学"（New Classical Macroeconomics）的缔造者。

新古典宏观经济学的"圣徒"

巴罗作为新古典宏观经济学"圣徒"的经历，是从对政府债券的研究开始的。根据传统的凯恩斯主义理论，在经济萧条时，政府可以通过减税来刺激经济，并通过债券来为赤字融资。但是这样的努力真的有效吗？事实上，早在凯恩斯主义诞生前100多年，一位重量级的经济学家大卫·李嘉图（David Ricardo）就对这一理论进行过研究。在其著作《政治经济学及赋税原理》（*On the Principles of Political Economy and Taxation*）中，李嘉图曾论述道，减税并不能真正刺激经济，人们意识到政府最终会在未来通过增税削减赤字，从而会提前进行储蓄来准备未来的增税，这就会让政府的减税失去刺激经济的作用。

在凯恩斯主义盛行的时代，先贤李嘉图的这一观点并没有得到人们的重视。而巴罗则从理性预期的角度，重新发现这则早已被人遗忘的定理。在1974年的论文《政府债券是净财富吗？》(*Are Government Bonds Net Wealth?*) 中，巴罗用严谨的数学模型对这一古老的思想进行了严格的证明，从而让这一观点成为定理。这一结论后来被人们称为"巴罗-李嘉图等价"（Barro-Ricardian equivalence），并成为新古典宏观经济学家论证财政政策无效，反对政府赤字财政的重要依据。

巴罗对于新古典宏观经济学的另一个贡献是对货币政策作用的研究。在1976年的论文《理性预期及其在货币政策中的作用》(*Rational Expectations and the Role of Monetary Policy*) 中，巴罗证明了一个重要的观点：在理性预期下，货币是长期超中性的，即从长期看，货币增长率并不能影响包括产出、实际利率在内的各种实际变量。

1983年，巴罗又发表了另一篇著名论文《货币政策模型中的规则、相机抉择和声誉》(*Rules, Discretion and Reputation in a Model of Monetary Policy*)。在这篇论文中，他对政府行为的"时间不一致"（Time Inconsistency）进行了讨论。我们知道，在现实中，政府的宏观经济政策会追求多个目标，比如经济增长、物价稳定等。中央银行为了保持物价稳定，可以承诺一个货币增长率，人们可以根据这一承诺来形成通货膨胀预期。但是，当预期形成后，政府出于经济增长的动机，可以强迫中央银行增加货币发行，进一步刺激经济发展，这就会让先前中央银行的承诺变得不可信。而这样做的结果，是刺激的无效和通货膨胀的上升。为了避免这种现象的出现，巴罗建议要保持中央银行的独立性，从而让其在政策制定时能够能保持言行一致。

应该说，巴罗的工作对于宏观经济学的意义是十分重大的。它从政策的角度对凯恩斯主义进行了全面、深入的批判，论证了财政政策和货币政策的无效性，并提出了新古典宏观经济学的政策主张。从这个意义上讲，巴罗是一名凯恩斯主义的"叛徒"，同时又是一名新古典宏观经济学的"圣徒"。

经济增长理论的复兴者

巴罗的后半段学术生涯致力于经济增长理论研究。曾几何时，经济增长是经济学研究的核心议题。在20世纪60年代，经济增长理论曾经十分兴盛，以罗伯特·索洛为代表的一批知名学者曾对增长理论进行过深入研究。但是，早期的增长理论并没能成功解释国富国穷的奥秘。同时，由于增长理论过于技术化而缺乏经验研究，因此这一领域很快就陷入沉寂。直到20世纪80年代末、90年代初，增长理论才再次复兴。随着卢卡斯、罗默等学者提出了"内生增长理论"，经济增长再次成为经济学的核心议题。

巴罗也在这个时期加入了对经济增长的讨论。在1990年的论文《一个简单内生增长模型中的政府支出》(*Government Spending in a Simple Model of Endogenous Growth*) 中，巴罗在内生增长的框架下讨论了政府开支与经济增长的关系，并对最优税收问题进行了分析。根据这篇论文，政府的政策会对经济增长产生显著的影响。人民的教育程度会对经济增长具有正向影响，出生率会对经济增长有负向影响，而通货膨胀与经济增长间则存在着较弱的负相关性。

随后，巴罗又在1991年发表了两篇影响巨大的经验研究论文《经济增长的跨国比较》（Economic Growth in a Cross Section of Countries）和《趋同》（Convergence）。在这两篇论文中，巴罗从经验角度对影响经济增长和经济趋同的各要素进行了系统的分析，这些分析成为学者们研究增长问题的重要参考资料。

1995年，巴罗和他的学生夏威尔·萨拉－伊－马丁（Xavier Sala-i-Martin）共同出版了经典教科书《经济增长》。这一著作成为当时经济增长理论的集大成之作，并长期成为经济增长理论学习者的必读书。这种地位，恐怕直到达龙·阿西莫格鲁（Daron Acemoglu）的著作《现代经济增长》（Modern Economic Growth）横空出世后才受到了真正的挑战。

学者之路，选择之路

巴罗数十年的学术道路，可以说是是对经济学的一个核心词汇——选择——做出了很好的诠释。早年属意物理，后来醉心凯恩斯主义，随后选择了新古典宏观理论，最后又致力于经济增长领域的研究，巴罗一直在改变并做出选择，但不变的是他对于学术的热情。

我想，巴罗的这种改变是很值得我们这些后辈学人学习的。虽然说，"板凳要坐十年冷，文章不写一句空"，对于一门功课，要花苦功夫才能出结果。但是在我们选择进入某个领域时，往往是盲目的，因此最初的选择未必是我们最适合的选择。在这个时候，我们何不拿出经济学的智慧，来个彻底的断、舍、离，选择新的研究领域呢？毕竟经济学的理论已经告诉我们，沉没成本其实并不是我们的成本！

🔲 延 伸 阅 读

[美]罗伯特·巴罗，《宏观经济学》，机械工业出版社，2007年8月。

[美]罗伯特·巴罗、[美]赫歇尔·格罗斯曼，《货币、就业和通货膨胀》，商务印书馆，2015年6月。

[美]罗伯特·巴罗，《现代经济周期理论》，商务印书馆，2019年3月。

[美]罗伯特·J.巴罗、[美]夏威尔·萨拉-伊-马丁，《经济增长》，格致出版社、上海人民出版社，2010年11月。

布兰查德：

将经济理论
应用于实践

奥利维尔·布兰查德

Olivier Blanchard, 1948—

法国经济学家，宏观经济学新凯恩斯主义学派经济学家，获得2016年诺贝尔经济学奖。他的主要作品有《宏观经济学》等。

1948年，奥利维尔·布兰查德出生于法国亚眠（Amiens）。他在巴黎第九大学和巴黎第十大学攻读经济学和数学，并于1972年获得学士学位。此后，他远赴美国麻省理工学院深造，师从著名经济学家斯坦利·费希尔（Stanley Fischer），并于1977年获得博士学位。毕业后，他入职哈佛大学，然后于1983年返回麻省理工学院任教至今。现在，他是该校的1941级讲席教授，兼任美国华盛顿彼得森国际经济研究所高级研究员。2008年到2015年，他担任国际货币基金组织（International Monetary Fund，简称IMF）的首席经济学家。

　　作为一名宏观经济学家，布兰查德的研究涉及宏观研究的多个领域，对新凯恩斯主义的理论基础、货币政策的作用、投机泡沫的本质、失业等问题，他都做过深入研究。此外，他还在经济转轨问题上有过不少贡献。除了学术研究外，他还撰写过两部非常著名的教科书。其中，《宏观经济学》（*Macroeconomics*）是非常流行的本科层级宏观经济学教科书，而他和费希尔合著的《宏观经济学讲义》（*Lectures on Macroeconomics*）曾被作为研究生层级的宏观经济学入门书。

对泡沫问题的研究

所谓"泡沫",是对一类经济现象的生动描述。它通常指经济的过热繁荣,或者资产价值偏离基本面的异常上升。由于泡沫问题的存在会造成经济的巨大动荡,因此关于它的成因、影响及对策一直是宏观经济学家们关注的问题。

布兰查德对泡沫问题的研究始于20世纪80年代初。当时,理性预期革命已经席卷经济学界,成为宏观经济学的主流。根据这种观点,人们会利用可以搜集到的所有信息,对未来进行预期。但这就产生了一个问题,应该如何在理性预期的条件下解释泡沫?如果人们都是理性预期者,会搜集充足的信息来预测资产走势,那么他们应该很清楚地知道这些资产的基本面所蕴含的价值。既然如此,这些资产的市场价格又怎么会出现对基本面的严重偏离呢?在1979年的论文《投机泡沫、崩溃和理性预期》(*Speculative Bubbles, Crashes and Rational Expectations*),以及1982年和沃森合作的论文《泡沫、理性预期和金融市场》(*Bubbles, Rational Expectations, and Financial Markets*)中,布兰查德讨论了这个问题。在他们看来,很多的泡沫其实是可以用理性预期来解释的。因为除了基本面,人们还会将一些不确定性加入对资产价格的预期当中,这样就会造成对资产价格的预期偏离基本面的情形。举例来说,他们认为1979年到1980年的黄金价格暴涨就是一个"理性泡沫"。由于黄金无法产生现金流,基本面本身难以预测,而在当时中东石油危机、美国通胀预期跳升、苏联入侵阿富汗等事件背景下，理性投资者在金价中计入了通胀冲击和地缘危机不确定性对其可能产生的影响。

布兰查德归纳了泡沫出现及破灭的条件。在他和费希尔合作的教科书中，他们指出自由出售、供给无限弹性、具有可替代性的资产，不可能出现正的确定性泡沫，否则其资产价格将趋于无限，最终超过替代品的价格。同时，他们还用差分方程对泡沫进行了分析，给出了泡沫扩张和突然破裂的条件。

在存在泡沫时，投资究竟是如何进行的？这是一个宏观分析中经常需要考虑的问题。一些观点认为，无论是否存在泡沫，人们都会坚持以基本面作为投资的基本依据；而另一些观点则会认为，人们会追逐价格，根据资产价格的走势来进行投资。在和劳伦斯·萨默斯合作的论文《股市、利润和投资》(The Stock Market, Profit, and Investment)中，布兰查德对这个问题进行了重新探究。他们搜集了1900—1988年间企业的样本数据，并将企业的Q值（这是托宾提出的一个指标，被定义为企业资产估值与其重置成本之比。这个比值经常被用来分析企业是否被过高估值。）分解为基本面和市场估值两部分，并考虑了它们和投资状况的关系。结果发现，投资会同时依靠基本面和泡沫，但对于基本面的依赖会更多一些。

对新凯恩斯主义理论基础的探讨

"二战"之后,凯恩斯主义曾长期占据宏观经济学的主流。但是,到了20世纪六七十年代,凯恩斯主义却受到了很大的挑战。在理论上,卢卡斯等人主导的"理性预期革命"宣布了宏观政策的无效性,而在实践上,持续的"滞涨"也对凯恩斯主义提出了拷问。在这种情况下,凯恩斯主义者们要继续强调干预的重要性,就必须解决很多理论的难题,其中最关键的理论难题就是价格黏性。这是因为,如果经济中价格是可以自由调节的,那么在面临冲击时,人们就可以通过调整价格来重新实现经济均衡。在这种情况下,就不会有萧条,也不会有非自愿失业,凯恩斯主义主张的干预也就没了用武之地。因此,要论证干预的必要,就必须说明价格为什么不能自由调整。

对于这个问题,不少经济学家都给出了尝试性的回答。其中最有代表性的是格里高利·曼昆(Gregory Mankiw)给出的"菜单成本理论"。不过,曼昆的这个观点提出后就一直受到人们的质疑:在反对者看来,在现实中,菜单成本其实都很小,用这么小的成本来解释价格黏性,以及由此导致的周期似乎难以被人们接受。更为重要的是,因菜单成本而不调价,其实违反了微观经济理论。试想,如果两家餐馆都遭遇了负面需求冲击,那么率先降价的那个一般就会更容易获得消费者的认同,从而率先克服困难。因此,在竞争的压力下,其实企业都应该竞相调价才对。

那么，怎么用小的菜单成本来解释大的周期呢？布兰查德在和其学生清泷信宏（Nobuhiro Kiyotaki）合作的论文《垄断竞争、总需求外部性和名义货币的实际效应》（*Monopolistic Competition, Aggregate Demand Externalities and Real Effects of Nominal Money*）中对此进行了回答。他们的思路是引入垄断竞争的市场结构。所谓垄断竞争，就是市场中所有的企业都存在着一定的差异化。由于有了差异化，因此不同的企业都有一定的"市场力量"，可以将价格定在竞争性水平之上，并且获得超额利润。这个假设很关键：这一方面意味着，当面临负向的冲击时，即使企业不迅速调整价格，也可以扛上一阵；另一方面则意味着，它们不用因竞争的压力而调价。在这样的情况下，企业面临冲击时就有意愿，也有能力不迅速调价，价格粘性就出现了。布兰查德和清泷信宏用模型证明，在这种设定下，即使是很小的菜单成本也会导致明显的周期。因此，凯恩斯主义的反周期干预政策也就有了应用的理由。

除了对新凯恩斯主义的理论基础进行探讨外，布兰查德还创造性地用结构向量自回归（Structural Vector Auto-Regression）来分析经济冲击的影响。在和同事合作的一系列论文中，布兰查德将经济冲击分为供给冲击和需求冲击两类，并分别考察了它们的后果。结果发现，供给冲击会对经济造成累积效果，其影响会收敛到一个稳定水平；而需求冲击的影响则是驼峰状的，会在短期达到一个高峰，然后趋于减弱。应该说，布兰查德的这一系列尝试不仅具有非常高的方法论价值，而且用实证充分说明了经济冲击造成的影响是持续的，这就为凯恩斯主义的干预提供了正当性。

对失业问题的探讨

作为一位关注现实的经济学家，布兰查德对于失业问题进行了很多研究。他首先在一系列论文中，对欧洲和美国的失业状况进行了考察，并归纳了其特征。然后，他对失业问题的成因也进行了很多探讨。例如，在和萨默斯合作的《滞后和欧洲失业问题》（*Hysteresis and the European Unemployment Problem*）中，他们提出了解释失业问题的"滞后理论"。他们指出，欧洲的工资决定过程是工会和企业谈判的结果，而在谈判过程中，只有被雇佣者是局内人，而失业人员则是局外人。局内人在谈判过程中只会关心自己的工资和福利状况，而不会关心局外人。这样，经济冲击带来的失业就会使得谈判的局内人减少，而局外人增多，剩余的局内人在新的谈判过程中只会考虑自己的就业状况，而刚刚被排除出局的那部分人的利益则会被牺牲。这样，一次暂时的冲击就可能造成持久的失业增加。在另一篇和彼得·戴蒙德（Peter Diamond）合作的《排序、失业持续时间和工资》（*Ranking, Unemployment Duration, and Wages*）中，布兰查德则讨论了招工中的排序规则对失业的影响。他们指出，在企业招工时，会优先录用那些失业时间较短的人，而那些长时间没有工作的人则会被排在靠后的位置。这样就会产生失业者持续失业的恶性循环，一部分人就会因此长期失业。除此之外，布兰查德还对生产率变化、社保制度、劳动力跨地区流动等因素对失业的影响进行了详细的分析。

关于失业问题，布兰查德的一项重要工作是关于贝弗里奇曲线的研究。所谓贝弗里奇曲线，是英国经济学家威廉·贝弗里奇（William Beveridge）提出的关于经济中就业机会和失业率之间的关系。他指出，一般来说，两者之间的关系是负向的，经济中的职位空缺越多，失业率就越少。因此，这条曲线应该是一条向右下方倾斜的曲线。在很长一段时间内，贝弗里奇曲线被认为反映了总量冲击对就业的影响，因而被看作是和菲利普斯曲线一样重要的一组宏观变量关系。然而，在布兰查德和彼得·戴蒙德合作的论文《贝弗里奇曲线》(*The Beveridge Curve*)中，对这个观点提出了反对意见。他们指出，劳动力市场的空缺主要取决于就业群体内部的再配置状况，由于就业人口在不同企业之间流动非常大，因而总有企业有员工空缺，而这个空缺量和总量冲击的关系并不大。利用美国的数据，他们证实了自己的猜想。与此同时，这篇名为《贝弗里奇曲线》的论文也把"贝弗里奇曲线"拉下了宏观经济学的神坛。

对宏观经济政策的研究

布兰查德和那些纯理论家不同，他的很多研究都和政策相关。他讨论过的重大政策问题包括财政政策效力、债务可持续和债务重整、利率的确定,以及社会保障等。

值得一提的是,2010年布兰查德曾在《货币、信用和银行杂志》(Journal of Money, Credit and Banking)上发表过一篇题为《反思宏观经济政策》(Rethinking Macroeconomic Policy)的文章,对2008年世界金融危机之前的宏观经济政策进行了全面反思,并对未来的宏观政策给出了一个框架。这篇文章,在一定意义上可以视为是其对宏观政策问题的总结和反省。布兰查德指出,在金融危机爆发之前,人们对宏观政策有一个基本的共识,即货币政策应该以稳定通货膨胀为主要目标,并主要以利率来实现这个目标;财政政策的地位是次要的;金融监管则不属于宏观经济政策范畴。但金融危机却摧毁了这个共识。事实上,在危机来临前,多数国家的通胀看似是稳定的,但在危机到来后,这一切却迅速变得不稳定。这个现象提醒人们,必须对长期以来作为稳定目标的核心通货膨胀进行反思。与此同时,对于金融危机,应该采取一系列的防范,以及准备逆周期的工具。

基于以上考虑,布兰查德建议对宏观政策的基本框架进行重构。具体来说,他建议:货币政策对通胀的关注可以适当放松,但需要将潜在的冲击和风险纳入考虑范围。在执行货币政策时,可以采用利率之外的新工具,比如房贷首付比例、存款准备金率等。如果危机爆发,央行应该考虑向银行体系之外的机构提供流动性支持。对于财政政策,他建议在经济平稳运行时,应当设法降低公共债务杠杆,以保证在遭遇危机时政府有更为充足的政策空间。此外，布兰查德还建议对财政体系进行更好的构建，引入自动稳定器。通过累进税、退税等手段，对经济进行自动调节。

对转轨经济和发展经济的研究

从20世纪80年代末开始，中东欧一些国家陆续开始从计划经济体制转向市场经济体制。按照主流经济学的解释，在这个过程中，由于资源的配置效率得到提升，经济应该出现高速增长。但事实上，大多数转轨国家都首先经历了经济的迅速下滑，然后才慢慢复苏，总体呈现出一个U型发展态势。

这个现象引起了布兰查德的关注。在《后共产主义的经济转轨》(*The Economics of Post-Communist Transition*) 一书中，他对此提出了解释。在他看来，转轨需要经历重新配置（reallocation）和重构（reconstruction）两个过程。其中，转轨的前半段主要是重新配置，即资源要从原来的国有企业转移到私有企业，这个过程伴随着国有企业的破产。由于国有企业原本在经济中占比很高，因此在这段时期内，经济就表现出了迅速下滑。而转轨的后半段主要是重构，新的私有企业会成长起来，并成为经济的主体，这时整个经济就会表现出逐步复苏的状态。

在后来的研究中，布兰查德进一步对转轨的速度和平稳性进行了研究。在和阿吉翁合作的《中欧转轨的速度》(*On The*

Speed of Transition Central Europe)一文中,他们提出转轨过程中产生的失业将会对转轨的速度产生很大影响。如果失业率总体较低,那么它将有利于创造新的岗位,从而有利于加速转轨进程;而当失业率较高时,则会影响稳定,从而阻碍转轨的顺利进行。在理想的情况下,国有企业带来的失业最好等于新的私有企业创造的就业,这样转轨就会平稳进行。

中国和俄罗斯在从计划经济转向市场经济的过程中表现出了很大的绩效差异,中国的绩效要明显优于俄罗斯。布兰查德对这一现象也进行了研究。在和克莱默合作的《企业解体》(Disorganization)一文中,他们指出中国之所以没有产生转轨初期经济绩效的迅速下降,是由于政府采取了平稳的过渡政策,在培育新的市场主体的同时,并没有迅速解除对于国有企业的扶持,从而确保了就业的平稳。而在和安德烈·施莱佛(Andrei Sheifer)合作的《有无中心化的联邦制度:中国和俄罗斯》(Federalism with and without Political Centralization:China versus Russia)中,他们指出,中国平稳地从计划经济转向市场经济很大程度上得益于一个强有力的中央政府。在中国,中央政府可以根据地方政府的绩效对地方政府进行奖惩,这就可以成功抑制地方保护和寻租行为的发生,保证地方与中央政策保持一致,致力于培育市场、扶持新的市场组织。相比之下,俄罗斯的中央政府比较弱势,很难应对各地出现的寻租行为。于是,旧的国企倒下了,新的私有企业因为这些原因发展不起来,整个经济就陷入了持久的停滞。

从诞生开始,宏观经济学就是一门和政策高度相关的学科。然而,随着学科的专业化,现在的宏观经济学也像经济学的其他分支一样越来越脱离实践。在现实中,有很多顶着宏观经济学家头衔的学者可以构建骇人的数学模型,但却从来不知道这些模型有何用处。从挑战常识的角度看,他们的研究成果或许是有价值的,但是这些研究究竟能不能算得上是宏观经济学,却是值得怀疑的。相比之下,布兰查德的每一个研究都来源于实际,而其研究成果又可以为实际政策的制定提供有价值的参考,或许这种"知行合一"的研究模式才应该是宏观经济研究该有的样子。

延伸阅读

[法]奥利维尔·布兰查德,《宏观经济学》(原书第7版),机械工业出版社,2019年3月。

[法]奥利维尔·琼·布兰查德、[法]斯坦利·费希尔,《宏观经济学(高级教程)》,经济科学出版社,2001年2月。

伯南克、戴蒙德、迪布维格：

理解金融危机

本·伯南克
Ben S. Bernanke，1953—

美国经济学家，前美国联邦储备委员会主席，获得2022年诺贝尔经济学奖。他的主要作品有《21世纪货币政策》《金融的本质》等。

道格拉斯·戴蒙德
Douglas W. Diamond，1953—

美国艺术与科学院院士，耶鲁大学经济学博士，美国经济学家，芝加哥大学布斯商学院金融学教授，获得2022年诺贝尔经济学奖。他的研究方向为金融中介、流动性、金融危机、金融管制。

菲利普·迪布维格
Philip Dybvig，1955—

美国圣路易斯华盛顿大学奥林商学院金融学教授、2010年至2021年期间担任中国西南财经大学金融研究院院长、金融学教授、金融学科建设咨询专家，获得2022年诺贝尔经济学奖。他的研究领域包括银行、公司金融、金融市场、资产定价、固定收益证券、工业组织和资产组合管理等。

诺贝尔经济学奖并非根据诺贝尔本人的遗嘱设立，而是瑞典银行（瑞典银行是瑞典的中央银行，但它在扮演央行角色的同时还兼做商业银行的业务）为了纪念诺贝尔而在1968年创设的，其全称叫作"瑞典中央银行纪念阿尔弗雷德·诺贝尔经济学奖"。其颁发给获奖者的奖金也不是来自诺贝尔的遗产，而是由来自于瑞典银行的赞助。自该奖项设立以来，已经颁发了50多次，总计奖励了90多位在经济学各领域贡献最为突出的学者。但有意思的是，这个由银行设立的奖之前却一直没有颁发给专门研究银行问题的人。2022年，这个"惯例"终于被打破了。

瑞典斯德哥尔摩当地时间2022年10月10日中午，瑞典皇家科学院宣布，将2022年诺贝尔经济学奖授予三位美国经济学家：布鲁金斯学会经济学家本·伯南克、芝加哥大学教授道格拉斯·戴蒙德和华盛顿大学教授菲利普·迪布维格，以表彰他们在银行和金融危机研究领域的突出贡献。

如果大家对银行经济学领域有所了解，那就一定不会对以上三位获奖者感到陌生：伯南克曾经出任过美联储的主席，他在任时，全世界的银行都关心他所做出的加息或减息决定；而戴蒙德和迪布维格在公众当中的知名度虽然没有伯南克那么大，但他们关于银行挤兑问题的研究却是这个领域的基石，后续研究者要在这方面有所建树，几乎都绕不开他们的工作。把这一次专门奖励银行问题研究的奖颁给这三位，可谓是再合适不过了。

那么，从经济学角度看，银行究竟在经济中扮演了怎样的角色？这三位诺贝尔经济学奖得主又是怎样论述银行的作用和影响的？他们在各自的研究生涯中，又有哪些有意思的经历？

银行和银行理论简史

银行是我们日常生活中最为常见的一类金融机构，它的主要工作是通过存款、贷款、汇兑、储蓄等业务来承担信用中介职能。从字源上看，"银行"一词来自意大利语"banco"，原意是长凳、椅子。长凳是当年货币兑换商的重要经营工具，他们就是坐在长凳上为客户提供服务的。后来，"banco"一词被传入了英语，拼写被调整成了"bank"，词义也转成了存钱的柜子，然后才有了现在大家熟悉的银行的意思。

根据记录，历史上最早的银行是由皮科洛米尼（Piccolomini）家族于12世纪创立于意大利名城锡耶纳（Siena）。在当时的意大利，皮科洛米尼家族的显赫程度丝毫不亚于后来的美第奇家族，其在全欧洲的贸易，以及放贷、货币兑换等金融业务领域都享有极高的地位。对于这样一个家族，将手中的几类金融业务相互整合，然后创造出现代意义上的银行自然也就不令人意外了。在鼎盛时，皮科洛米尼银行的业务网点不仅遍布意大利，甚至还远达英法。遗憾的是，这个最古老的银行并没有保存下来。1472年，锡耶纳当地出现了另一家名为锡耶纳银行的新银行。尽管从资历上看，它难以和皮科洛米尼银行这样的百年老字号相提并论，但它却有自己的制胜法宝——吸引教皇来入股合伙。凭借着这位股东的巨大号召力，锡耶纳银行在和皮科洛米尼银行的竞争中节节胜利。最终，兴盛了300年的皮科洛米尼银行不得不黯然收场，而锡耶纳银行却历经了500多年的沧桑，一直存活到了现在。

当然，即使皮科洛米尼银行没有倒闭，那它距离今天也不到900年，从金融史的角度看，这其实是一个很短暂的时间。要知道，早在公元前2000年，借贷等金融活动已经在古巴比伦出现了。从这个意义上讲，银行确实算是金融行业的一个"新"发明。

16世纪后期开始，银行这个"新"发明开始受到金融从业者们的青睐，很多从业者纷纷将老式的金融服务机构进行改革，做起了银行的生意。这一时期，威尼斯、米兰、阿姆斯特丹、纽伦堡、汉堡等欧洲的商业中心都开起了银行，其中的很多银行都持续经营到了现在。1694年，英国政府为了筹措战争经费，向公众公开招股，成立了英格兰银行，这就打破了原先只能由个人或者家族创办银行的传统，开创了股份制银行的先例。这使得后来的人们可以更容易开办银行进而开展业务。随后，银行在金融业，甚至整个经济中的地位迅速上升。到今天，银行已经成为最为关键的金融部门——或许在美国这样股票融资比较发达的国家，其地位会略微低一些，但在世界上更多地方，银行完全可以说得上是整个金融体系的枢纽。

银行地位的重要性使它从很早就进入了经济学家的观察视野。总体来说，在古典经济学时期，经济学家们已经认识到了银行在充当货币的供求中介过程当中的重要性。

过去，虽然借贷关系也存在，但资金的需求方和资金的供给方之间的联系大多只能发生在一个很小的范围内，例如亲戚、朋友之间。即使有了钱庄等旧金融机构的加持，这个范围的拓展依然是有限的。而银行可以在大范围内将人们手中的资金吸收进来，然后再将它们放给那些需要资金的人，这样就可以在超大的时空范围内实现对供求双方的撮合，使资金得到更为高效的配置和利用。

关于这一点，亚当·斯密在《国富论》中做出了很好的概括。他说："慎重的银行活动，可以增进一国产业，但增进产业的方法，不在于增加一国资本，而在于使本无所用的资本大部分有用，本不生利的资本大部分生利。商人不得不储存以应急需的资财，全然是死的资财，无所利于商人自己，亦无所利于他的国家。慎重的银行活动，可使这种死资财变成活资财，换言之，变成工作所需的材料、工具和食品，既有利于己，又有利于国。"

相比于斯密等古典经济学家，马克思对于银行功能的看法更为深刻。他在《资本论》第三卷中说道："现代银行制度，一方面把一切闲置的货币准备金集中起来，并把它投入货币市场，从而剥夺了高利贷资本的垄断，另一方面又建立信用货币，从而限制了贵金属本身的垄断。"

显然，在马克思看来，银行在经济中的作用其实有两个方面。其中，第一个方面就是斯密所讲的汇集资金。当然，比起斯密，马克思更为敏锐地觉察到了这种汇集的后果，即打破高利贷资本的垄断。如前所述，在银行产生前，人们在需要资金时只能在一个很小的范围内向人借款，而在这个局部市场上，资金的持有人显然拥有垄断地位，因此可以向对方索取高昂的利息。但是，银行出现后，人们就可以通过银行这个中介向无数身处各地的人借钱，高利贷资本的垄断就这样被打破了，利率自然也会出现相应的下跌。如果大家读过悉尼·霍默（Sidney Homer）所写的《利率史》(*A History of Interest Rates*)，就会看到在银行兴起后，市场的利率确实出现了大幅度的下降。从这个事实上看，我们不得不佩服马克思的见地。

第二个方面则是马克思关于银行可以创造信用货币的更具有洞察性的见解。所谓信用货币的创造，指的是银行可以在吸纳存款之后，将部分资金进行储配，以备不时之需，而将剩余的资金作为贷款发放出去。这样，市场上流通的货币数量就超越了市场上原本的货币量，货币本体（当时是贵金属）的垄断也就随之被打破了。随着信用被不断创造出来，人们从市场上获得资金就会变得更为容易。这样，市场上的商品流通也会更为迅速，资本循环也就会更为顺畅，整个经济的运作效率也就提高了。不过，与此同时，信用的创造也会给经济带来更多的不稳定，它意味着银行策略的变化将会给市场上的货币流通量带来很大的冲击，而银行本身的策略很容易受到其经营者对于市场判断的影响。

后来，熊彼特将这个观点纳入自己的分析体系，提出了自己的商业周期理论。他指出，在经济开始繁荣时，银行会倾向于创造更多的信用；而随着银行对未来态度的改变，就可能收紧信贷，从而导致市场上货币的紧张。正是这种收放，对经济造成了很大的干扰，从而带来了周期。而和熊彼特几乎同一时期的弗里德里希·奥古斯特·冯·哈耶克（Friedrich August von Hayek）提出的经济周期理论中，我们也可以看到类似的论述——所不同的是，哈耶克将这些观点用克努特·维克塞尔（Knut Wicksell）的自然利率理论，以及奥地利经济学派喜欢的生产结构理论进行了包装，但在这套理论中，银行扮演的角色其实一如熊彼特所言，而这些思想的渊源，或多或少可以追溯到马克思。[①]

到了20世纪60年代，斯坦福大学的约翰·格利（John G. Gurley）和爱德华·肖（Edward S. Shaw）又在《金融理论中的货币》（*Money in a Theory of Finance*）一书中就银行的作用这一问题提出了区别于前面提到的"金融中介论"和"信用创造论"之外的第三种理论。在他们看来，银行存在的最重要价值是将

---

① 事实上，哈耶克熟读了《资本论》，甚至将其作为学生的必读文献。这一点，他在《价格与生产》（*Price and Production*）一书中提过。

直接证券转换为间接证券。这里所说的直接证券是指非金融机构如政府、工商企业乃至个人所发行或签署的公债、国库券、债券、股票、抵押契约、借款合同及其他各种形式的票据等。而间接证券指的则是金融机构所发行的钞票、存款、可转让存单、人寿保单、金融债券等。在现实中，我们每个人都可以发行"证券"，比如张三买了李四价值100元的货物，张三的钱在银行里，没有现金，于是打100元的欠条给李四。如果这两个人都是守信用的，那么这个证券在他们彼此之间是可以使用的，并且其价值就是100元。但是，如果超出了这个范围，可能就不好用了。比如，李四欠了王五100元，想用这个欠条来抵债，那王五是很可能不认这个欠条的。但如果用的不是欠条，而是银行的支票就不同了。从本质上看，银行的支票是基于银行债务发行的证券，它标志着银行欠该支票的持有人一笔钱。在张三给了李四100元的支票后，他很容易把它转给王五或其他人。这个例子就说明，个人或私有企业发行的直接证券在使用效力上是远不如银行发行的间接证券的。因此，当人们把资金存入了银行，本来要由其发行的直接证券就可以变成由银行发行的间接证券，其流通范围和认可度都会大幅度上升。

以上这些，就是2022年诺贝尔经济学奖颁布之前比较流行的银行理论。但是早在20世纪70年代，这些传统理论就都受到了严峻的挑战。当时，社会上流行"银行地位下降论"，认为随着信息成本的降低，资金的供给方和需求方已经可以越来越容易地找到彼此。在这种情况下，人们完全可以撇开银行，来个

"没有中间商赚差价"。既然银行作为中介的存在意义被取消了，那么后续的信贷创造，以及将直接证券转变成间接证券的作用也就自然不存在了。面对这样的理论质疑，银行又应该如何为自己正名，说明自己存在的意义呢？现在，该轮到戴蒙德和迪布维格上场了。

戴蒙德和迪布维格，以及他们的研究

在介绍戴蒙德和迪布维格的理论之前，我们有必要先对他们的生平和经历进行一些简要介绍。

戴蒙德出生于1953年。他本科就读于布朗大学，期间，他曾短暂在芝加哥大学担任加里·斯坦利·贝克尔的项目助理。1975年，他获得学士学位，随后进入耶鲁大学学习经济学，分别于1976年、1977年和1980年获得硕士、学术硕士以及博士学位。毕业后，他一直在芝加哥大学从事教学研究工作。现在，他是该校布斯商学院的默顿·米勒（Merton H. Miller）讲席教授。戴蒙德的研究领域主要集中在金融中介、流动性、金融危机，以及金融管制。在这些领域，他都做出了很多开创性的贡献。这些成果让其获得了很多荣誉，包括2012年美国金融协会的摩根-斯坦利奖、2018年的奥纳西斯金融奖等。

迪布维格出生于1955年。他本科就读于印第安纳大学，专业为物理和数学，并于1976年获得学士学位。随后，他进入耶鲁大学学习，在1978年获得学术硕士学位，并于1979年获得金融学博士学位，而指导其博士论文的就是赫赫有名的"套利定价"理论创始人斯蒂芬·罗斯（Stephen Ross）教授[①]。毕业之后，迪布维格先后在美国普林斯顿大学、耶鲁大学、圣路易斯华盛顿大学工作。值得一提的是，2008年开始，迪布维格还接受了我国西南财经大学的聘请，担任该校教授及金融研究院院长，直到2021年。也就是说，差一点点，迪布维格就成了第一位在中国的大学任职期间获得诺贝尔经济学奖的经济学家。

无论是戴蒙德还是迪布维格，其学术研究都有比较明显的阶段重点。在20世纪80年代初期，两位学者一起在微观银行经济学，尤其是银行挤兑（bank run）问题上做出了开创性的贡献。此后，他们的研究兴趣都发生了转移，戴蒙德将研究的重心转向了公司金融，试图从企业的角度重新审视他早期考察的一些问题，而迪布维格则把主要的研究精力放到他导师罗斯开创的资产定价领域。所不同的是，在20世纪90年代中期后，戴蒙德又从流动性入手，把研究的重点重新转回了银行，并在进入21世纪后，重点研究了银行在金融危机当中扮演的角色。而迪布维格则一直没有回归银行的研究，而是持续在资产定价领域深耕。此外，在接受了中国西南财经大学的聘请之后，他还带领学生们做了不少有关中国经济的研究。

[①] 值得一提的是，罗斯绝对算得上是一位"诺贝尔经济学奖遗珠"。他的理论在金融学界是有开创性的，并直接启迪了包括罗伯特·默顿等诺贝尔经济学奖得主。遗憾的是他已经于2017年去世，最终未能摘得诺贝尔经济学奖桂冠。

鉴于此次诺贝尔经济学奖主要是奖励几位学者关于银行的研究，因而在下面的介绍中，我们将以戴蒙德的研究作为主线展开介绍。由于迪布维格关于银行的研究主要是和戴蒙德合作的，因而这种叙述并不会破坏介绍的完整性。

银行究竟有什么作用？

如前所述，在20世纪70年代，质疑银行作用的声音开始甚嚣尘上。那么，面对这样的质疑，究竟应该如何为银行正名呢？一个可能的思路是，引入当时刚刚兴起的信息经济学，从信息的角度来论证银行存在的必要性。在这个方面，首开先河的作品是海恩·利兰德（Hayne E. Leland）和大卫·帕勒（David H. Pyle）于1976年发表的论文《信息不对称、金融结构和金融中介》（Informational Asymmetries, Financial Structure, and Financial Intermediation）。这篇论文只有10多页，并不算长，但却提出了一个重要的观点：包括银行在内的金融中介是为了应对信息不对称而产生的。这个观点一提出，就把关于银行作用的讨论从充当中介和创造信用转向对不确定性的处理，而戴蒙德等人的研究就是沿着这个思路展开的。

戴蒙德关于银行作用的讨论主要集中在两篇论文当中。第一篇是在1983年，他和迪布维格合作的那篇关于挤兑问题的开创性论文《银行挤兑、存款保险和流动性》（Bank Runs, Deposit Insurance, and Liquidity）；第二篇则是他于1984年独立完成的论文《金融中介和代理监管》(*Financial Intermediation and Delegated Monitoring*)。

在1983年的论文中,戴蒙德和迪布维格认为,银行的作用主要是在信息不对称的条件下为投资者提供流动性保险。具体来说,他们构建了一个两期模型,讲了下面这样一个故事:在现实中,投资项目需要长时期的投入,其中产生的成本在项目完成前是不可收回的。但是,在项目进行的过程中,投资者随时可能面临流动性的冲击,一旦发生这样的情况,就不得不终止项目,造成大量的损失。一般来说,对于风险事件,人们可以通过购买保险来分散和消除风险。但是,像投资这样的事件由于信息不对称相当严重,保险提供者很难知道投资者的个人信息,也难以通过大样本来推断出相应的概率,因而就不可能为这种行为提供保险。而银行等金融中介机构的存在,恰恰就充当了为投资人提供流动性保险的角色。当投资人面临流动性冲击时,银行的贷款可以帮助他们渡过难关,更好地实现跨期的资源配置。而这种作用反映在宏观层面上,就可以促进经济运作效率的改善。

在1984年独立完成的那篇论文中,戴蒙德又从另一个角度对银行的作用进行了论述,提出了"代理监督"(Delegated Monitoring)理论。他指出,由于信息不对称的存在,借款人会发生事后的道德风险问题。借款人一旦借到钱,就可以用它们来为所欲为,金融合同对他们的约束能力是很低的。很显然,这样就会增大市场上的金融风险。在引入金融中介之后,金融中介就可以作为存款人和贷款人之间的一个代理人来监督合同的实施状况。戴蒙德用模型证明了，相比于让存款人来直接监督借款人，这可以节约巨大的成本。

通过以上两篇论文，戴蒙德从信息角度很好地回应了"银行作用下降论"的质疑，从而为银行正了名。

如何预防银行挤兑？

虽然银行的出现可以为投资人提供有效的流动性保险，从而帮助他们度过流动性的危机，但银行本身其实也是脆弱而充满风险的。我们知道，虽然银行里有很多钱，但从本质上讲，这些钱都不是银行自己的，而是它们欠存款人的债。因此，如果在某一个时间，这些债权人都来找银行还钱，而银行又还不出钱，那么银行也会陷入流动性困境。在金融学上，这种现象就是"挤兑"。对于银行而言，挤兑几乎是一个梦魇。由于银行本质是逐利的，所以在吸收了存款后，它们都会将大部分资金作为贷款发放出去，只留下小部分的准备金应对一些零星的兑付。因此，一旦大规模挤兑发生，如果没有外力介入，银行的违约甚至倒闭就几乎成了必然。

那么，挤兑产生的机理是什么，又如何对其进行预防呢？在1983年的那篇论文中，戴蒙德和迪布维格对此进行了详细的分析。在他们看来，挤兑的发生，其实是经济领域中多重均衡的一个体现。具体来说，每一个储户究竟是否选择去银行取出自己的存款，取决于他们对于银行的信心，而信心是由其周边人的行为决定的。如果他发现没有人抢着去取钱，那就说明银行是安全的，因而自己也没有必要去取；但如果某一天，他发现大家都抢着去银行取钱，那么就说明银行出了问题，自己也必须抢着去取钱。因此，当恐慌一产生，它就产生了一种"自我实现"（Self-fulfilling）的过程——大家都害怕银行出事，于是银行就真的出事了。

既然挤兑问题主要源于人们对于银行的信心，那么要防止这种情况的出现，就必须打破这种恐慌的传导机制。对于这一点，戴蒙德和迪布维格建议由国家向银行提供存款保险，这样就可以提升储户信心，也可以让银行更好地帮助投资人抵御风险。

在分析银行挤兑问题上，戴蒙德和迪布维格论文中提出的两期分析框架非常有名，在文献中，它经常被称为戴蒙德-迪布维格模型（Diamond-Dybvig模型，或D-D模型）。后来关于银行挤兑问题的大量讨论，都是建立在这个模型的基础之上的。

流动性问题

从20世纪90年代中期开始，戴蒙德的研究主要集中在对流动性问题的探讨上，并以此作为切入点，重新对银行问题展开了探讨。在这个领域，他提供了很多有价值的讨论。其中，他和拉格拉迈·拉詹（Raghuram Rajan）合作的论文《银行资本理论》（*A Theory of Bank Capital*）及《流动性风险、流动性创造和金融脆弱性：一个银行理论》（*Liquidity Risk, Liquidity Creation and Financial Fragility: A Theory of Banking*）是最为重要的。在这两篇论文中，他们提出了一个非常有意思的观点，"缺乏流动性是资产固有的属性"。

怎么理解这个观点呢？我们可以考虑这样一种情况：在现实中，不同的人拥有同样的一笔钱，或者一套设备，可以干出的事情是完全不同的。当一位天才企业家拥有一笔资产后，他可以用这笔资产去购入设备，制造出产品，然后挣到很多钱，如果换了另一个人，就可能什么也干不了。如果在某一个时刻，这位企业家因为流动性困境无法生产，他购买的设备已经投入了某项专用事业，成为所谓的关系专用型资产，无法转换成等额的资金，这样一来，即使企业家试图出售一部分资产来获得流动性，也是不可得的。换言之，每一笔资产一旦形成，就打上了其使用者"关系专用型投资"的钢印（Relationship Specific Investment）的钢印，它的流动性属性就消失了。

那么，如何帮助缓解经济中的流动性困境呢？这就需要银行等金融中介的帮助了。在戴蒙德和拉詹看来，虽然很多投资项目缺钱，但其实市场上有钱的金主并不少。只是由于他们难以获得市场上的项目信息，因而不敢把钱借给那些项目运营者。而如果没人来投资项目，市场上资金缺乏，就会导致市场上运作的项目少，因而可以提供的信息更少，金主由于缺乏信息，难以对项目进行评估，就更不愿意把钱借出去。在这种恶性循环之下，流动性紧缺问题就出现了。这时，如果有金融中介参与其中，就可以在相当程度上打破这个死循环，成功让市场上各方的流动性得到提升。

金融危机问题

进入21世纪后，戴蒙德的研究兴趣开始转向对金融危机的分析。在这个领域，他和拉詹等合作者一起发表了很多论文。

其中，比较有代表性的一篇论文是2001年发表的《银行、短期贷款和金融危机：理论、政策涵义和应用》(Banks, Short-term Debt and Financial Crisis: Theory, Policy Implications, and Applications)。在这篇文章中，他们对1998年的亚洲金融危机进行了分析。当时，学界普遍认为，造成亚洲金融危机的关键是短期债务的缺乏限制。而戴蒙德则在分析后认为，短期债务在缓解亚洲市场的流动性问题方面十分重要，并不是造成金融危机的主因。金融危机的产生，主要是源于投资项目的低效以及监管的缺失。

另两篇重要的论文是发表于2009年的《信贷危机：关于成因和对策的猜想》(The Credit Crisis: Conjectures about Causes and Remedies)，以及发表于2011年的《恐慌性抛售、流动性缺乏，以及信贷冻结》(Fear of Fire Sales, Illiquidity Seeking, and Credit Freezes)。在这两篇论文中，戴蒙德和拉詹一起对2008

年金融危机进行了深入分析。他们指出,在21世纪初高科技泡沫破灭后,受美联储货币政策的推动,房地产价格出现了上升。这促使美国金融业通过资产证券化来扩大其授信范围,并通过证券化将风险打包、分割。这一方面导致信用风险的累积,另一方面也使得资产定价变得更为困难。在房地产价格上升时,问题并不突出,但当房地产价格骤然下降时,潜藏的风险就会暴露出来。在这个过程中,银行高层不当的激励、银行的资本结构等,都会扩大这个风险。

戴蒙德和拉詹指出,在金融危机的过程中,恐慌性抛售以及对恐慌性抛售的恐惧是扩大危机的重要原因。对于那些自己还没有遭遇流动性危机的企业,它们通常会有两种心思:一方面,他们对因流动性需求压力而被迫抛售资产心存恐惧;另一方面又期待其他银行抛售资产,这样可以以低价来获取对手的资产。在这两种心思的作用之下,每个银行都会死死捂住自己的钱袋子,甚至连正常的同行拆借和信贷都不提供。这样一来,市场上的流动性就整体冻结了,那些希望获得流动性的企业和银行都会因此陷入困境。本来,有一两家银行陷入困境,只要同行可以及时提供支持,那么它们就可以成功渡过危机;但如果同行都见死不救,那么危机就会如星星之火,很快烧遍整个行业。最终,整个金融行业都会被恐惧笼罩。这时,所有的银行都会争相抛售资产,这种恐惧性的抛售会让资产价值急速跳水,市场上的银行也会如多米诺骨牌一样,一个接一个地倒闭。一旦危机发展到这个地步,那么就不能仅依靠金融体系内部的自我调整来实现自救了。这时，也就到了让伯南克这样的金融"救火队员"上场的时候。

伯南克是谁？

1953年12月13日，本·伯南克出生于美国佐治亚州的奥古斯塔，他在南卡罗来纳州一个名叫狄龙的小村子长大。伯南克的祖父乔纳斯·伯南克曾在纽约经营多家药店，但由于"大萧条"的到来，他的事业受到了很大的影响。1941年，他发现狄龙地区有一家药店要转让，就带着自己的妻儿一起离开了纽约，搬到了狄龙。伯南克的父亲菲利普·伯南克曾在美国海军服役，但讽刺的是，这位海军战士大部分的军旅生涯却是在内华达州的沙漠度过的。在那里，他的主要工作是管理一个军用物资供应点。退役之后，菲利普去北卡罗来纳大学查珀尔希尔分校攻读戏剧学的硕士学位，并在学校结识了北卡罗来纳大学女子学院的学生埃德娜。很快，菲利普与埃德娜坠入了爱河，并一起回到了狄龙的老家。不久之后，他们的孩子伯南克出生了。

在很小的时候，伯南克就体现出过人的聪慧。在小学六年级时，他参加了一个全国性的拼字比赛，一举得到了南卡罗来纳州的冠军——事实上，如果不是在一个单词中多拼了一个字母，他就是当年全美国的冠军。

伯南克在哈佛大学度过了自己的本科生活。1975年毕业后，他进入麻省理工学院继续攻读博士学位。在那里，他在著名经济学家斯坦利·费希尔的指导下系统学习了宏观经济理论。伯南克本人的研究兴趣主要是"大萧条",他的毕业论文研究的就是这个话题。

1979年,伯南克获得了博士学位。此后,他进入了斯坦福大学担任助理教授,并于1983年升为副教授。在斯坦福大学期间,伯南克发表了一篇关于"大萧条"的重要论文。这篇论文认为相比于货币供给的下降,金融系统的失灵是造成"大萧条"更本质的原因。1985年,伯南克跳槽到普林斯顿大学担任教授。在那里,他和自己的合作者一起完成了很多重要文章,其中就包括著名的BGG模型。从1996年开始,伯南克担任了普林斯顿大学的经济系主任。在任职期间,伯南克礼贤下士,招揽了很多优秀的经济学家,充实了经济系的科研和教学实力。例如,经济学界著名的"大嘴",2008年的诺贝尔经济学奖得主保罗·克鲁格曼(Paul R.Krugman)就是伯南克在任职期间力排众议引进的,而他在伯南克任职美联储期间,却成为其最坚定的批评者。

2002年,伯南克被布什总统提名进入了美联储,担任理事。2006年,他又接替传奇人物格林斯潘出任了美联储主席。直到2014年卸任后,伯南克进入了著名的智库布鲁金斯学会。现在,他是该学会的杰出研究员。

从"大萧条"到"金融加速器"

在学术研究上,伯南克的研究主要集中在两个领域:一是对1929年"大萧条"的经济史研究;二是对"金融加速器"的理论探讨。

在宏观经济学中,对"大萧条"的解释一直被视为"圣杯"(grail)[①]。在伯南克之前,已经有很多著名学者对其给出了自己的解释。例如,凯恩斯主义者认为,"大萧条"的产生源于有效需求不足,关于这一观点,最著名的论著当属凯恩斯本人的《通论》。而货币主义者则认为,"大萧条"源于货币供应量的崩溃。在《美国货币史》当中,弗里德曼对这个观点进行过深入的阐述。

在一定程度上,伯南克对"大萧条"的解释可以算得上是上述观点的综合。和货币主义者的观点类似,伯南克认为"大萧条"的发生确实是源于流动性的紧缩,但造成这一切的根源却是当时存在的金本位制度。在他看来,正是金本位制度的固有缺陷导致了20世纪30年代的黄金盈余国对黄金流入进行冲销,从而引发了货币的收紧。而这种货币的紧缩又通过金本位制度传导到整个世界。在其著作《大萧条》(The Great Depression)中,伯南克援引了大量的事实和数据,说明了越早

[①] "圣怀"指代渴望但永远得不到的东西,或努力追求但永远不可能实现的目标。

放弃金本位制的国家,从"大萧条"中复苏越快,从而反证了金本位制度的存在乃是"大萧条"的根源。当然,除了需求方的因素外,伯南克也讨论了供给因素的影响。在书中,他着重分析了工资刚性的重要性。他认为,由于民众对政府的巨大压力,政府不得不通过行政政策维持一个较高的名义工资,而这显然会造成更多失业,让"大萧条"持续更久。

值得一提的是,通过对"大萧条"的深入研究,伯南克比同时代的其他经济学家更加清晰地认识到金融因素在经济发展中的作用。在1983年的论文《"大萧条"传播中金融危机的非货币效应》(*Non-Monetary Effects of the Financial Crisis in the Propagation of the Great Depression*)中,他就着重分析了银行倒闭对金融风险的传导作用,这个观点其实和戴蒙德等人的论述十分类似。

从20世纪80年代末起,伯南克的研究重心转向更为理论化的"金融加速器"(financial accelerator)理论上。

所谓金融加速器,顾名思义,就是银行等金融中介对外生冲击的放大和加强作用。在1989年发表的论文《代理成本、抵押品与经济波动》(*Agency costs, Collateral, and Business Fluctuations*)中,伯南克和他的合作者马克·格特勒(Mark Gertler)一起讨论了这个问题。在伯南克之前,弗兰科·莫迪利安尼(Franco Modigliani)和默顿·米勒曾提出过一个和融资结构无关的理论,也就是著名的MM定理。根据MM定理,如果金融市场是完美的,那么企业的投资行为就不会受到融资结构的影响，其价值也会独立于融资结构。但在伯南克和格特勒看来，这个假说显然是难以在真实世界成立的。现实中，金融市场是不完全的，因而外部融资的代理成本会高于内部融资。在这种情况下，企业的投资就会受到企业资产负债状况的影响。

当企业受到冲击时，其现金流和净值会受到影响，而这种影响本身又会进一步放大冲击的效用，影响其融资能力。然后，融资能力的进一步收紧，又会反过来继续压低企业的现金流和净值……由此，金融市场对冲击的放大效应就出现了。在伯南克看来，金融越不完美，代理成本越高，这种放大效应就越明显。而代理成本本身是反周期的，因此它就会延长周期，造成周期的放大。

需要指出的是，虽然"金融加速器"的基本思想出现于1989年的论文，但它作为一个名词正式出现却是在1996年与格特勒，以及西蒙·吉尔切菲斯特（Simon Gilchrist）合作的论文《金融加速器与安全投资转移》（The Financial Accelerator and the Flight to Quality）中。此后，三位作者又在1999年的论文《一个数量化商业周期框架中的金融加速器》（The Financial Accelerator in a Quantitative Business Cycle Framework）中对这个思想进行了更为严格的模型表述。由于三位作者的名字首字母分别为B（Bernanke）、G（Gertler）、G（Gilchrist），因此这个模型经常被称为BGG模型。

在BGG模型中，金融加速器效应被融入到了新凯恩斯主义的模型中。它清晰地告诉人们，在整个宏观经济中，经济冲击是怎样通过金融市场放大的,而金融市场的效率又是如何影响金融加速器的大小的。

除此之外,BGG模型还为央行的干预提供了更为坚实的理论基础。在传统的凯恩斯主义框架中,央行对于经济的影响主要是通过利率对于实际收入的影响来实现的——当利率更低时,人们的实际收入就会更高,因而有效需求就可以更大。而考虑了金融加速器效应后,利率对于经济的作用渠道就更多了。当利率降低时,企业的净值将会增高,这有助于增加企业的净资产,减少企业的融资成本,进而导致企业投资的增加。显然,这个发现对于日后伯南克作为美联储主席应对金融危机产生了很大的启发作用。

美联储里的陌生人

2002年初的一天,正在学校办公的伯南克接到一个来自华盛顿的电话。电话那头是时任美国总统经济顾问委员会主席的格伦·哈伯德(Glenn Hubbard)。他代表总统小布什询问伯南克,是否有兴趣改变一下现状,走出学校,为美联储工作。

接到这个邀请后,伯南克很犹豫。对于他这样一个久居象牙塔中的人来说,为美联储工作将意味着放弃很多东西:他将远离他熟悉的教学和科研,辞掉刚刚担任不久的《美国经济评论》的主编(《美国经济评论》是经济学界影响最大的杂志,对于经济学者来说,担任该刊的主编是一个极高的荣誉),甚至自己的女儿都要离开她的伙伴，跟自己转学到华盛顿去。不过，作为一位宏观经济学家，学以致用的冲动最终使他说服了自己，于是他向哈伯德回复，愿意去华盛顿"参加面试"。

这场"面试"进行得十分轻松愉快。在询问了伯南克几个问题后，小布什总统就认定他是担任美联储理事的合适人选。在经过了一些例行的审核之后，小布什于5月正式提名了伯南克。8月，伯南克就在格林斯潘的见证下，正式宣誓加入了美联储。

伯南克加入美联储时，正是美国经济发展的好时期，但在那段时间里，伯南克却一直过得不太开心。作为一名学者，他在更多时间里更像是美联储里的一个陌生人。

在货币大师格林斯潘操刀的货币政策之下，经济增长稳定，通货膨胀平稳，从宏观经济学的角度看，一切都很好。然而，作为一名研究"大萧条"出身的专家，对经济危机的忧虑却总是萦绕在伯南克的脑海中。在对全国经济学家俱乐部的演讲（这也是他加入美联储后的第一次公众演讲）中，他表达了这个看法。他指出，尽管经济正在复苏，但通货紧缩和严重的经济衰退依然可能出现，如果这样的情况发生，美联储应该对其有所应对。不久之后，他又在两次演讲中重申了这一观点。不过，当时的多数人对伯南克的看法不以为然。事实上，当时不仅是普通人认为"大萧条"绝不可能重来，甚至连多数经济学家也持有类似的观点。例如，理性预期学派的领军人物、1995年诺贝尔经济学奖得主罗伯特·卢卡斯就在2003年的一次演讲中宣称：经济危机的核心已经被解决了。

2006年，执掌美联储长达19年的传奇人物格林斯潘卸任，伯南克被任命为美联储主席。在格林斯潘掌舵美联储时期，为了刺激经济，一直采用低利率政策，这一政策在房地产市场上催生出巨大的泡沫，也催生次级抵押贷款市场的迅速发展。与此同时，格林斯潘又奉行放任政策，对衍生品市场上的各种创新少有监管。在这样的背景下，金融机构将蕴含巨大风险的次级贷款打包成各种金融产品进行出售，于是，产生于次贷市场的风险就弥漫到了整个经济当中。这就好像整个世界都已经铺满了火药，就等火被点燃了。

几乎就在伯南克接棒格林斯潘的同时，火被点燃了。从2006年的春季开始，市场预期发生了改变，房地产价格开始出现下降，次贷违约现象开始出现。本来，这只不过是一个小火苗，市场自身的调节很快就能把它掐灭。不过，在各种衍生品、金融杠杆，以及戴蒙德和拉詹所说的信贷冻结和恐慌性抛售的助推之下，这个小火苗却逐步变成燎原的大火。2007年，次贷危机已经波及全世界，欧美股市全线暴跌，大批银行和金融机构出现巨大的亏损，濒临倒闭。虽然造成这一切的根源是格林斯潘在任内留下的，但在他"事了拂衣去"之后，继任的伯南克自然而然就成了"背锅侠"。

尽管伯南克一直都防备着危机，但遗憾的是，他并没有预料到危机发生的确切方向。这当然不能怪他，事实上，在他接受的经济学训练中，银行和金融中介只在宏观经济中扮演了一个非常不起眼的角色,即使他的BGG模型也经常被人认为言过其实。而在真实世界中,金融创新的发展,尤其是金融衍生品的复杂程度却远远超出了象牙塔内那些学者的想象,凭借标准的经济学训练,即使能够预感到危机,也难以找到危机的位置。

幸运的是,经济学训练虽然没有让伯南克先知先觉,防患于未然,却足以让他在危机发生的时候不至于惊惶失措。面对金融市场的全线告急,流动性的迅速枯竭,他很快认识到,其实整个市场的金融风险主要集中在几家关键的金融中介机构身上,正是它们的告急导致了恐慌和挤兑。因此,要想拯救整个金融市场,就必须对这些金融机构注入流动性,以保证它们能够在危机中挺住。在这种信念之下,他说服并带领美联储成员,制定并实施了一系列对于关键机构的救助计划。从后来的发展看,这些救助对于稳住金融市场,遏制金融风险的蔓延是十分重要的。

然而,这些措施虽然帮助金融市场挺过了危机,却把伯南克推到了风口浪尖之上。伯南克的救市方案是针对关键金融机构的,这个方案让他里外不是人——主张强干预的人认为,伯南克这种做法太过缩手缩脚,难以迅速遏制危机蔓延;而主张自由放任的人则认为,伯南克援助那些贪婪的大型金融机构完全是对市场的扭曲,这种做法很可能在未来助长它们的道德风险。可以想象,当时的伯南克一定承受着极大的心理压力。事实上,他本人在制定这些救助方案时,内心就充满了挣扎。作为一名学者,他信仰自由市场,痛恨那些利用市场牟利的金融寡头，但在当时的环境下，他却不得不去拯救那些自作自受的金融寡头。

危机来得很猛，去得也比较快。不久之后，金融市场上的混乱基本结束了，但是，伯南克却并没有因此感到轻松。当危机过去后，接着要做的就是实现经济复苏。但采取什么措施来推动这一切呢？当时，主流的观点是实行宽松的货币政策，保持一个较高的通胀率，直到经济增长和就业恢复。包括美联储副主席（同时也是后来的主席）珍妮特·耶伦（Janet Yellen）、芝加哥联储主席查尔斯·埃文斯（Charles Evans）、纽约联储主席威廉·达德利（William Dudley）在内的一众大佬都支持这种方案。不过，作为一名优秀的货币经济学家，伯南克对这种激进的方案却很犹豫。他当然知道，宽松的货币政策会更利于增长，但他也深知，通胀就像是毒品，一旦用上了就很难停下来，而这对于经济的伤害可能是十分致命的。在综合考虑了经济增长和物价稳定这两个目标之后，伯南克选择了比较中庸的道路，通过量化宽松，把通胀维持在一个相对温和的范围。

显然，这个方案又遭遇了大量的责难。干预派指责它过于谨小慎微了。比如，那位由伯南克亲自招入普林斯顿的"大嘴"克鲁格曼就公开在自己的博客上批判伯南克治下的美联储展现出"可耻的"消极态度，而伯南克本人则被其斥为是"软骨头"。而与此同时，自由放任的支持者批评伯南克用货币政策扭曲了经济的自我调节。例如，经济史学者艾伦·梅尔策就认为当时困扰美国的高失业率并不是货币问题，伯南克试图用货币政策去调节经济其实是在做超出能力范围的事。

2010年时，伯南克任美联储主席满一届，在参议院审议其连任申请时，得票是70比30，而格林斯潘在上一次连任时，得票是89比4。两相对比之下，就可以看到这位帮助美国度过了最困难时刻的英雄有多么受争议。

在第二个任期，伯南克的主要任务依然是在通货膨胀与经济增长这两个目标之间走钢丝。为了兼顾这两个目标，他一方面小心翼翼地制定着量化宽松政策，一方面又仔细地评估着经济状况，以求在合适的时候退出量化宽松。然而，伯南克并没有在自己的任期内结束量化宽松。2014年1月，伯南克任期届满，在两个目标之间走钢丝的任务从此甩给了他的继任者耶伦。幸运的是，在伯南克卸任前，美国的经济状况已经出现了明显好转，社会上对他的评价也开始改善。2013年底，路透社对美国的金融分析师组织了一次调查，让他们给伯南克的任职表现打分，结果显示，在10分的总分中，分析师们打出的平均分为8分。

当伯南克从美联储主席的位置上退下后，他终于可以回到学术界，以一个旁观者的姿态来观察联储、观察经济了。他选择加入了美国著名的智库布鲁金斯学会，有意思的是，他为自己选择的研究话题依然是"从'大萧条'中促进经济强劲复苏"。

如何面对下一次危机

现在，距离2008年的金融危机已经过去了十多年。在岁月的冲刷下，一切好像又恢复了常态。每一天，银行和金融机构都照例吞吐着巨额的资金，为经济输送着流动性；而华尔街的精英们则和往常一样，追寻着每一个机会。一切好像都很美好。

但是，这一切真的能持久吗？岁月真的如此静好了吗？事实上，在表面平静的背后，危机的阴影从来都没有远去。疫情风险、能源危机、供应链困局、俄乌冲突……每一个事件都可能成为下一次危机的种子，可能产生像戴蒙德和迪布维格所说的那种"自我实现"效应，放大成为一场巨大的危机。

那么，在下一次危机袭来时，我们可以从容应对吗？从现在看，情况其实并不乐观。黑格尔说过：人类从历史中吸取的唯一教训，就是人类不会从历史中吸取教训。这十多年的发展，似乎再一次印证了黑格尔的预见性。在上一次危机过去之后，虽然各国都对金融体系进行了一些修补，但从根本上讲，似乎各国都没有花心思去事先预防其中存在的真正风险。事实上，在这段时期内，房地产、互联网金融等很多新的风险点都在悄悄地生长，只需要一个契机，它们就会成为新的危机的导火索。从这个意义上看，2022年的诺贝尔经济学奖可以说是一次警钟，提醒我们，必须从过去的危机中学到教训，为随时可能到来的下一次危机做好准备。

延伸阅读

[美]本·伯南克,《伯南克论大萧条》,中信出版集团,2022年6月。

[美]本·伯南克,《行动的勇气》,中信出版集团,2016年5月。

[美]本·伯南克,《21世纪货币政策》,中信出版集团,2022年11月。

[美]本·伯南克,《金融的本质》,中信出版集团,2014年4月。

清泷信宏：

解密信贷周期

清泷信宏

Nobuhiro Kiyotaki,1955—

伦敦经济学院经济学家,世界计量经济学会会员。他提出了著名的微观经济基础模型,在新凯恩斯主义的宏观经济学中扮演了重要的角色。

1955年，清泷信宏出生于日本大阪的一个豪族家庭。其家族创建了日本著名的池田银行，其父亲清泷一也是当时池田银行的行长。由于家庭原因，清泷信宏自小就萌生对金融和经济的兴趣。他很早就试图搞明白日本央行的货币政策究竟会对自家开设的银行产生怎样的影响，以及其中的作用机制如何。大学期间，他就读于日本著名的东京大学，随后又赴哈佛大学攻读博士学位，并于1985年获得经济学博士学位。毕业后，他先后就职于威斯康星大学、伦敦经济学院、明尼苏达大学及美联储。2006年，清泷信宏入职普林斯顿大学，任教至今。现在，他是该校的哈罗德·海伦讲席教授。清泷信宏在经济学方面的贡献主要集中在宏观和货币金融领域，他被认为是当今新凯恩斯主义的重要代表人物。

清泷信宏早期的研究集中在对新凯恩斯主义理论基础的探究上。他和布兰查德合作的论文《垄断竞争、总需求外部性和名义货币的实际效应》对小菜单成本引发经济周期的机制进行了分析。

货币理论

在宏观经济学中，如何在模型中引入货币因素是十分重要的理论问题。事实上，在较早的一些讨论宏观经济学的微观基础的理论模型中，为了方便起见，没有突出货币的作用，而是简单假设了物物交换。尽管这种简化的理论可以帮助我们理解很多问题，但它们的缺陷是显然的。宏观经济学免不了要分析货币政策的作用，而这些分析框架显然难以满足要求。

为了解决这个问题，很多经济学家都进行了尝试。在清泷信宏之前，比较有代表性的思路主要有CIA理论和MIU理论。所谓CIA理论，即"货币先行"（Cash in Advance），人们的交易必须用货币支付，因而在交易之前必须首先拥有货币。比如，在卢卡斯和南希·斯托基的早期论文中，就采用了这种观点。而MIU则是"货币进入效用"（Money in Utility），即认为货币本身是可以带来效用的，因而人们会选择持有货币。这个观点最早由米盖尔·西德劳斯基（Miguel Sidrauski）提出，并被后来的不少学者采用。不过，这些观点在理论上都有一定的缺陷，比如，CIA其实完全是一个先验的假定，而对于人们在交易之前持有货币的原因并没有给出解释。MIU则更是强行给人们安上了一个守财奴的假设。事实上，真正能给人带来效用的并不是钱本身，而是钱买来的东西。

清泷信宏对以上问题的回答是从货币的交易媒介职能切入的。在他和兰德尔·赖特（Randall Wright）合著的几篇论文中，尤其是1993年发表的《货币经济学的搜寻理论观点》（*A Search-theoretic Approach to Monetary Economics*）中，他们详细阐述了这个观点。他们指出，如果一个经济中没有货币，就会出现威廉·斯坦利·杰文斯（William Stanley Jevons）所说的"双向耦合难题"：比如，张三是放羊的，但他想要用羊来换鱼吃，那么他就必须找到一个手里有鱼，同时又想吃羊的人来和他进行交换。很显然，这个过程需要经过大量的搜索，期间会产生大量的成本。而有了货币加入之后，双向耦合的问题就可以得到解决。放羊人就可以用羊卖钱，然后拿着钱去买鱼。如果清泷信宏和赖特只想到了这一层，那就谈不上什么理论贡献——事实上，早在古典经济学时代，这个论述已经深入人心了。如果我们翻翻《国富论》或《资本论》等著作，就可以看到类似的观点。清泷信宏他们真正的贡献是将上述观点放到一个理论模型中。他们的思路也很直接：既然"双向耦合难题"本身就是一个搜寻问题，那么何不用当时刚刚兴起的搜寻理论来表述这个观点呢？如果想明白这一层，那么整个建模就十分顺利了：货币被作为简化搜索过程、降低搜索成本的工具引入分析，其存在也就顺理成章了。由于清泷信宏和赖特的模型处理上十分简单，并且可扩展性较强，因此就成为货币经济学的一个标准模型。后来这个领域的很多进展都是在这个模型的基础上产生的。

这里需要指出的是，虽然清泷信宏和赖特的分析很简单，但其实它可以帮助我们很容易地分析不少问题。例如，随着美元霸权的崩溃，很多经济区开始试图寻求其他的结算货币，究竟这个过程会对世界经济产生怎样的影响？这是现在国际上共同关心的一个问题。如果借用清泷信宏和赖特的模型，就可以很容易想明白这个问题：当各个经济区寻求不同的结算货币时，不同经济区之间的"双向耦合"的难度可能增加,因此这可能会造成世界经济的分隔化。

在以上开创性的工作之后,清泷信宏又在此基础上对货币理论进行了很多更为深入的研究。一个比较有代表性的成果是他和约翰·摩尔(John Moore)在2002年发表的文章《罪恶是货币之源》(*Evil is the Root of All Money*,很显然,这个标题是套用了"金钱是万恶之源"这句俗语)。如前所述,交换媒介是货币的主要职能,那么究竟满足什么样的条件才能固定行使这个职能呢?例如,他们在文中举了一个例子:有一天,某人去牙医那儿补牙,补完牙后,他向牙医转了500元。这500元,从本质上看,其实是银行向储户开出的借据(IOU),它表示银行欠了用户价值500元。而通过转账,就把这个对银行的债权关系转到了医生那儿。现在问题就来了,为什么对银行的债权可以充当货币?直接给医生开一个欠条行不行?或者给医生一些实物,比如价值500元的Q币行不行?答案是否定的,因为这并不能向医生保证,某人给他的东西真的值500元——欠条或许会被某人赖账,而Q币则仅流通于一个固定的范围内,是"内部货币",它的价值很难在这个范围外得到公认。

这种不信任,就是清泷信宏和摩尔所讲的"罪恶",而为了避免这种罪恶,就必须有可信的第三方,比如银行提供担保。在两位作者看来,货币之所以重要,是因为一个可信的第三方为交易者提供了这种可信的担保,从而回避了"罪恶"。很显然,只有那些确实可信的第三方才可以发行货币。根据这个理论,即使是政府,如果它们不能有效确保币值的稳定,那么它们所发行的货币也不会被认可。事实上,在现实中,我们看到不少出现恶性通货膨胀的国家,国民就弃用了本国货币,转而使用了比特币等加密币,这一点,确实符合理论的预测。需要指出的是,随着数字技术的普及,征信变得越来越容易,清泷信宏和摩尔认为,这一点可能会改变人们对货币的需求。既然现在人们不再需要货币来消除"罪恶",那么他们就会更愿意持有一些生息的金融产品,而不是货币。现实也正是如此:现在的我们都更愿意把钱放在微信支付或余额宝里,这其实就是持有了生息的金融产品,而那些直接使用货币的人已越来越少见了。

信贷周期理论

清泷信宏的众多论文中,最有名的应该是他和摩尔合作的那篇《信贷周期》(*Credit Cycles*)。根据谷歌学术,这篇论文的引用已经破万了。顾名思义,这篇文章的主要贡献是将信贷问题引入经济周期的讨论。

对于造成经济周期的因素是什么,经济学界其实有过很多次不同的思潮。在古典时期,人们一般认为周期主要来源于一些自然因素,比如粮食丰歉等。在马歇尔之后,人们则逐渐开始将货币和信贷视为造成周期的主要原因。不过,这种思潮到了20世纪七八十年代,又出现了转折。当时,随着"真实周期理论"的兴起,人们又开始将影响全要素生产率的一些"真实"因素作为决定周期的主要力量,而货币和信贷因素又被边缘化了。

那么,信贷因素究竟在周期当中有没有作用呢?关于这个问题,清泷信宏和摩尔在论文中给出了回答。在他们看来,信贷在周期的形成中是十分关键的,它起到了真实因素的放大器的作用。正是因为有了信贷,小的真实波动才会引发大的周期。

在现实当中,企业生产的资金经常是稀缺的,这个时候,它们就需要通过信贷来进行外部融资。但是,由于信息不对称,以及事后机会主义等问题的存在,人们在贷款过程中经常需要提供抵押品。比如,现在很多企业都会在贷款时,把自己名下的土地或者楼房进行抵押。我们知道,这些资产的价值,其实是取决于其未来的收益的。比如土地的价值,取决于人们对其的维护,以及它未来升值的可能。而一旦经济中有负面冲击的到来,那么这些资产的价值就会下降。这时,用这些资产进行抵押的企业就会面临困境。由于抵押品价值的降低,企业不得不补充抵押,而这会让它们的资金更加吃紧,因而会不得不减少对于这些资产的维护。为了摆脱困境,企业可能会选择出售这些资产,而这就会造成这些资产的价值进一步下降,从而更多用这些资产进行抵押的企业就会陷入困境,而经济的萧条也就由此产生了。

虽然清泷信宏和摩尔的这个模型很简单,但其预见性是毋庸置疑的。这一点,只要我们对现实经济有所观察,就很难不予认同。而理解了这个模型，我们也就会对现实中的很多问题有所了解。例如，为什么在经济下行时，政府会出各种政策确保房价不崩盘，其原因就是害怕因此引发银行体系崩溃。

量化宽松政策

所谓量化宽松，指的是央行从扩张资产负债表的角度出发，通过购买金融机构（例如银行、做市商等）手中证券化抵押品的形式，向金融机构注入资金（这里是央行二级市场购入），缓解其流动性的压力。在过去，量化宽松并不是一个常规性的货币政策，但是近年来，这个政策却越来越多被各国央行采用。在本·伯南克担任美联储主席期间，为了应对经济的下行，曾经多次进行过"量化宽松"。

尽管量化宽松更多是一个政策实践，但如果非要为其找一个理论渊源，那么清泷信宏和摩尔的论文《流动性、经济周期和货币政策》(Liquidity, Business Cycles, and Monetary Policy)或许是可能的答案。

在这篇论文中，两位作者强调了流动性的作用。所谓流动性，就是各种资产换成现金的难度，一种资产越容易换成现金，其流动性就越高。在现实中，人们持有的资产有不同的流动性，现金的流动性就高于活期存款，而活期存款的流动性又高于定期存款。而对各种资产持有比例的不同，则可能引发不同的后果。比如，一个公司如果现金储备充足，就很容易应对各种负面冲击；而如果把这些现金储备换成地产，那么这个公司很可能因某个到账日还不出一笔钱而破产。从这个角度出发，两位作者认为，央行在制定货币政策时，应该十分注意为经济提供流动性的重要性。而为了向经济提供流动性，央行可以考虑用流动性更高的现金向金融机构置换那些流动性较低的资产，再通过金融机构来进一步向外释放流动性，而这个思路，其实就是后来所说的"量化宽松"。

值得一提的是，清泷信宏和摩尔的这篇论文其实完成得很早。大约在2001年前后，其初稿就发布在网上。但初稿写成之后，任凭两人如何推销，都找不到适合并愿意发表的刊物。直到2019年，这篇论文才终于发表在《政治经济学杂志》上，可谓是来之不易。

#　第二部分

增长的迷思

经济发展的困境与阻碍

罗伯特·索洛（Robert Solow, 1924—2023）

威廉·诺德豪斯（William Nordhaus, 1941— ）

保罗·罗默（Paul M. Romer, 1955— ）

达龙·阿西莫格鲁（Daron Acemoglu, 1967— ）

索洛：

用一个方程描述增长的奥秘

罗伯特·索洛

Robert Solow, 1924—2023

美国经济学家。因他在研究产生经济增长与福利增加的因素方面所做出的特殊贡献获得1987年诺贝尔经济学奖。他的主要作品有《资本理论与收益率》《美国失业的性质与原因》《增长理论评注》等。

2023年12月21日，1987年诺贝尔经济学奖得主罗伯特·索洛在马萨诸塞州莱克星顿的家中与世长辞，享年99岁。

作为著名的经济理论大师，索洛以对经济增长理论的贡献而著称。索洛构建的"索洛增长模型"（Solow Growth Model）至今依然被宏观经济学家们作为理解经济增长问题的基本模型。索洛创造的经济增长核算方法及提出的"索洛余项"（Solow Residual）的概念一直被人们作为分析增长问题的基本工具。他提出的"索洛悖论"（Solow Paradox）更是在数字经济时代被人们津津乐道。除了这些贡献，索洛还和保罗·萨缪尔森一道将麻省理工学院的经济系从一个边缘院系建设成为经济学界首屈一指的学术殿堂。作为博士生导师，索洛指导的学生中有乔治·阿克尔洛夫（George A. Akerlof）、约瑟夫·斯蒂格利茨（Joseph Eugene Stiglitz）、威廉·诺德豪斯（William Nordhaus）、彼得·戴蒙德四位诺贝尔经济学奖得主，以及阿维纳什·迪克西特（Avinash Dixit）、艾伦·布林德（Alan Binder）、罗伯特·戈登（Robert Gordon）等著名学者。索洛指导学生时，开创性地采用多篇相对短小的论文取代整体性的长篇大论作为博士论文的做法。如今，这种做法几乎已经成为整个经济学界对博士论文的统一标准。

可以说，从理论贡献和制度建设两个角度来看，索洛都对现代经济学界产生了广泛而深远的影响。

一位经济学家的诞生

1924年8月23日,索洛出生于纽约布鲁克林的一个犹太家庭,父亲米尔顿·索洛(Milton Solow)是国际毛皮商人,母亲汉娜·索洛(Hannah Solow)从事教师工作。根据索洛的回忆,他的双亲都十分聪慧,但由于经济条件的限制,他们都没有接受过高等教育。

索洛与同龄的孩子相比十分优秀。1940年,16岁的他从高中毕业,顺利拿到了哈佛大学的奖学金,成为家中的第一个大学生。进入哈佛大学后,索洛接触了社会学、人类学及经济学。虽然索洛后来回忆说,当时学习的经济学中,有不少课程——如约翰·邓洛普(John Dunlop)的劳动经济学、保罗·斯威齐(Paul Sweezy)的马克思主义经济学等,都让其获益良多。不过至少在当时,这些课程并没有太吸引索洛,更没有让他决定投身于经济学研究。这一点并不奇怪,因为对于索洛这样的年轻人来说,最渴望知道的是那些对于现实中重大宏观问题的解释,例如"大萧条"究竟因何产生,又是如何结束的。而关于这些问题,当时的哈佛大学经济学课堂却都几乎没有涉及。

1941年12月,日本偷袭了珍珠港,美国被卷入了第二次世界大战。虽然当时的索洛身处象牙塔,但是这场战争也对他产生了影响。索洛开始思考,究竟是安心坐在教室里继续学习书本知识重要，还是亲赴战场为国奋战更有意义。一番权衡之下，他认识到"在当时打败纳粹主义肯定是头等大事"，于是在1942年毅然应征入伍。由于索洛通晓德语，并且熟悉摩尔斯密码，因而被安排到了情报机关工作。第二次世界大战期间，他曾跟随部队远赴北非和意大利战场。

1945年，索洛从部队退伍。荣归故乡之后，他做的第一件事就是迎娶了自己的恋人芭芭拉·刘易斯（Barbara Lewis）。芭芭拉是一位就读于拉德克利夫学院（Radcliffe College）的才女，主攻经济史专业。与当时的索洛相比，她对于经济学的价值有着更为清晰的认识。在芭芭拉的劝说下，索洛于1945年9月重新回到哈佛大学，开始正式学习经济学。

那时，哈佛大学对高年级的学生实行导师制。每一位大三和大四的学生都会被指定一名导师，导师会为他们指定阅读文献，并定期交流。索洛的导师是瓦西里·里昂惕夫。这位数理经济学家以在投入产出模型方面的贡献闻名于世，后来还因此而获得1973年的诺贝尔经济学奖。当时哈佛大学的经济学课程十分保守，开设的经济学很少涉及数学。因此，像里昂惕夫这样的大师很难施展出其专业上的比较优势，不少修习他课程的学生都认为他的课索然无味。不过，作为入室弟子，索洛却非常幸运地享受到这位大师的"私教课"。在里昂惕夫的指导之下，他开始对经济学有了较为整体的了解，并且开始认识到数学的重要性。在这段时期，索洛修习了微积分、数理统计等课程。值得一提的是，那时哈佛大学经济系的统计课程质量并不好，因而索洛的统计学更多是在社会关系系学习的，当时的授课人是弗里德里克·莫斯特勒（Frederick Mosteller），他被誉为20世纪最著名的统计学家，也是后来哈佛大学统计系的创始系主任。

有意思的是，索洛这位日后著名的宏观经济学家在大学期间并没有学过宏观经济学的课程——理由很简单，当时宏观经济学并没有成为一门独立的学科。不过，他确实听过一些与之相关的课程，其中就包括戈特弗里德·冯·哈伯勒的经济周期理论，约翰·威廉姆斯（John Williams）的货币银行理论等。这段时间，美国凯恩斯主义的代表人之一阿尔文·汉森也在哈佛大学执教，但在1945年至1946年期间，他正处于休假状态，索洛十分遗憾地错过了他的课程。除了课堂上，索洛还从一些学长那里学到了不少有用的知识。比如，后来以消费理论闻名的詹姆斯·杜森贝里（James S. Duesenberry），以及后来以博弈论斩获2005年诺贝尔经济学奖的托马斯·谢林（Thomas C. Schelling）都曾为这位学弟讲授过宏观经济学的知识。此外，当时还是助理教授的理查德·古德温（Richard Goodwin）还为索洛讲授过动态经济建模方面的相关知识，这为他后来思考类似经济这样的动态问题打下了重要的基础。

1947年，索洛从哈佛大学获得学士学位后，继续在哈佛大学深造，并于1949年获得硕士学位。此后，他一边继续攻读博士，在里昂惕夫的指导下撰写博士论文，一边接受了麻省理工学院的聘请，担任了该校的助理教授，为学生讲授统计学和计量经济学。在此期间，索洛深感之前学习的统计学知识不够用，于是就到哥伦比亚大学做了一年的交换生，跟随亚伯拉罕·瓦尔德（Abraham Wald）、雅各布·沃尔福维茨（Jacob Wolfowitz），以及西奥多·安德森（Theodore Anderson）更为系统地学习了统计学的知识。

在得到这些新的"武器"后，索洛很快将它们应用到自己的博士论文中。他的论文题目是关于工资分布的变化的，为了研究这个问题，索洛将就业和失业作为两种不同的状态，并用交互马尔可夫过程（Interacting Markov Processes）来对此进行刻画。凭借着这篇颇有新意的论文，他顺利地在1951年拿到了博士学位，并顺带获得了威尔士奖。威尔士奖是哈佛大学奖励优秀博士论文的最高荣誉，按照规定，获奖者可以得到500美元的奖金，并且可以将论文在哈佛大学出版社免费出版。不过，索洛并没有使用这个免费出版的机会。或许是他已经找到了新的研究方向，因而不愿意花更多的时间来对论文进行修订和润色。

突入经济增长领域

索洛找到的新研究方向就是宏观理论，特别是其中的经济增长。这个研究方向的确立，在相当程度上是受到萨缪尔森的影响。萨缪尔森同样毕业于哈佛大学，里昂惕夫也是他的博士生导师之一，因而在一定意义上，可以算是索洛的大师兄。在麻省理工学院工作期间，两人的办公室正好相邻，交流的机会很多。早在哈佛大学求学期间，萨缪尔森就从汉森那里接触到凯恩斯主义的相关知识，并积极致力于将这些内容体系化。1948年，萨缪尔森已经成功地将这些知识融会贯通，并将它们写入自己的教科书。在这样一位优秀前辈的影响之下，索洛将宏观经济学作为自己的研究方向。

在职业生涯初期，索洛撰写了许多探讨宏观经济学的论文，其中包括对动态乘数等经典的凯恩斯主义问题的讨论。索洛不满足于仅仅做一个纯粹的凯恩斯主义跟随者。很快，他就将研究方向转移到当时并不发达的增长理论上。第二次世界大战后，西方各国开始出现经济持续增长，这个现象不能用处理短期问题的凯恩斯主义解释。从这个角度上看，索洛为自己找到了研究的"蓝海"。

索洛的第一篇增长论文《常规模报酬下的平衡增长》（*Balanced Growth under Constant Returns to Scale*）是和萨缪尔森合作完成的。在这篇论文中，他们对约翰·冯·诺伊曼（John von Neumann）的增长模型进行了讨论和拓展。

冯·诺伊曼模型考虑的是这样一个经济问题：所有的产品都以一种固定系数的线性生产函数进行生产，所有产品既是产出，也是投入。整个生产步骤可能非常迂回，生产的环节数可能比总的产品种类还多。冯·诺伊曼关心的问题是，在这样的经济问题中，如何可以用最低的成本实现产量的最大化。为了分析这个问题，他引入不动点定理、线性不等式、互补松散性和鞍点对偶性等当时十分先进的数学工具,最终刻画出上述这种最优增长需要满足的条件:利率等于增长率。

冯·诺伊曼阐述上述模型的论文最初是用德语写成的,并于1937年发表。后来,在尼古拉斯·卡尔多(Nicholas Kaldor)的建议下,他将论文改写成英文版,并于1945年发表在卡尔多任主编的《经济研究评论》(Review of Economic Studies)上。

这篇论文一经发表,就在学界引起了很大的关注。在诸多的关注者中,也包括索洛和萨缪尔森。他们认为,冯·诺伊曼模型颇有新意,但问题也很明显。最关键的是,这个模型采用了固定系数的线性生产函数。很显然,这样的设定并不满足包括投入品边际产出递减、不同投入品之间替代弹性递减等新古典经济学的假设。针对这个问题,索洛和萨缪尔森将生产函数替代为新古典生产函数,并重新对模型进行了分析。由于在修改了设定之后,模型的复杂性出现了大幅的上升,因此他们并没有和冯·诺伊曼那样得到一个非常简明的最快速增长条件,而是证明了这样的平衡增长路径的唯一存在性,并用复杂的数学公式表达出这个路径所满足的条件。

应该说,如果将这篇论文视为一篇数学论文,那么它可能是成功的——毕竟,数学家们对于是否存在解的兴趣要远高于解究竟是什么。然而,如果将其视为一篇经济学论文,它的价值并不算很大,因为它的结论很难找到对应的经济学含义。需要说明的是,冯·诺伊曼式的增长模型并不是一个宏观上的增长模型,而更像是一个动态化的投入产出模型。在这类模型下,人们其实很难刻画福利状况，更难以刻画宏观政策的影响。因此，在完成这篇论文后，索洛并没有在这个方向上继续深入研究，而是投入更为宏观的增长理论研究。

用一个公式说尽增长的奥秘

与微观模型不同，宏观的模型将经济作为一个总体来进行看待，通常不考虑具体的各部门之间的相互关系。在这样的假设下，整个经济的总产出状况就可以用一个加总生产函数（Aggregate Production Function）进行刻画。基于这样的生产函数，人们就可以对增长问题展开探讨。

应该说，关于"宏观"增长理论的探讨并不是从索洛开始的。在此之前，曾有过一个著名的"哈罗德-多马模型"（Harrod-Domar Model）。这个模型最初由罗伊·福布斯·哈罗德（Roy Forbes Harrod）和埃弗塞·多马（Evsey D. Domar）分别独立提出，但由于两人的模型从本质上一致，所以它们通常被视为同一个模型。

在这个模型中，总生产函数被假定为是里昂惕夫型，即生产一单位的产出必须投入固定比例的劳动和资本。每一期的产出实现后，都会有一部分的产出被储蓄，形成再生产所需要的资本。通过简单的算术运算就可以知道，在这样的设定下，经济中总产出的均衡增长率将可以表达为储蓄率和资本—产出率这两个参数之比。在里昂惕夫生产函数中，资本—产出率是固定参数，所以如果要提升产出，唯一的办法就是提高储蓄率，将产出中的更大份额用于储蓄。

需要指出的是，在哈罗德－多马模型中，增长是十分不稳定的。在不同时刻，经济活动中的人都会形成不同预期，确定一个合意的储蓄率，进而形成合意增长率。如果储蓄率过高，实际增长率超过合意增长率，经济就会出现持续的过热；反之，如果储蓄率过低，实际增长率小于合意增长率，那么萧条和失业就会出现。因而，稳定的增长事实上只能在实际储蓄率恰好等于合意储蓄率的时候才能出现。很显然，要达到这样的条件，难度无异于在刀锋上起舞。正是因为这个原因，哈罗德－多马模型所描述的增长也被称为"刀锋增长路径"（knife edge growth path）。当然，从哈罗德和多马构建这个模型的初衷来看，这其实并不是问题。尤其是对于哈罗德来说，他本来就是凯恩斯的忠实追随者，构建模型的目的就是要将凯恩斯的理论动态化。从这一点上看，哈罗德确实达到了目的，将凯恩斯对经济不稳定的描述很好地表达了出来，并为政府通过干预来稳定经济找到了理论依据。

作为一个增长模型，哈罗德－多马模型并不算合格。一方面，它的理论预测和现实并不相符。当时，已经有不少学者通过观察，对增长的状况进行了经验的概括。其中，最有名的概括来自卡尔多。他通过整理主要经济体的数据，总结出了关于增长的7个"特征事实"（stylized facts）。即：（1）经济体的人均产出会在较长时间内以连续不断的速度增长；（2）人均资本存量以连续不断的速度增长;(3)实际利率大体上稳定不变;(4)产出和资本存量增速大致趋于相同;(5)各种生产要素的收入在国民收入中所占的分配份额大体上稳定不变;(6)人均产出增长率在不同国家间具有很大差别;(7)收入和利润份额较高的国家会有较高的资本—产出比例。哈罗德-多马模型的预言并不与这7个"特征事实"相符。另一方面,在建模中,哈罗德-多马模型采用了里昂惕夫生产函数。这个函数并不符合新古典经济学的各种主要假设。因而从理论上看,很多经济学家也对哈罗德-多马模型并不满意。

针对以上问题,索洛于1956年发表了论文《对经济增长理论的一个贡献》(*A Contribution to the Theory of Economic Growth*),提出了自己的经济增长模型,也就是著名的索洛模型。

索洛模型的基本设定和哈罗德-多马模型十分类似,但在经济体中的生产技术被改用新古典生产函数来刻画。在这个设定下,资本、劳动和要素之间不再被要求按照固定比例来进行生产,而变成了可以相互替代的。当然,如果固定其他要素不变,任何一种要素的增加所带来的产出将会逐步下降,对其他要素的替代能力也呈现下降趋势。很显然,相比于里昂惕夫生产函数,这样的设定更好地刻画了现实的生产状况。

和哈罗德-多马模型一样,经济体可以通过储蓄部分产出来实现资本积累。这些积累的资本有两个用途:一方面它会被用于资本的"广化",即为新增的人口提供资本;另一方面它则会促进资本的"深化",即让经济中的人均资本存量得到提升。

由于资本的边际产出是递减的,所以随着资本的积累,经济会运行到一个均衡:资本的深化正好等于0,新的储蓄全部被用于资本的广化。在均衡状态,经济体中的人均资本及对应的人均产出都会保持固定不变,经济体中人们的生活水平会保持不变,整个经济体的产出就由这个人均产出水平和人口决定。

那么,人均资本存量和人均产出是由什么因素决定的?索洛模型显示,它取决于人口增长率、储蓄率和技术水平等外生因素。人口增长率越高,就需要有更多的资本用于广化。因此,它会让均衡资本存量降低;更高的储蓄率会带来更高的资本积累,均衡的资本存量更高;更高的技术水平可以用同等资本投入得到更多产出,从而产生更多积累,同样导致均衡的资本存量更高。

类似于哈罗德-多马模型,在索洛模型中,更高的储蓄率将可能在短期带来人均资本存量和人均产出的更高增长。不过,这种效果是暂时的。从长期来看,人均资本存量和人均产出都会稳定地收敛到一个值(而不是像哈罗德-多马模型预言的那样产生动荡)。这个值和人均资本存量及人均产出的初始水平无关。除了人口因素等外生变量之外,影响它的因素只有一个,即技术水平。当然,在资本边际产出递减规律的作用下,人均资本存量更低的经济体向均衡收敛的速度会更快。在现实情况中,增长奇迹更容易出现在新兴的发展中国家,原因就在于此。

从形式上看,索洛模型非常简单,它的最终结果仅用一个动态方程就可以表示。但它很好地刻画了增长的过程和动力来源。不仅如此，用索洛模型进行推算，还可以非常容易地得到和"卡尔多事实"完全相符的结论。因而，这个模型一经推出，就受到了学界的高度赞誉。尤其是萨缪尔森，更是盛赞索洛模型的方程为"上帝的公式"。

需要指出的是，在索洛模型中存在着一个问题：根据它的理论，决定稳态人均资本存量和人均产出的最重要因素是技术。那么，对于这个抽象的因素应该怎样用数量进行度量？为了回答这个问题，索洛于1957年发表了《技术变迁和总生产函数》（*Technical Change and the Aggregate Production Function*）。在文中，它建议用全要素生产率（Total Factor Productivity，以下简称TFP），也就是产出的增长率减去资本、劳动等要素增长率的加权和所得到的余项来刻画技术的进步。后来，为了纪念索洛的贡献，这个余项也经常被称为"索洛余项"。

全要素生产率的提出为人们分析增长提供了有力的工具，但也给人们提出了一个困难的问题。在论文中，索洛用这个工具对1909—1949年的技术进步贡献进行了分析。结果显示在这段时间内，人均产出增长的87.5%来自技术进步，人均资本存量增长的贡献仅有12.5%。也就是说，要彻底解释增长究竟是如何发生的，就必须解释技术进步的来源。但是，在索洛模型中，技术的进步过程是一个黑箱，人们不知道它是如何实现的，也很难通过政策去改变它。因而，在索洛之后，打开技术进步的黑箱就成了增长理论的一个重点方向。

索洛大战罗宾逊

索洛全力投身到经济增长问题的研究时，还和著名的英国经济学家、剑桥学派的代表人琼·罗宾逊（Joan Robinson）就资本问题进行了一场旷日持久的辩论。[①]

1953年，罗宾逊在《经济研究评论》上发表了一篇题为《生产函数和资本理论》（The Production Function and the Theory of Capital）的论文。在文中，她提出了一个重要观点：不同部门之间使用的资本存在着异质性，单一的指标不能刻画资本存量状况，生产函数中更不能仅用一个抽象的资本作为投入。索洛读完罗宾逊的文章后，认为罗宾逊指出的资本异质性确实是存在的。但是，他认为异质的资本之间存在着共性，将它们想象为抽象意义上的同质化物品进入生产函数并没有问题。索洛将上述观点写成了一篇论文，并冠以和罗宾逊论文相同的标题于1956年投稿到《经济研究评论》上发表。

在索洛看来，自己并无冒犯罗宾逊之意，写文章也是为了求同存异。谁知，罗宾逊这位早已靠垄断竞争等理论成名，并被视为凯恩斯之后剑桥学派最主要代表的经济学家非常不满这

[①] 这个时期，英国剑桥的经济学家们曾和身处美国剑桥麻省理工学院的经济学家们进行过长期的辩论，史称"两个剑桥之争"。其中，争论的第一阶段主要是罗宾逊和索洛之间关于资本的辩论，第二阶段则主要是以罗宾逊、斯拉法为代表的英国经济学家和萨缪尔森为代表的美国经济学家之间关于价值转型问题的辩论。

个初出茅庐的小年轻对自己理论的指手画脚。在索洛的文章发表后，罗宾逊立即对此发表了激烈的批评。这让索洛非常不满。初生牛犊不怕虎的他便回信进行了回击。于是，两人之间的争论就此开始。

一开始，两人还相对克制，都试图通过理论和逻辑来说服对方。但随着时间的推移，争论的火药味越来越足。原本信件中的敬语慢慢不见了，取而代之的是相互谩骂。所幸的是，后来两人通过几次面对面的交流，终于握手言和，并结下了长期的友谊。尽管如此，他们在理论观点上的争议却从未消失。直到20世纪80年代，索洛和罗宾逊还经常在各种场合批评对方的观点。

作为旁观者，我们很难在一般意义上评价他们两个人的观点孰是孰非，毕竟所有的经济学理论都有各自的适用场景。如果具体到本文侧重的增长领域，那么索洛的观点显然更有价值一些。因为这种简化的处理让增长成为一个可以被模型化处理的问题。不过，罗宾逊的观点也是十分深刻的，因为只有将不同资本之间的差异纳入考虑后，才有可能考虑资本在不同阶级、部门之间的分配，以及不同阶级、部门间的不同储蓄率对增长的影响。而这种观点，事实上在后来的增长理论中经常被采用。比如，罗宾逊和尼古拉斯·卡尔多、卢伊季·帕西内蒂（Luigi L. Pasinetti）一起提出了一个增长模型。在这个模型中，他们假设社会分成工人阶级和资产阶级两个阶级，并且两个阶级存在着不同的储蓄率。借由这个模型，他们说明了合理的收入分配对于增长的重要性。很显然，如果采用索洛那样只看总资本存量，不看资本的分配状况的观点，那么类似这样的问题就很难讨论了。

有意思的是，很多年后，索洛在评论托马斯·皮凯蒂（Thomas Piketty）的《21世纪资本论》（*Capital in the Twenty-First Century*）时曾委婉地指出，皮凯蒂其实错误地将资本和财富混为一谈了。索洛的这个批评和罗宾逊强调资本异质性的观点十分类似。

离开增长的日子

1960年底，肯尼迪赢得大选，并于次年初就任美国总统。不久之后，索洛就受到沃尔特·海勒（Walter Heller）、詹姆斯·托宾等人的邀请，加入了总统经济顾问委员会，从而走出了象牙塔。此后，他又先后在约翰逊、尼克松、里根等多任总统的顾问团队中任职。

此时，美国的增长已经开始逐渐放缓。尤其是到了20世纪70年代后期，更是出现了多次滞涨危机。在这样的背景下，作为政府顾问的索洛将研究重心转到用政策对抗周期上。在这个领域，他也取得了很多的成果。其中，他和萨缪尔森一起对菲利普斯曲线的研究尤为关键。根据罗伯特·卢卡斯后来的评论，20世纪六七十年代最重大的宏观理论问题就是围绕着菲利普斯曲线展开的。将菲利普斯曲线从一个关于失业和通胀之间的经验规律转化为一个理论工具，并引发后续各种讨论的，正是索洛和萨缪尔森。此外，索洛还对粘性工资等新凯恩斯主义的基础理论进行了深入的研究，这些都为后来的新凯恩斯主义经济学的兴起打下了重要的基础。不过，作为增长理论的开创者，他后来的研究却很少涉及增长，这不能不说是一种遗憾。

当然，尽管后来的索洛并没有对增长理论本身有更多直接的贡献，但他的很多观察却为人们思考增长问题提供了启发。其中的一个重要例子就是索洛悖论。这个概念在1987年被提出。当时，计算机逐渐开始普及，一种普遍的观点是它将会有效带动技术的进步和经济的发展。然而，索洛却通过对数据的观察否认了这一点。索洛在《纽约时报》（书评版）上发表的一篇文章中，表达了自己的观点："我们处处可见计算机时代已经到来，但关于生产率的统计数据除外！"索洛的观察确实深刻。如今，我们已经进入了数字经济时代，互联网、人工智能、区块链等很多新的数字技术都和当年的计算机一样能成为推进生产率的利器，但在它们身上，却都不约而同地表现出了索洛悖论。这一切究竟是为什么？目前依然是数字经济学家们探寻的焦点问题。

沿着索洛的方向

索洛本人对于增长理论的贡献是巨大的，他提出的模型用最"经济"的语言道出了增长这个宏大故事的大部分。不过，这个理论还有很多不足之处，增长理论的后续发展在很大程度上就可以视为对索洛模型的修补。修补可以分为几个主要方向。

第一个方向是对储蓄率形成的探索。在索洛模型中，短期的经济增长状况在很大程度上受到储蓄率的影响，储蓄率本身则被视为一个外生给定的参数。但是，现实并非如此。在真实世界中，人们的储蓄意向会受很多因素的影响，政府也可以通过各种政策工具施加影响。为了刻画这种影响，就必须对储蓄的形成进行内生化。完成这项工作的是大卫·卡斯（David Cass）和加林·库普曼斯（Tjalling Koopmans）。他们在各自的工作中，求解了经济增长过程中的最优消费路径，进而也就解出了消费的反面——储蓄的路径。在1928年，天才的数学家和逻辑学家弗兰克·拉姆齐也考虑过类似的问题。所以，他们三人的贡献经常被合称为拉姆齐-卡斯-库普曼斯模型（Ramsey-Cass-Koopmans Model）。

第二个方向是对技术发展的探索。在索洛模型中，技术进步最为关键，但索洛本人并没有解释这一切究竟是如何实现的。对于未解问题，后来的很多经济学家从不同的角度进行了大量的工作。由于这些工作的主题都是要将技术进步的过程内生化，因而它们通常也被合称为"内生增长模型"（Endogenous Growth Models）。

根据理论特征和政策主张，内生增长理论大致上可以分为三大流派：第一个流派以保罗·罗默和卢卡斯为代表，这个流派强调知识的内生创造；第二个流派以菲利普·阿吉翁和彼得·豪伊特为代表，他们试图将熊彼特的"创造性毁灭"（Creative Destruction）引入模型，用以分析新旧技术的替代，以及由此产生的问题；第三个流派则以埃尔赫南·赫尔普曼和吉恩·格罗斯曼为代表，他们的模型主要突出了技术的传播、技术的互补，以及市场规模对于技术进步的影响。在实践中，第一派的理论对创新政策以及人力资本政策产生了较大影响；第二派的理论的影响主要集中在竞争政策和创新政策领域；第三派的理论则在很大程度上影响了贸易政策。

第三个方向是对统一增长理论的探索。索洛模型为研究增长问题提供了一个很好的框架，它的各种结论也和现实数据很吻合。然而，如果把眼光放得更为长远一些，就会发现如索洛模型所预言的持续、稳定的增长并不是从来就有的。在几百年前，人们还深陷"马尔萨斯陷阱"（Malthusian Trap）当中，产出的增长很容易被人口的增长抵消。最终在战乱、疾病等因素的作用下，人们依然会重归贫困。那么，人们究竟是如何突破马尔萨斯陷阱，走上索洛式的稳定增长道路的？关于这个问题，目前也有很多的解释。例如，奥戴德·盖勒（Oded Galor）等人对此的解释是，在马尔萨斯陷阱中，生存竞争迫使人们更重视人力资本的积累，人力资本的积累刺激了技术的进步，为经济转向现代增长创造了条件；迈克尔·克雷默（Michael Kremer）等人则主张是人口、观念和产权的综合变化导致了这种转变；加里·汉森（Gary Hansen）和爱德华·普雷斯科特更倾向于认为这种转变的根本动力来自资本取代劳动成为最关键的生产要素。

第四个方向是关于非经济因素对增长影响的考察。在现实生活中，增长并不是一个纯粹的经济问题。很多非经济的因素都会通过影响人口增长、储蓄率等参数对增长的结果产生影响。因此，目前很多经济学家都尝试从这些方面作为突破口，来找寻增长的根本动力。在这个方面，诸如达龙·阿西莫格鲁关于制度对增长影响的考察、阿尔贝托·阿莱西纳（Alberto Alesina）关于政治稳定对增长影响的考察等研究都十分出色且富有启发性。

在经济学领域，关于经济增长的研究已经成为一个蓬勃发展的方向，比过去人们对于"国富国穷"问题的理解更为丰富。在很大程度上，这一切都要感谢索洛。因为现在关于增长问题的主流模型在一定程度上都可以被视为索洛模型的一种延续。

索洛已逝，但索洛模型永存！

延伸阅读

[美]罗伯特·M.索洛、[美]约翰·B.泰勒等，《通货膨胀、失业与货币政策》，中国人民大学出版社，2013年4月。

[美]罗伯特·M.索洛等，《经济增长因素分析》，商务印书馆，1999年8月。

[美]罗伯特·索洛，《经济增长理论》，上海人民出版社，2015年9月。

诺德豪斯和罗默：

揭秘增长的始与终

威廉·诺德豪斯

William Nordhaus, 1941—

美国经济学家,美国最有影响的50名经济学家之一,全球研究气候变化经济学的顶级分析师之一,现任耶鲁大学惠特尼·格里斯伍尔德经济学教授和考尔斯经济学研究基金会理事。他因在可持续发展增长研究领域做出的突出贡献获得2018年诺贝尔经济学奖。他的主要作品有《绿色经济学》《均衡问题:全球变暖的政策选择》等。

保罗·罗默

Paul M. Romer, 1955—

美国经济学家,内生增长理论的先驱,新增长理论的主要建立者之一,2018年获得诺贝尔经济学奖,现任纽约大学经济学教授,斯坦福大学经济学教授,胡佛研究所高级研究员。他的主要研究方向为经济增长领域。

斯德哥尔摩时间2018年10月8日上午11点45分，2018年度的诺贝尔经济学奖在瑞典皇家科学院揭晓。诺德豪斯和罗默因他们对"创新、气候和经济增长"的研究而分享了这一奖项。

两人获奖的消息一公布，就有不少人感到奇怪。倒不是说大家对两位新科得主的学术水平有所怀疑，而是说两人的"混搭"让人看不懂。按照惯例，同一年份的诺贝尔经济学奖一般会由在同一领域有过合作，或者说有相关研究成果的学者共同获得，但这次的诺贝尔经济学奖却没有遵循这一套路。

从研究领域看，诺德豪斯侧重于环境经济问题，而罗默则更关注知识和创新问题，两人似乎并无交集。事实上，不仅旁观者对本次的获奖组合看不懂，就连两位得主本人也对此表示意外。据说，当诺德豪斯得知和自己分享今年诺贝尔经济学奖的是罗默时，曾喃喃地说："我没有想到会和他一起。"而罗默知道诺德豪斯和自己一起获奖后，也只是客套地表示了自己对此很荣幸，一直对对方的研究感兴趣。

2018年是诺贝尔经济学奖设立50周年，为什么在这样一个特殊的年份，获奖人的组合会如此奇怪呢？其实细思之下，就不难发现其中的深意。尽管诺德豪斯和罗默的研究看起来相差很远，但究其根本，他们都是在从不同角度探究经济学的最古老主题——经济增长。所不同的是，罗默思考的是增长究竟从何而来，有什么方法可以促进增长；而诺德豪斯考虑的则是增长的限度在哪里，有什么方法可以突破这个限度。换言之，一个关心的是"始"，一个关心的是"终"。在全球经济增速放缓、气候变暖等全球性问题不断出现的背景下，通过将诺贝尔经济学奖颁给这一"始"一"终"两位学者，可以引领整个学界重新思考增长问题，共同寻找相关全球性问题的破解之道——或许，这正是诺贝尔经济学奖评委会的良苦用心之所在。

增长往事

1. 索洛之前

根据教科书上的标准定义，经济增长指的是在一个较长的时间跨度上，一个国家（或地区）收入水平的持续增加。尽管在今天看来，每年百分之几的经济增长已经是司空见惯的事情，但如果我们将视野放宽到整个人类历史，就会发现这并不是一件寻常之事。经济史学家安格斯·麦迪逊（Angus Maddison）曾对各国的历史GDP状况进行过估算和复原，结果发现从公元前后开始到17世纪，整个世界的经济规模并没有发生过显著的变化。而从人均的层面上看，近2000年间的个人收入状况则更是处于停滞状况，始终在维持生存的水平上徘徊。换言之，如果一个罗马人穿越到文艺复兴时期，或者一个汉朝人穿越到明朝初年，他们并不会感觉到自己的境遇有太大的改善。

直到工业革命发生，一切才有了根本性的变化。在蒸汽机等新技术的协助下，人们终于打破了加在自己身上的魔咒。先是欧洲，再是美洲和亚洲，世界各地陆续告别停滞，走上了持续增长的道路。

随着增长代替了停滞，人们开始对增长的奥秘产生了兴趣。增长是怎么开始的？为什么有的国家增长快、有的国家增长慢？增长到底会不会有终点？一大批有志之士开始投入对这些问题的思考，他们后来有了一个共同的名称——经济学家。事实上，经济学能作为一门独立的科学，最初就是源于对增长和分配这两大主题的思考。

被誉为经济学创始人的斯密就是最早研究增长问题的代表之一，他的著作《国富论》全称是《国民财富的性质和原因的研究》，从标题就可以看出其对增长问题的关注。在这部不朽的名著中，斯密向人们详细阐释了他对经济增长的认识。他指出，市场的扩大导致分工的细化，分工的细化促进了创新的发生和生产率的提高，生产率的提高导致收入的提高，而收入的提高又反过来促进了市场的扩大。在他看来，只要一个国家走上这样一个良性的循环，其经济就能获得持续的增长。显然，斯密的这番论述给人们画出了一幅美好的图景。它让人们认识到，停滞不是必然的，增长也不是偶然的，只要通过良好的政策激活市场，增长就可能持续下去。

但在斯密之后不久，另一位著名经济学家马尔萨斯就对增长给出了一个截然相反的看法。在他看来，经济增长会受到资源、环境的限制。随着经济增长，这种矛盾会不断加剧。最终，饥荒、瘟疫和战争会摧毁增长的成果，将人们的生活水平推回到仅够生存的境地。在思想史上，马尔萨斯的上述理论被称为"马尔萨斯陷阱"，显然，这套理论给人们展示的是一个灰色的未来。

经济增长的故事究竟是会像斯密所说的那样走上良性的循环，还是会最终落入马尔萨斯陷阱？这个问题几乎让古典经济学家们争论了大半个世纪。包括李嘉图、穆勒、卡尔·马克思（Karl Heinrich Marx）在内的一大批顶尖经济学家都曾卷入过这场讨论。直到"边际革命"发生，经济学这个学科关注的焦点逐渐从宏观转向微观，相关的讨论才慢慢归于沉寂。

此后，随着萧条和战争的接踵而来，经济学的关注焦点则更是转向了对经济周期和危机的解释，增长问题变得少有人问津。尽管在这段时间内，也有一些学者做出了十分卓越的贡献，产生了诸如拉姆齐模型（Ramsey Model）、哈罗德-多马模型、冯·诺伊曼模型（Von Neumann Model）等重要的理论成果，但经济增长作为一个研究话题却并不受重视。

2. 索洛的贡献

增长问题重新成为经济学关注的焦点是"二战"之后的事情。在"二战"后，西方的主要国家迎来了一段空前的发展时期，经济繁荣、就业增长、人们的生活水平不断提高。在这种背景下，人们再次对增长问题产生好奇心，希望找出增长背后到底有什么秘密、想知道经济增长到底会不会有极限。

在这个时期的众多理论工作中，最需要提及的是罗伯特·索洛的研究。尽管在索洛之前，已经有大量经济学家从各自的角度谈到对增长问题的见解，但都没有形成一套公认的基本研究框架。直到索洛模型出现，这个工作才得以完成。

在1956年发表的一篇论文中，索洛将经济增长这个宏大的故事用一个十分简单的模型表达出来。在这个模型中，经济体可以通过储蓄部分产出来实现资本的积累。这些积累的资本会有两个用途：一方面它会被用于资本的广化，即为新增的人口提供资本；另一方面它则会促进资本的深化，即让经济中的人均资本存量得到提升。由于资本的边际产出是递减的，所以随着资本的积累，经济会运行到一个均衡状态：资本的深化正好等于0，新的储蓄全部被用于资本的广化。在均衡状态下，经济体中的人均资本，以及对应的人均产出都会保持固定不变，经济体中人们的生活水平会保持不变。而整个经济体的产出就由这个人均产出水平和人口决定。

那么，什么决定了均衡的人均资本存量和人均产出呢？在索洛模型中，这取决于几个因素：人口增长率、储蓄率和技术水平。人口增长率越高，就需要有更多的资本用于广化，因此它会让均衡资本存量降低；更高的储蓄率则会带来更高的资本积累，因此会让均衡的资本存量更高；更高的技术水平可以用同等资本投入得到更多产出，从而产生更多积累，因此也会让均衡的资本存量更高。

根据索洛模型的预言,一旦人口增长率、储蓄率和技术水平这些因素给定,无论经济体的起点如何,随着时间的推移,其人均资本水平和人均产出都会向均衡水平收敛。由于从经验上看,经济体的人口增长率和储蓄率通常会在很长时间内保持不变,因此最终决定经济体均衡发展水平的变量就只有一个——技术,或者更确切地说,全要素生产率(Total Factor Productivity,以下简称TFP)。

索洛模型虽然简单,但却抓住了增长问题的要害——TFP。后来的很多实证研究都证明,TFP是决定不同国家经济增长状况的最本质因素。例如,由霍尔和琼斯进行的一项跨国比较研究表明,世界上最富有的国家组和最贫穷的国家组的人均收入相差32倍,但如果排除了TFP的差异,这种差距就会缩小到原有的1/4,TFP的重要性由此可见一斑!

不过索洛模型也并非完美无缺:一方面,索洛虽然让人们认识到TFP在增长过程中的重要性,但却没有告诉我们它是怎样决定的——事实上,在索洛模型中它完全是一个外生变量。由于人们并不确知TFP究竟由什么决定,用什么方法可以提升TFP,更不知道TFP的增长能否抵消资源的约束,因此对于增长的可持续性依然充满了怀疑。例如,1972年罗马俱乐部发布了一份名为《增长的极限》(*The Limits to Growth*)的研究报告,就认为技术的革新将最终不敌资源的短缺,增长最终将达到极限。

另一方面,一些经验结论也和索洛模型的预言存在冲突。

例如，根据索洛模型的预言，各国的经济水平应该向稳态收敛，穷国和富国之间的收入应该会趋同。但实际上，不少富裕国家的人均收入一直在持续增长，而穷国和富国之间的趋同似乎也并不明显。

应该肯定，索洛的工作是重要的，他为研究增长问题奠定了重要的基础，但他并没有指明增长究竟从哪里来，也没有说明经济增长究竟会去往何处。而这两个问题，正是罗默和诺德豪斯分别要回答的。

增长之"始"：罗默与内生增长模型

在经济学圈中，罗默是个出了名的"坏孩子"。1955年，他出生于美国丹佛市，是七个孩子中的老二。他的父亲是一名做过农民、经过商、搞过研究院的政治家。罗默自小就很淘气、叛逆，在中学时期表现很差。他在申请大学时，只有一所大学——芝加哥大学愿意录取他。

入学时，罗默选的专业是数学和物理，但他很快发现自己对这两门学科并没有兴趣，于是决定转学法律。为了进入法学院，他需要修一些"文科"课程作为准备，其中当然也包括经济学课程。就在这个时候，罗默遇到了改变他整个职业路径的山姆·佩尔茨曼（Sam Peltzman）教授。佩尔茨曼的授课内容和风格深深打动了罗默，他很快意识到相比于成为一名法学家，他可能更适合成为一名经济学家。于是，他转入经济学学习，并先后在麻省理工学院、加拿大女王大学等多所名校辗转求学。1983年，罗默最终在其本科母校——芝加哥大学获得经济学博士学位。

在1980年前后，罗默开始对增长问题着迷，并开始研究怎么敲开索洛模型中那个TFP的黑箱——当时，他正从女王大学回到芝加哥大学，开启了自己的博士研究生生涯。经过了数年的思考，他对增长问题给出了自己的解释。这些思考后来被写成论文《规模报酬递增与长期增长》(Increasing Returns and Long-Run Growth)，于1986年发表在顶级的经济学刊物《政治经济学杂志》(Journal of Political Economy)上。

在这篇经典的论文中，罗默引入了"规模报酬递增"的概念来对持续的增长进行解释。在传统的经济学中，投入要素的规模报酬通常被假定为是递减的。例如，资本或劳动力投入越多，其在边际上的产出就会越低。这样的特征决定了经济增长的过程最后只能导致人均产出的均衡，而不会出现持续增长。但如果有某个要素的规模报酬是递增的，那情况就不一样了，它的积累将会导致持续增长的产生。

那么，这样的投入要素是否存在呢？答案是肯定的。这种要素就是知识。

从经济学角度看，知识是一种公共品（Public Goods），是非竞争（Nonrivalry）、非排他的（Nonexcludability）——一个人使用知识，并不妨碍别人使用知识，同时每个人也无权排除他人使用和自己一样的知识。当这种要素被作为投入品用于生产时，它就会产生强大的正外部性，从而导致规模报酬递增的出现。一旦有了规模报酬递增，持续的增长也就成为可能。由于知识具有很强的正外部性，单纯依靠市场力量，可能会导致知识生产过低的次优结果。因此，从政策角度看，就需要政府对科研、教育增加投入，从而保证有足够的知识被生产出来。

在1990年发表的另一篇论文《内生技术变迁》(*Endogenous Technological Change*)中，罗默进一步发展了这一思想。在这篇论文中，他构造了三个经济部门：生产最终产品的部门、研发部门，以及生产中间产品的部门。研发部门负责生产知识或创意，并将其卖给中间产品部门，而中间产品部门则产出耐用资本设备并将其租给最终产品生产部门以获得租金，最终产品生产部门负责生产经济体中的最终产品。很显然，要让经济体的增长顺利进行，就要合理安排在三个部门中投入的资源，包括资本、劳动力和人力资本等。在这个框架下，就可以讨论很多政策性问题。举例来说，在这个模型中，研发部门生产的知识是具有外部性的，其社会收益和其给研发部门带来的私人收益并不一致。在罗默看来，为了鼓励研发的进行，就需要尽可能消除这种私人收益和社会收益之间的差值，因此引入专利、版权等一些激励手段就十分必要。

以上两篇论文的思路，主要是从知识和创意的外部性角度来看待规模报酬递增，并用它来解释长期增长。1987年的一篇短文《由专业化引起的规模收益递增为基础的增长》(*Growth Based on Increasing Returns Due to Specialization*)则从另一个角度来思考规模报酬的产生，即对于专业化的强调。这一观点的思想渊源至少可以追溯到斯密。在《国富论》的开篇，斯密就曾用制针厂的例子来说明分工和专业化的重要性。但在很长时期内，这一重要思想却并没有引起经济学家的足够重视，或许阿瑟·扬（Arthur Young）、舒尔茨是例外。在这篇短文中，罗默在一个垄断竞争的框架下对这一重要的思想进行了精彩的表述。利用数学模型，他向人展示，生产的专业化（表现为经济中中间产品的增多）会导致规模经济的出现，进而让持续增长变为可能。尽管这篇论文只有短短几页，但其中的思想是十分深刻的。既然专业化可以导致规模报酬，从而造成持续增长，那么国与国之间通过专业化进行贸易，就有可能达成各国之间的共同繁荣，这一观点为从国际贸易理论角度去思考增长问题奠定了基础。

尽管在今天看来，罗默的很多结论是十分显然的，但在当时，这种打开TFP黑箱的尝试却是具有革命性的。对于习惯了传统经济学思维的人来说，罗默的这几篇论文无疑是对增长现象的"疯狂解释"（Crazy Explanation）。不过，也有一些人很快认识到罗默这些工作的价值，并加入他的阵营。其中的代表人物包括罗默的博士生导师卢卡斯、从国际贸易角度研究增长的格罗斯曼和赫尔普曼，以及继承了熊彼特创新思想的阿吉翁和豪伊特。和罗默一样，这些人都试图从各个角度对增长的动力给出"内生化"的解释。尽管这些人的工作各有侧重，但由于其"内生化"增长动力的共同特点，人们通常把他们的理论统称为内生增长理论。

遗憾的是，正当内生增长理论方兴未艾时，罗默"坏孩子"的本性却显露了——作为这一领域开创者的罗默竟从学术界消失了！此后20多年，他再也没有发表过重量级的论文。到底是他江郎才尽了，还是上帝不想通过罗默告诉我们更多增长的知识？关于这点，我们不得而知。我们可以知道的是，罗默淡出学界的日子里，他把自己的日子过得很精彩。在这段时间里，他创过业、搞过"宪政城市"实验，还在2016年出任了世界银行的首席经济学家。不过，由于他鲜明的个性，很快又离开了这个外人看起来显赫异常的位置。

有人说，根据罗默的贡献，如果他乖一点，恐怕早就获得诺贝尔经济学奖了。我想，这一点应该是确切的。不过，与洒脱的生活相比，早拿诺贝尔经济学奖真的那么重要吗？谁知道呢！

增长之"终"：诺德豪斯、环境与奇点

与罗默的天马行空相比，诺德豪斯的人生要平淡得多。他1941年出生于美国新墨西哥州的阿尔伯克基（Albuquerque），早年曾在法国求学，就读于巴黎政治学院，回美国后进入耶鲁大学学习。在耶鲁大学时，他选修了詹姆斯·托宾的课程，受其影响爱上了经济学。从耶鲁大学毕业后，他继续进入麻省理工学院深造。当时，他的导师正是索洛教授。毕业后，他回到

母校耶鲁大学,并一直执教至今。

在耶鲁大学的几十年里,诺德豪斯可谓成就无数:他获得了学院最高的教授头衔——斯特林讲席教授,成为萨缪尔森经典教科书《经济学》的钦定合作者,教出了著名的诺贝尔经济学奖得主保罗·克鲁格曼等人,但众多成就并没有改变他的谦逊和低调。即使当他获诺贝尔经济学奖的消息传来,校方要为其举行庆祝时,他也因正在上课而要求推迟仪式。

或许是受导师索洛的影响,诺德豪斯一直对增长问题抱有极大的兴趣。在职业生涯的最初几年,他就发表了多篇关于增长问题的论文。1972年,罗马俱乐部的《增长的极限》出版,将马尔萨斯关于人们能否突破资源限制、获得持久增长的问题重新摆到了人们面前,引发了很大的争论。自然,这场争论也吸引了诺德豪斯的关注。

在《增长的极限》中,有一个重要的观点,就是有限的资源必将导致增长的停滞,尤其是煤炭、石油等不可再生资源耗尽后,将会对经济造成致命的打击。对这个观点,诺德豪斯给予了针锋相对的反驳。虽然资源数量表面上是有限的,但科技潜力能提供近乎无限的能源。在1974年的一篇论文中,诺德豪斯进行了一项测算:根据测算,虽然当时的化石能源仅能够使用520年,但如果开发使用核燃料,现有的资源储量就足够使用530亿年。而如果进一步开发太阳能,可用的能源则更是无穷无尽的。如果套用索洛的框架,那就是只要TFP增长足够快,即使是资源有限也不怕。

尽管诺德豪斯并不赞同罗马俱乐部对于增长的悲观观点，但他对于潜在的增长障碍一直充满了警惕。而在这些潜在的障碍中，气候变化显然是最需要引起关注的。为了搞明白气候变化可能对增长带来的威胁，他尝试着把气候这个因素纳入传统的增长模型当中。他的做法很简单：影响气候的二氧化碳等气体的排放可以作为一种影响产出的"存量"纳入现有的增长模型，而人类活动的进行则会产生"流量"。随着"流量"的逐渐引入，这些"存量"将会产生变动，进而引起环境的变化。应用这套思路，就可以在人类活动、环境存量、环境变化及其产生的经济效应之间建立起一套因果关系。而一旦建立起了这套关系，就可以利用简单的边际分析法来考察温室气体的最优排放量了。

在构筑了理论模型后，诺德豪斯教授及其合作者历时多年，在大量资料的基础上，先后建立了两个分析经济对气候变化的"可计算模型"——RICE模型和DICE模型。利用这两个模型，诺德豪斯等人详细分析了碳排放对于气候变暖的影响。这一系列工作为减排的经济和环境效益分析提供了难得的实证证据。

需要指出的是，尽管诺德豪斯教授以对气候变化的研究著称，但在政策主张上，他并不像很多同行学者那样激进。一个典型的例子是他和尼古拉斯·斯特恩（Nicholas Stern）教授的争论。在气候变化的研究领域，斯特恩教授以著名的《斯特恩报告》(*Stern Review*)而闻名。根据这份报告，不断加剧的温室效应将会严重影响全球经济发展，其严重程度不亚于世界大战和经济"大萧条",因此必须不惜一切代价限制温室气体的排放,阻断气候变暖的进程。对于《斯特恩报告》,诺德豪斯提出了尖锐的批评,认为斯特恩选择了明显过低的社会贴现率水平,因此大大高估了气候变化的可能威胁。在他看来,气候变暖固然可能带来危害,但其影响要远远低于斯特恩的估计,因此采取激进措施限制温室气体排放显然是因噎废食。相比之下,采用开征碳税、建设碳排放交易市场等市场化的手段,可以在增长和环保之间建立更好的平衡。

值得一提的是,作为索洛的得意门生,诺德豪斯一直坚信技术的进步、TFP的增进足以抵消资源和环境的限制,从而保证经济增长的持续进行,但他并不是一名盲目的技术狂热者。对于技术究竟能达到什么层级,他始终保持着一种审慎的态度。

近年来,随着人工智能等技术的发展,一种与"增长停滞论"截然相反的"经济奇点论"开始盛行。一些人认为,拜先进技术所赐,在不久的将来经济的年均增长将可以持续达到20%以上。对于如此乐观的观点,多数学者选择一笑了之,而诺德豪斯则选择了用数字来验证这个观点。2015年,诺德豪斯发表了一篇名为《我们正在接近经济奇点吗?》(Are we Approaching an Economic Singularity)的工作论文,在该文中,他从七个角度考察了"经济奇点"到底会不会来。结果表明,大部分的经济指标都不支持"奇点即将来临"的判断。

罗默和诺德豪斯分别研究了增长的"始"与"终",但增长之谜并没有彻底被解开,还有太多的奥秘等待人们去挖掘。可以想象，这次诺贝尔经济学奖垂青诺德豪斯和罗默，将会重新激活人们对于这一激动人心的领域的关注，也必将激发新的学术成果的产生，而这一切本身也将成为增长故事的一部分。

未来的增长会怎样？是走向斯密所言的持续增长，还是跌入"马尔萨斯陷阱"，抑或突破"奇点"？对这一切的思考实在太迷人，也太烧脑。正如1995年诺贝尔经济学奖得主卢卡斯曾感叹的："这一问题（指经济增长）是如此有趣，以至于人们一旦开始思考这一问题，便很难再去想其他问题了！"

延伸阅读

[美]威廉·诺德豪斯，《气候赌场》，东方出版中心，2019年9月。

[美]威廉·诺德豪斯，《绿色经济学》，中信出版集团，2022年6月。

[美]威廉·诺德豪斯，《均衡问题：全球变暖的政策选择》，社会科学文献出版社，2011年3月。

[美]威廉·诺德豪斯，《平衡问题》，东方出版中心，2020年11月。

阿西莫格鲁：

求索经济增长的制度之维

达龙·阿西莫格鲁

Daron Acemoglu，1967—

美国经济学家，麻省理工学院经济学教授、美国国家科学院院士、美国艺术与科学院院士。他的主要作品有《现代经济增长导论》《国家为什么会失败》等。

读博士的时候，我曾听老师说过一段学界的八卦：1992年的一天，著名宏观经济学家巴罗正在哈佛大学的办公室中审核申请哈佛大学教职的候选人资料。忽然，一位土耳其裔申请人的资料引起了他的注意。资料上所载该申请人的研究方向包括经济增长、劳动经济学、政治经济学……巴罗心想："哦，一个人怎么可能有空同时涉足这么多领域呢？八成又是个说大话的！"于是，巴罗随手把这位申请人的资料扔到了一旁。

的确，随着经济学专业化的深入，现在能同时涉足多个领域变得很不"经济"，通才变得少之又少，但是，一切皆有可能，事后证明，巴罗的随手一扔，让哈佛大学经济系与一位经济学奇才擦肩而过。几年之后，与哈佛大学近在咫尺的麻省理工学院经济系中，一位年轻教授声名鹊起，在多个经济学领域同时开花结果，而此人正是当年没有被哈佛录用的那位申请人——阿西莫格鲁。

阿西莫格鲁1967年出生于土耳其伊斯坦布尔。高中毕业后，他远赴英国约克大学求学，于1989年获得学士学位。此后，他就读于著名的伦敦经济学院，于1990年获得经济学硕士学位，于1992年获得经济学博士学位。获得博士学位后，阿西莫格鲁留校，成为伦敦经济学院的讲师。一年后，他接受了美国麻省理工学院的聘任，担任该校的助理教授。此后，阿西莫格鲁一直没有离开麻省理工学院，目前他是该校的查尔斯·金德尔伯格讲席教授。

供职麻省理工学院后，阿西莫格鲁的惊人才华逐步显露出来——众多领域的顶级期刊上都开始批量出现他和他的合作者的论文。经济学家们开始发现，无论他们是在讨论经济增长、收入分配等宏观问题，还是社会网络、契约理论等微观问题，甚至是民主政治等看似和经济无关的问题，以及近几年才开始进入经济学视野的社会网络，涉及人工智能问题，都必须引用阿西莫格鲁的文章。由于阿西莫格鲁的论文写作速度太快，哈佛大学教授曼昆曾在自己的博客中打趣地说道："阿西莫格鲁一定有一个孪生兄弟在帮他写东西……我很难想象一个人能有这么高的产量！"

在多个领域的杰出成就，为阿西莫格鲁赢得了数不尽的荣誉，其中就包括2004年的"沙尔文·罗森奖"（美国劳动经济学会的最高奖），2005年的"约翰·贝茨·克拉克奖"等。值得一提的是，经济学重镇芝加哥大学为奖励有杰出贡献的经济学者，设立了"舒尔茨奖"，阿西莫格鲁就是该奖项的第一届得主。而更有意思的是，为阿西莫格鲁颁奖的芝加哥大学教授、《政治经济学杂志》主编西摩尔（Robert Shimer），正是阿西莫格鲁的入室弟子（西摩尔的博士论文是布兰查德和阿西莫格鲁联合指导的）。

从制度看增长

从斯密开始，经济增长就是经济学家最关心的问题。经济增长的源泉究竟是什么？早期的经济学家们倾向于从物质原因来解释经济增长，即认为是资本和劳动力的增加带动经济增长。但这一论述显然是不能令人满意的——我们可以很轻易地观察到在很多劳动力和资本丰裕程度类似的国度，其经济增长却表现出迥然不同的特征。为了更好地解释经济增长现象，一些经济学家开始用技术研发、人力资本投资等作为切入点，认为这些因素构成了经济增长的源泉，这一系列观点就是20世纪90年代末很有影响的"内生增长理论"。

尽管内生增长理论较早期的经济增长理论解释和预测能力都有很大的改进，但是它依然没有从根本上解释经济增长的源泉问题。既然不同的技术研发投入、人力资本投资会造成各国、各地区在经济增长上的巨大差异，又是什么因素在背后决定了这些条件的差异呢？显然，这需要更为深入的分析视角，从制度方面来加以考察。

从制度角度来看待经济增长，并不是很新颖的观点。早在20世纪六七十年代，一些"新经济史学家"就开始从这个角度来研究各国历史上的经济增长，并试图将经济增长的根本动力归因于保护私人产权的制度。诺贝尔经济学奖得主道格拉斯·诺斯（Douglass C. North）就是这一观点的代表人物。但是，早期"新经济史学"的研究大多还是停留在"讲故事"的层面上，虽然他们引述了大量的史料来论证自己的观点，但由于较少使用现代经济学中通常使用的计量研究方法，因此其分析思路就显得不甚严谨，一些观点也难以验证。例如，从历史上看，最早建立保护私人产权的国家在地理上有很高的相似性，基本集中于西欧地区。针对这一事实，一些地理决定论者就认为，经济增长归根到底还是取决于地理环境。那究竟是制度还是地理才是更为根本的决定因素呢？较少使用现代研究方法的"新经济史学"显然无法回答这一问题。

阿西莫格鲁教授和其合作者詹姆斯·罗宾逊（James Robinson）在一篇著名的论文中，用十分巧妙的方法，验证了制度在经济增长过程中的决定性作用。如前所述，从现象观察，最早建立产权保护制度的国家有着很强的地理相关性。因此很难反驳地理决定论者"好的地理条件演化出好的制度，制度决定经济增长，因此地理因素是经济增长最根本的源泉"的三段论论证。怎样摆脱这一论证上的尴尬呢？一个办法就是，不要去比较那些自己演化出相关制度的国家，而去看那些输入制度的国家，看它们在经济表现上的差异。这样，地理等其他干扰因素的作用就被抛开了，制度的作用就可以得到直接验证。

但是，要找到这样的证据又谈何容易？为此，阿西莫格鲁和罗宾逊这两位学者着实当了一回历史学家。他们查阅了早期欧洲殖民者在非洲殖民的记录，统计了殖民者在非洲各地殖民时的疾病死亡率。在殖民过程中，一个地方是否适宜生存是欧洲殖民者考虑是否长期逗留的主要因素，而疾病的死亡率则是反映一个地区是否适宜生存的主要标志。阿西莫格鲁和罗宾逊认为，如果早期的殖民者认为非洲某地适合生存，那么他们在驻留的同时，会设法引入和宗主国相同的产权保护制度，力争把殖民地建成自己的新家园；而如果殖民者认为某一地区不适宜生存，则会本着"捞一把就走"的态度，对这些地区实行攫取型的政策，而不可能在这些地区建立产权保护制度。如果这个推论是成立的，那么只要看看各地区早期殖民者的死亡率和这些地区现在经济增长表现的相关性就可以验证制度的重要性。通过精密的统计分析，阿西莫格鲁和罗宾逊发现，各地早期殖民者的死亡率和当前经济增长速度之间有着十分显著的负相关关系，因此他们的论证得到了很好的证实。需要指出的是，在目前的这项研究中，"是否适宜居住"只是殖民者是否选择常驻的判断依据，其本身并没有决定制度的形式，因此其本身的作用是被排除的。

在后来一篇论文中，他们讨论了拿破仑战争后的长期影响。由于在拿破仑战争后，一些国家原有的封建制度被摧毁，法国式的民主、法制和产权保护制度被强行引入；而另一些国家依然保持着原有的封建制度。如果产权保护制度有利于经济发展的论述是对的，那么前一类国家将会表现出更好的经济增长。通过大量的计量分析，这一论述也得到了验证。

需要指出的是，尽管阿西莫格鲁和其合作者在研究制度在经济增长中的作用时采用的方法还有待商榷，但其对于这一问题进行定量研究的尝试本身是值得钦佩的，其论证的过程也充分彰显了他天才的本质。后来，阿西莫格鲁和罗宾逊将他们的研究成果总结成一本书——《国家为什么会失败》(*Why Nations Fail*)。如果读者对相关的研究感兴趣，不妨把这本书找来读一下。《国家为什么失败》讨论的是制度和经济增长之间的关系，不过，制度的影响要更为广泛，例如，它会影响国家和市民社会之间的互动。阿西莫格鲁等人后来又将这方面的研究总结成另一本书《自由的窄廊：国家与社会如何决定自由的命运》(*The Narrow Corridor: States, Societies, and the Fate of Liberty*)。

制度如何演化

在证明好的制度确实有助于经济增长之后，阿西莫格鲁又将研究继续推进，试图找出制度本身的演化规律。

新制度经济学的开创者罗纳德·科斯（Ronald H. Coase）曾经提出过著名的科斯定理，即在产权清晰界定且交易成本为零的条件下，产权的初始分配不影响资源的配置效率，交易的双方可以通过谈判来实现产出的最大化并将新增收入在交易双方间分配。如果把科斯定理推广到政治领域，便会得到如下观点：当一项制度使一部分人获益而使另一部分人受损时，双方可以通过谈判来达成协议，选择最有效率的制度，然后由制度的获益者补偿受损者，这就是有效制度论，即阿西莫格鲁所称的"政治科斯定理"。

早期"新经济史学家"在潜意识中都接受了"政治科斯定

理"的假设，坚信社会总是能找到那个最适应经济发展的"好的制度"。例如，诺斯在解释庄园制产生的著名论述中，就提出庄园制是中世纪时期农奴以劳务换取保护的有效契约形式。因此，中世纪之后，随着土地与劳动力相对价格的改变，自由劳动力制度成为更有效率的契约形式从而替代了庄园制。很显然，诺斯在这段论证中采用的是标准的"政治科斯定理"思想。

阿西莫格鲁不同意"政治科斯定理"的有效性。在他看来，制度变革的原因不是其效率而是各集团政治力量的变化，如果在旧制度中受损的阶层没有足够的力量来实现制度变迁，那么有效率的制度就不会出现。针对诺斯关于庄园制兴起的论述，阿西莫格鲁指出，几乎是在西欧庄园制兴起的同时，东欧出现了更为严酷的农奴制。这很明显地说明，并不能从效率的变动角度来解释制度的变化。因此，造成西欧庄园制兴起的根本原因并不是效率的改变，而是西欧劳动力价格的提高让劳动者的相对地位得以提升。

那么，为什么"政治科斯定理"在现实中不成立呢？阿西莫格鲁将其归因于第三方保证机制的缺乏。由于保证机制的缺乏，决定了政治市场上各集团的冲突和制度的不稳定。因此，制度演进的过程就是一个找到和形成保证机制的过程。

由于制度的变迁和选择过程是各集团矛盾斗争的产物，那么就很容易推论，在斗争中获得胜利的"精英集团"最终选择制度的标准并非最大化国家或全体人民的利益，而是最大化本集团的利益。只有这两个目标恰巧一致时，根据激励相容的原则，好的制度才会出现。

　　读者们可能会认为阿西莫格鲁的理论不过是我们熟悉的马克思主义阶级斗争理论的翻版。但事实上，两者的差异是明显的。在马克思的体系中，个人从来不是作为其本身，而是作为组成阶级的零件被嵌入由技术（生产力）演进所推动的历史进程中去的。在生产力和生产关系的互动中，代表先进生产方式的阶级不可避免地被推上了统治地位，并制定和实行代表他们阶级意志的法律和经济制度，他们是否能够战胜其他集团取得统治地位，不取决于他们自身，而取决于他们背后的历史力量。从这点上看，马克思主义的制度变迁观是"决定论"的。

　　而相形之下，阿西莫格鲁尽管也将制度变迁归因于不同的阶级和集团的利益冲突，但这种冲突是基于不同的个人偏好的，个人根据成本——收益的判断，决定自己在冲突中的行为选择，制度最终作为某些个人选择的结果而加诸整个社会，它是偶然的和不可预测的。阿西莫格鲁认为，各集团之间冲突的结果是不确定的，它取决于它们在解决"搭便车"[①]时的能力，控制的再分配资源的数量等因素的对比。掌握先进生产方式的阶级可能因为掌握的资源更多而胜出，也可能因为对立的集团拥有某种更为有效的实际政治力量而失败。

　　阿西莫格鲁教授在经济学的多个领域都颇有建树，本文所

---

① 搭便车指宏观经济学中的公共品消费问题。某个体消费的资源超出其公允份额或承担的生产成本少于他应承担的公允份额。

介绍的内容仅仅是他整个理论体系中的一小部分。要全面理解阿西莫格鲁教授的学术思想，恐怕需要阅读他本人的著作，不过从阿西莫格鲁教授创作的速度看，要让阅读速度赶上他的写作进程，恐怕也不容易。

巴罗教授的著作《经济增长》曾是世界各地经济学院系学习经济增长理论的首选读物，但这可能正在成为历史。随着阿西莫格鲁的著作《现代经济增长导论》（*Introduction to Modern Economic Growth*）的出版，越来越多的经济学院系开始选用这部新的著作作为指定教科书。抢占巴罗教授在教科书市场上的份额，不知道是不是阿西莫格鲁教授"甜蜜的报复"。

延伸阅读

[美]德隆·阿西莫格鲁、[美]詹姆士·A.罗宾逊，《国家为什么会失败》，湖南科学技术出版社，2015年5月。

[美]达龙·阿塞莫格鲁、[美]詹姆士·A.罗宾逊，《政治发展的经济分析》，上海财经大学出版社，2008年12月。

[美]达龙·阿西莫格鲁、[美]戴维·莱布森、[美]约翰·A.李斯特，《经济学（微观部分）》，中国人民大学出版社，2016年1月。

[美]达龙·阿西莫格鲁、[美]戴维·莱布森、[美]约翰·A.李斯特，《经济学（宏观部分）》，中国人民大学出版社，2016年1月。

[美]达龙·阿西莫格鲁，《现代经济增长导论》，中信出版集团，2019年8月。

第三部分

微观的探究

那些影响全局的局部

奥利弗·威廉姆森（Oliver Williamson, 1932—2020）

奥利弗·哈特（Oliver Hart, 1948— ）

罗伯特·威尔逊（Robert Wilson, 1937— ）

保罗·米尔格罗姆（Paul R. Milgrom, 1948— ）

戴维·克雷普斯（David Kreps, 1950— ）

杰格迪什·巴格瓦蒂（Jagdish Bhagwati, 1934— ）

克劳迪娅·戈尔丁（Claudia Goldin, 1946— ）

威廉姆森：

探寻交易成本的意义

奥利弗·威廉姆森

Oliver E. Williamson，1932—2020

美国经济学家，"新制度经济学"的命名者，获得2009年诺贝尔经济学奖。他的主要作品有《自由裁量行为的经济学》《资本主义经济制度》等。

威廉姆森详解"交易成本"

威廉姆森教授一生著述甚丰,根据网站主页上的自我介绍,目前已出版专著5部,发表论文数十篇,其研究涉及企业理论、兼并收购、公司融资、公司治理等各个方面。不过,虽然威廉姆森的理论体系十分博大,但其逻辑主线是十分清晰的:即应用"交易成本"来考察企业运行中的各种问题。由于在威廉姆森的理论体系中,"交易成本"占有十分显著的位置,因此其理论在圈内也被称为"交易成本经济学"。

"交易成本"的概念最早由罗纳德·科斯提出,并应用于经济分析。说来有些传奇,科斯在1937年写下鸿文《企业的性质》(*The Nature of the Firm*),用"交易成本"观点考察企业的时候,不过是一个本科三年级的学生。而正是这篇原本的学生习作,在几十年后(1991年)为科斯赢得了诺贝尔经济学奖。从这点上看,科斯是一名经济学天才。不过在当时,"交易成本"概念并没有受到学术界的重视。造成这种现象部分是因为这个观点本身的超前性,但更多是因为科斯对"交易成本"定义的模糊。

"交易成本"究竟是什么?是跑腿费、运输费、磨损费,抑或讨价还价的成本？对于"交易成本"，科斯没有精确定义。而这种概念的模糊使得"交易成本"观念在应用的时候受到很大的局限，其科学性也受到质疑。甚至有学者嘲笑"'交易成本'是个筐，什么都能装"。

威廉姆森受科斯影响很大，他继承了科斯的交易成本概念，并把这个概念具体化了，从而使得它在分析中能够得到更好的操作。

威廉姆森的"交易成本"观念是在契约的观点下提出的，即他将每一次交易都视为签订一次契约（因此在下文中，笔者有时会将交易和契约两个词混用）。为了论述"交易成本"，威廉姆森强调了三个重要的概念，即"有限理性""机会主义"和"资产专用性"。

"有限理性"概念最早是由肯尼斯·阿罗提出的。阿罗最早指出，人的行为是"有意识的理性的，但这种理性又是有限的"。造成理性有限的原因有两点：一是环境的复杂性，二是人类计算和认识能力的有限性。后来，西蒙借鉴并发展这一理论，提出用有限理性的管理人代替完全理性的经济人的观点，这一观点在管理学界很有影响。威廉姆森早年曾受教于阿罗和西蒙，因此也很自然地将这种观点引入到自己的理论当中。

"机会主义"，通俗来说就是"损人利己"，即用欺诈的手段来进行算计的行为。在签订一个契约的过程中，"机会主义"行为主要体现在两个方面：一是在签约之前，签约人可能隐藏对自己不利的信息；二是在签约之后，签约人可能会私下里干出有利于自身，但损害对方利益的行为。

"资产专用性"指的是投资一旦付出就很难转变为其他用途，除非付出较高的生产性价值成本。"资产专用性"可以是地点专用、物质专用、人力专用、品牌专用等。例如，我们参加就业培训，如果这个培训仅仅是针对一个单位的某个具体职位的，在其他方面毫无作用，那么我们就可以说这个培训对于这个职位是"专用性"的。

"有限理性""机会主义"和"资产专用性"，共同决定了交易成本的存在。更为具体地说，交易成本可以分为"事前"（签约前）的交易成本和"事后"（签约后）的交易成本。未来是不确定的，人们由于"有限理性"，不可能在签约前完全预期到未来发生的一切，因此为了防止对方的"机会主义"行为，尤其是在签约后利用"资产专用性"对己方进行敲诈的可能性，缔约的双方需要在签约前详细考察对方、仔细界定各自的权责利。显然，在此过程中会付出很大的成本，这就是所谓的"事前交易成本"。尽管人们可能在签约前做出很多努力，以防止签约后的不便，但由于"有限理性"的存在，人们在一纸契约里不可能把各方面的可能情况都包括进去，这就给签约后双方可能的矛盾埋下了伏笔。在签约后，缔约双方需要用各种方式维护契约，当然也可能会出于种种原因要求变更契约、解除契约，在这些过程中，发生的成本就是"事后交易成本"。

为了帮助大家进一步理解威廉姆森的"交易成本"概念，我们可以用婚姻关系来作为例子。从本质上看，婚姻关系就是夫妻双方的一个契约（将婚姻视为契约的研究角度，至少可以追溯到马克思），而从恋爱到婚姻的过程，就是双方缔结契约的过程。为什么在结婚之前，男女之间要恋爱很长时间？其原因就是双方的理性是有限的，害怕娶（嫁）错人，害怕出现"你伤害了我，却一笑而过"的"机会主义"现象，因此必须在结婚前尽量了解"你到底爱我有多深"。在此过程中，双方投入的感情是典型的"关系专用性"投资。为什么呢？感情一旦投入，要变可就不容易了。须知道，爱一个人容易，忘记一个人可难啊！由于对对方可能并不了解，害怕投入感情后遭到伤害，因此双方要互相了解、磨合，在这个过程中，发生的所有成本就是"事前交易成本"。而结婚后，如果双方突然发现对方不是自己想要的另一半，要吵架、离婚，那么这里所发生的成本就归于"事后交易成本"范畴了。

作为治理结构的企业

企业的本质是什么？这是经济学界经常思考的一个问题。最早试图回答这个问题的经济学家是科斯。在《企业的性质》中，科斯引入了"交易成本"的概念，将企业看作是和市场并列的资源配置方式。由于市场在配置资源的时候会涉及交易成本，因此用企业内部的指令形式进行分配可以起到减少交易成本的作用。但当企业不断扩大时，企业内部管理、协调等活动的成本会逐渐上升，直到企业内部的成本和市场的交易成本在边际上相等时，企业就达到最优规模。

应该说，科斯的这个回答是非常有启发性的。但是，正如我们前面指出的，科斯的"交易成本"概念本身十分模糊，因此在解释企业本质的时候在说服力上有所欠缺。或许"道可道，非常道"吧，但是作为科学的经济学研究，还是希望理论能够更明确。

威廉姆森在细化了科斯的"交易成本"概念后，马上应用这个概念来解释企业的性质和规模问题。由于"有限理性"的存在，因此再仔细的契约也不可能完全预见未来的各种情况；而由于"机会主义"的存在，签约双方都有可能在签约后出现拒绝合作、再谈判，甚至毁约的情形。那么，到底怎样才能让一个有价值的契约长期持续下去呢？威廉姆森认为，这就需要诉诸一个能够为契约提供秩序、转移矛盾、实现共赢的治理结构。在威廉姆森看来，企业的本质就是一种治理结构。

很显然，针对不同的交易或契约，最优的治理结构也是不一样的。威廉姆森根据资产专用性、交易频率和不确定性的程度，把契约分成三种。

如果在契约的签订过程中不涉及关系专用性投资，那么双方的交易成本就会很低，即使有了争议，法院也能很容易裁决。因此，这种契约（交易）可以交给市场来完成。

如果在签订契约的过程中涉及关系专用性投资，且交易的频率比较低，那么实施交易带来的收益可能不足以支撑一种新的治理结构，因此就实行双方治理，形成一种"关系型契约"。

事实上，现在兴起的"虚拟企业"中就有相当一部分属于这种类型的契约：A公司可以是B公司的指定供货商，但是两个公司的治理却是彼此独立的。

如果在签订契约的过程中涉及关系专用性投资，且交易的频率比较高，那么将缔约的双方实施一体化的收益将足够高，因此双方应实施统一治理，成为一家企业。

对威廉姆森的企业理论进行阐释的一个好例子是上海盛大网络发展有限公司（以下简称盛大公司）对韩国亚拓士公司（以下简称亚拓士公司）的收购。

2001年初，盛大公司通过代理亚拓士公司的《传奇2》进入网络游戏市场。起初，盛大和亚拓士公司的合作比较顺利，盛大在短时间内迅速成长为国内网络游戏行业的"领头羊"，亚拓士也从中分到了巨额利润。然而，在盛大取得了重大成功后，亚拓士和盛大在利润分配上产生了严重的纠纷。亚拓士数次以停止合作为威胁，要求提高利润分配比例，几乎将盛大逼向绝境。在此情况下，盛大公司于2004年末以9170万美元现金收购了亚拓士公司29%的股份，成为亚拓士的第一大股东。

在以上案例中，盛大和亚拓士合作的过程可以分成两个阶段。在第一个阶段，存在关系专用性投资（例如，盛大对《传奇2》进行的游戏平台建设、营销宣传等），但两者的交易并不频繁，即两者关于利润分配的再谈判并不多。所以在这种背景下，两个公司采用一种"关系型契约"，实行双方治理，是最为合适的。而在第二个阶段，亚拓士利用盛大投入大量关系专用性投资的机会,采取了"机会主义"的策略,对盛大"敲竹杠",这使得双方需要多次修改原有约定,大大增加了交易频率。在此背景下,盛大对亚拓士实施并购,对其实行一体化的治理就成为最优选择。

公司融资问题

在解释了企业的本质问题后,威廉姆森又将目光投向公司金融领域,对公司的融资活动进行分析。而分析的框架依然是他发展的"交易成本"理论。

公司融资的关键问题是:选择怎样的融资形式。假设公司得到一个重要项目,需要进行融资,而可供选择的融资方法只有债权融资和股权融资,那么究竟采用哪种方法更好呢?威廉姆森认为,这个问题本质上是一个治理结构的问题,因此融资方式的选择和资产专用性的程度有很大的关系。

让我们首先分析一下债权融资和股权融资的区别。债权融资的特点在于,它施加给企业的是一个硬约束,举债的公司必须按时向贷款方支付利息,并且在公司清盘的时候提供优先的索取权,但贷款方对于举债公司内部治理是无权干预的。而股权融资却完全不同:股东拥有的是剩余索取权,这对于公司来说,是一个软约束——公司效益好时,给股东的分红可以很高,而公司效益不好时,股东可能没有分文报酬。但和债权人不同,股东可以对公司实施监督,并对公司的财务、投资和人事具有最终决定权。

现在，假设公司的资产是通用的，那么举债融资对于借、贷双方都不会有特别的风险——即使公司破产了，贷款方也可以在清算中获得较多的补偿。在这种情况下，债权融资是合理的。而如果公司的资产是专用性的，那么对贷款方来说，风险就比较大了。万一企业倒闭，就算清算也不能得到什么补偿。考虑到这一点，贷款方就会在事前对要求融资的公司提出更苛刻的要求，如更高的利息、更严格的还款方式等。这就会使得公司用债权方式融资变得不合算。在这种背景下，公司更可能采用股权融资。

比如，IT企业的资产有什么？一般除了几台电脑外，就是技术、人力资本等无形资产。显然，这些资产在企业被清算的时候是不能计算为价值的。由于这个原因，在现实中，我们看到IT企业的融资一般都采用股权，而非债权。

公司治理问题

公司治理的核心是如何保护各种利益相关者（工人、资方、经营者、客户、社区等）的利益。

威廉姆森认为，不同利益相关者对于公司和与公司的关系，本质上都是一种和公司的交易或契约。因此，应该根据资产专用性的程度，设计对不同利益相关者的保护措施和交易价格。

以工人为例。假设有两类工人：第一类为工作投入了专用性的人力资本（进行了专门训练），另一类是普通工人。显然，普通工人类似于产品市场上的标准化产品，因此对于他们往往可以临时雇佣，而不必采取特别的保护，更没有必要让其进入董事会。而对于有专用性人力资本投入的工人，如果没有某种治理结构保障其专用性投资，那么他们将会向企业索取更高的工资。但企业作为强势的一方，完全可能凭借其在劳动市场上的优势去对付这类工人"敲竹杠"的行为。而这部分工人如果预料到这点，则会在事先降低专用性投资。显然，这会造成工人和公司双方利益的损失。在现实中，拥有专用性人力资本的工人一般会组织工会来保证自己的利益。工会作为一种特殊的治理结构，一方面保证了这部分工人的利益；另一方面也增加了他们对专用性人力资本进行投资的积极性，进而也可以为企业带来收益。虽然工会的集体谈判可以在一定程度上降低公司和工人之间的交易成本，但是对于劳资双方而言，事前的契约往往不是最优的，它需要不断调整。而这种调整顺利进行的前提就是工人和公司之间信息的对称。为达到这个目的，威廉姆森建议，在必要的时候允许工人进入董事会，但是不给予投票权。这种治理结构的安排在企业处于困境的时候尤为重要。

按照以上的分析思路，威廉姆森逐一对各个利益相关者进行分析，有兴趣的读者可以参考威廉姆森的《资本主义经济制度》（*The Economic Institutions of Capitalism*）一书。

延伸阅读

[美]奥利弗·E.威廉姆森,《市场与层级制》,上海财经大学出版社,2011年8月。

[美]奥利弗·E.威廉姆森,《资本主义经济制度》,商务印书馆,2002年6月。

[美]奥利弗·E.威廉姆森、[美]西德尼·G.温特,《企业的性质》,商务印书馆,2010年9月。

[美]奥利弗·E.威廉姆森,《治理机制》,中国社会科学出版社,2001年3月。

哈特：

揭开产权的奥秘

奥利弗·哈特

Oliver Hart, 1948—

英国经济学家,不完全合约理论的开创者之一,合同理论、现代厂商理论和公司财务理论的创立者之一,获得2016年诺贝尔经济学奖。他的研究领域主要是契约理论、企业理论、公司金融和法律经济学等,主要作品有《企业、合同与财务结构》等。

1948年，奥利弗·哈特出生于英国伦敦。他出身名门望族，其祖上是有名的银行家，父亲是著名的结核病研究专家。但哈特似乎对银行业不感兴趣，也无意子承父业，而是对数学表现出了更大的兴趣。

1969年，他在剑桥大学国王学院获得数学学士学位。此后，哈特将兴趣转向经济学，并于1972年在英国华威大学获得经济学硕士学位，于1974年在美国普林斯顿大学获得博士学位。获得博士学位后，哈特返回英国，开始了他的教学生涯，先后执教于剑桥大学、伦敦经济学院等知名院校。

1984年，哈特再次远渡重洋，来到曾经学习和生活过的美国，担任麻省理工学院的教授。1993年，哈特离开了工作近10年的麻省理工学院，来到了坎布里奇小镇上的另一所顶级学府——哈佛大学，并一直工作到今天。

一些关于哈特的介绍会突出他曾担任哈佛大学经济系主任的经历，关于这点我倒不想多提——对于致力于学术的学者而言，区区的行政职务他们是不会放在眼里的，如果按照国内的习惯，非要在介绍他的时候提到这个头衔以示尊敬，恐怕教授本人未必会领情。

哈特是产权学派企业理论的主要开创者。他和格罗斯曼、摩尔等学者一起提出的产权理论已经成为新制度经济学的一个重要分支，并在公司金融、政治理论等领域有着广泛的应用。

奥利弗VS奥利弗：产权理论和交易成本理论

提到奥利弗·哈特教授的思想，不得不提起我们已经熟悉的诺贝尔经济学奖得主奥利弗·威廉姆森教授的理论。总体来说，哈特教授所提倡的产权理论，同威廉姆森教授的交易成本理论是一种"既团结，又斗争"的关系。从渊源上看，这两种理论都是对传统制度经济学中契约理论的阐发，属于所谓的不完全契约派学说。

什么是不完全契约呢？哈特教授是这样阐释的：第一，由于世界总是充满了不确定性，因此人们总不可能预料到未来的所有情况；第二，即使人们可以预料到未来的所有情况，签约双方也难以用共同的语言将这些写入合约；第三，即使签约双方可以达成一致，他们也很难将契约的内容交予第三方裁决。

举个例子，假设一个不爱吃辣的人去餐馆吃饭，点菜前就要问服务员："这菜到底是不是很辣啊？"服务员说："不辣。"于是此人就放心点菜了。但菜上来后一尝，却发现辣得不行！于是，此人拒绝付款。

此时，如果双方诉诸法院，法院也没有办法公正裁决，因为法官也不可能说清楚什么叫辣，什么叫不辣。这个例子很好地说明了不完全契约的主要思想。

用餐者到餐馆点菜的过程，就是一个缔结契约的过程。用餐者不能预料到餐馆的菜有多辣，这就是不完全契约的第一层意思。用餐者和服务员可能都知道某个程度的辣，但由于用餐者怕辣，服务员不怕辣，所以两人对同一个客观的辣度有完全不同的判断，这就体现了不完全契约的第二层意思。即使双方达成了共识，认为菜是不辣的，但在发生争执时，作为第三方的法院也无法根据这个共识进行裁决，这就体现了不完全契约的第三层意思。

既然契约本身总是不完全的，这就给了签约的某一方事后"敲竹杠"或采取机会主义行动的机会。而考虑到这一点，签约双方在事先就无法达成契约。显然，这会严重影响社会的整体效率。

怎么才能解决契约的不完全问题呢？在上一章中我们介绍过威廉姆森教授开出的药方，即实行"一体化"。如果两家有争议，那就干脆两家并一家，一家人总不会说两家话了吧。

遗憾的是，这种观点还真不一定对，"一家人不说两家话"在很多情况下都被证明是错误的。事实上在很多时候，将一家企业变成另一家企业的雇员后，并不能减少其机会主义的行为，扯皮、敲竹杠的现象同样会存在。

为理解这点，我们可以回顾一下被称为"史上最失败并购"的时代华纳（Time Warner Inc.）和美国在线（American Online，简称AOL）并购案。

2000年1月10日，美国在线宣布，以1810亿美元收购时代华纳公司，成为美国乃至世界历史上最大的一宗兼并案。尽管在并购发生之前，美国在线和时代华纳的牵手被看成天作之合，但事后证明这个并购是一段糟糕透顶的"姻缘"。

合并后不久，新公司的业绩就出现了大幅下滑，2002年，公司亏损额高达987亿美元，几乎相当于当年智利和越南的GDP之和。在业绩的一路下滑中，公司还出现了高层人员更迭、企业内部文化冲突等事件。2009年5月，这段不幸的"婚姻"终于走到尽头，美国时代华纳宣称，该公司和美国在线会签署"离婚协议"，两者最终于2009年底正式"分道扬镳"。

既然是"史上最失败并购"，当然可以举出很多原因。但在此我仅想提一点：在美国在线收购时代华纳后，派人员去接管原时代华纳的业务。但是原时代华纳那些习惯了西装革履、严肃正经的职员似乎很不习惯新来领导他们的"IT牛仔们"，处处不予配合。

从管理的角度看，这可以归于企业文化的冲突。而如果从经济学角度看，这个现象说明的是"一体化"并不能消除事后的机会主义行为。按照时代华纳职员的想法："收购合同里写了原来我们公司的多少人都归你们管，但没有说我们要怎么工作。不配合工作，总不违反契约吧？"这个事例就给威廉姆森的理论提出了一个重大的挑战。

而哈特的理论就是从这里开始的。

"剩余控制权"：谁拥有它

为了解决威廉姆森理论中的问题，哈特教授提出了"剩余控制权"的概念。契约不是不可能完全吗？既然未来的事情料不到、说不清、断不明，那么避免签约双方事后扯皮的一种可能选择就是，把在发生这些情况时进行拍板的权利交给其中一方。而这种相机选择的拍板权，就是所谓的"剩余控制权"。

"剩余控制权"是一种很大的权利——只要契约里没有完全明确的权力，拥有"剩余控制权"的一方就可以自行裁决。

在哈特的理论中，"剩余控制权"就等同于所有权。很显然，当契约不完全的情况下，所有权的不同分配方式会影响签约双方事前的投入程度。

举个通俗的例子，旧社会我国民间有"嫁出去的女儿泼出去的水"的说法。那时候，妇女地位低下，在婚姻这个契约达成后，"剩余控制权"完全在男方家庭。这样，在结婚之前，女方的家长完全没有对其投入的激励，这就造成了长期以来"女子无才便是德"的情况。而现在时代变了，妇女权益大大提高，因此女方家长也就更舍得在女儿身上花钱了。

那么，既然"剩余控制权"这么重要，到底谁能拥有它呢？哈特的解释是，这主要依赖于签约双方的谈判力。假定专用性投资（包括人力资本的投资）必须依赖某种资产，那么谈判力的大小就主要依赖于谁拥有资产、拥有多少资产。

根据产权理论，在一个企业里谁拥有资产、谁拥有的资产多，谁就更有话语权，就能拥有"剩余控制权"，或者更确切地说，能更无争议地拥有"剩余控制权"。因此，从哈特的产权理论看，企业就是一种（非人力）物质资产的组合。正是用物质资产作为黏合剂，将人聚合到一起，才产生了大家看到的企业。

回到前面说的时代华纳和美国在线的例子，为什么时代华纳的人会不服美国在线的人呢？与其说是文化冲突，不如说是资产的变化带来的双方地位的变化。由于并购发生之前正是美国IT业蓬勃发展之时，美国在线有很高的市值，从产权理论的角度看，它拥有"剩余控制权"是毫无疑问的。但是，在并购进行的过程中，美国经历了IT泡沫的破灭，美国在线的市值一路下滑，导致它面对时代华纳时完全丧失了资产方面的优势。在此背景下，原时代华纳的员工对其不服就很容易理解了。

产权理论对企业边界的解释

企业是什么？企业的边界在哪里？这两个问题是企业理论最根本的问题。从科斯开始，大量经济学家都试图对这两个问题进行解释，哈特的产权理论也不例外。

前面已经说到，哈特将企业看作一系列物质的集合，这已经回答了第一个问题。那么，哈特对第二个问题是怎么回答的呢？

和先前的理论类似，哈特的产权理论也从企业一体化的成本收益比较来对这个问题进行分析。假设有A和B两家企业。如果两家企业各自保留对于物质资产的所有权，那么这两家企业就是独立的。如果A购买了B的物质资产，那么就称为A并购了B，或对B实行了一体化。

在这个过程中，企业A的收益和成本是什么呢？根据产权理论，这两者都和双方企业的事前投资有关。如果A预料到会收购B，拥有对B的剩余控制权，从而将在和B的合作中更占优势，那么在并购发生前，A就会激励增强对专用性资产的投资，这就是并购或一体化的收益。

而反过来，如果B预料到要被A收购，要失去剩余控制权，那么就会减少进行事前关系专用投资的积极性，这就是一体化的成本。如果一体化的收益超过一体化的成本，那么一体化就是有效的；反之，如果一体化的收益低于一体化的成本，那么一体化就是无效的。而企业的边界，应该要扩展到一体化不能再带来有效收益的那一点为止。

那么如果A、B实行了一体化，应该如何进行合理的产权安排呢？根据产权理论，一体化后的所有权或者说剩余所有权应该赋予投资重要的一方，这样可以更好地激励其在事先进行投资。

和威廉姆森的交易成本理论一样，哈特的产权理论也试图对资本结构、公司治理等问题进行解释。

沿用一贯的观点，产权理论将公司的融资过程看成一个契约缔结的过程，企业的经营者通过股票或债券进行融资，并且根据以上提到的三个原因，这个契约不可能是完全的，按照哈特和摩尔在一篇论文中的提法，即"企业的收益流是不能被证实的"。

在这种情况下，企业的经营者就有可能对企业的资金进行"盗取"——花企业的钱买1200万元的吊灯也好，为自己买专机也好，反正企业家总有办法用企业的钱做自己的事。面对这种可能，为了有效防止企业经营者的资金盗取行为，应该采用什么财务工具进行融资呢？哈特的答案是对企业约束最"硬"的债券。

"出来混，总是要还的"，如果钱都是借的，到期总要还，不还就要你破产！由于破产清算对企业的经营者造成了巨大的惩罚威胁，因此可以有效减少经营者"盗取"资金的行为。

在强调了破产清算权的重要性后，哈特等人进一步研究了企业不能履约时的最佳破产程序。哈特等人意识到，由于企业可能有很多债权人，他们可能展开无效率的竞争，从而导致浪费。因此，控制权不能简单移交给债权人，而要设计一套恰当的程序来指导债权人之间的谈判。哈特等人建议，应当把债权人变成股东，然后通过投票原则来决定企业的未来。

延伸阅读

[美]奥利弗·哈特,《企业、合同与财务结构》,格致出版社、上海人民出版社,2016年10月。

[美]奥利弗·哈特等,《不完全合同、产权和企业理论》,格致出版社、上海人民出版社,2016年12月。

威尔逊、米尔格罗姆：

探寻拍卖背后的奥秘

罗伯特·威尔逊

Robert Wilson，1937—

美国经济学家，因在"用于改进拍卖理论和新拍卖形式"方面做出的贡献获得2020年诺贝尔经济学奖。

保罗·米尔格罗姆

Paul R. Milgrom，1948—

美国经济学家，美国国家科学院院士，美国文理科学院院士，因在"用于改进拍卖理论和新拍卖形式"方面做出的贡献获得2020年诺贝尔经济学奖。他的主要作品有《拍卖理论与实务》等。

美国西部时间2020年10月12日凌晨2点多钟，加州帕罗阿托市（Palo Alto）的一位身穿睡衣的老人匆匆穿过街道，按响了自己邻居的门铃。一边按，一边喊："保罗，快开开门，你拿诺贝尔奖了！他们想联系你，但打不通你的电话！"

邻居几乎不敢相信敲门老人的话，小心翼翼地问了一句："真的吗？我拿了诺贝尔经济学奖？"

"是的，保罗，恭喜你！你拿了！"敲门老人肯定地回答。

听到老人的确认，这位邻居顿时欣喜若狂。片刻之后，他突然问了一句："只有我吗？没有您？"

听罢此言，敲门老人嘿嘿一笑，因为他确实也刚刚被授予了诺贝尔经济学奖，和他的这位邻居一道。

那位敲门的老人是斯坦福大学的荣誉退休教授威尔逊，而被他的敲门声吵醒的邻居，则是他曾经的学生和同事，斯坦福大学的教授米尔格罗姆。就在上述这一幕发生前不久，他们刚刚被瑞典皇家科学院宣布为2020年诺贝尔经济学奖得主，获奖理由是"发展了拍卖理论、发明了新的拍卖方法"。

有意思的是，虽然当年84岁的威尔逊教授不断地数落自己的好学生米尔格罗姆竟然在诺贝尔经济学奖开奖这样重要的时刻关手机睡觉，但其实在诺贝尔经济学奖评委会把电话打到他家中的时候，他也将其误认为是骚扰电话而顺手挂掉了。要不是威尔逊的夫人及时确认了这个消息，那么这对师徒知道自己获奖的时间恐怕还要推迟几个小时。

所谓"文无第一，武无第二"，经济学发展至今，已经说得上是分支林立、派系纵横了。对于每一个细分领域的经济学者来说，他们心中都有属于自己的英雄，因此关于谁才是最有实力、最有资格拿诺贝尔经济学奖的人，是很难达成广泛共识的。正是因为这个原因，每年诺贝尔经济学奖颁布之后，都会产生一些争议。这种现象在近几年尤为突出，例如，2019年的诺贝尔经济学奖颁给巴纳吉和迪弗洛后，就有很多经济学家直接说他们配不上诺贝尔经济学奖。和前几年不同，2020年的诺贝尔经济学奖开出后，几乎没什么人表示异议，大家都认为这两位得主实至名归。

著名的经济学家戴维·克雷普斯以脾气火爆、不喜欢恭维人闻名，但在2020年诺贝尔经济学奖颁布后，却立刻给得主之一的威尔逊发去贺信。在贺信中，他盛赞了两人的成就，并将威尔逊称为"作为工程的经济学派"的开创者，认为其贡献足以比肩保罗·萨缪尔森，以及肯尼斯·阿罗等经济巨匠，而米尔格罗姆的成就则应该可以"因其在任何一个研究领域的成就而获得诺贝尔经济学奖"。在克雷普斯看来，如果要说2020年的诺贝尔经济学奖有什么不妥之处的话，那就是它迟到了20年。

虽然作为威尔逊的学生、米尔格罗姆的同门，克雷普斯的上述评论难免夹杂着些许个人好恶，但总体来说，他对两位获奖者的评价依然说得上是十分准确。

威尔逊：商学院里的数学家

威尔逊于1937年5月16日出生于位于美国中西部的内布拉斯加州。从童年开始，威尔逊在学习上就十分努力。凭借着优异的成绩，他在高中毕业后顺利地被哈佛大学录取，并获得了全额奖学金。1959年，他本科毕业，获得了学士学位，但他并没有就此离开哈佛大学，而是进入了哈佛大学商学院，继续研究生学习。此后，他于1961年和1963年相继获得工商管理硕士（MBA）和工商管理博士（DBA）的学位。

在威尔逊的研究生时期，其指导老师是著名的应用数学家霍华德·雷法（Howard Raiffa）。对于现在的人来说，雷法这个名字可能有些陌生，但在当时，他却是一个响当当的人物。他不仅是决策科学领域的奠基人之一，还和著名的数学心理学家邓肯·卢斯（Duncan Luce）一起编写了《博弈与决策》（*Games and Decisions*）一书。在我的知识范围内，这部出版于20世纪50年代的著作应该是最早的一本博弈论教科书。当然，这部书中介绍的内容主要是基于冯·诺伊曼的传统理论，和我们现在熟悉的博弈论有很大差别。

在雷法的指导之下，威尔逊在研究生期间受到十分严格的数学训练。他的博士论文探讨的是一个十分"硬核"的问题——通过重复使用二次规划来求解非线性约束下的凸规划。

虽然威尔逊本人在毕业之后并没有继续从事相关的研究，但他在博士论文中的思想却被人们继承下来，经过一些修改，形成了"序贯二次规划法"（Sequential Quadratic Programming Methods），也就是运筹学中经常提到的SQP。到目前为止，SQP仍然是处理凸规划问题时最为通用的一种方法。

获得博士学位之后，威尔逊在加州大学洛杉矶分校（UCLA）工作了很短的一段时间。1964年，他加盟了斯坦福大学商学院，担任助理教授。1971年，他晋升为教授，此后又于1976年获得"亚速尔·麦考比恩讲席教授"的头衔，2000年成为"亚当斯杰出管理学教授"。直到2004年退休，除了几次短暂的访学之外，他的研究生涯基本上都是在斯坦福大学度过的。有意思的是，从学习到工作，威尔逊几十年时间都是在商学院度过的。在很多人的印象里，商学院教授从事的研究都比较"软"，但威尔逊教授却偏偏选择了一种十分"硬核"的研究风格，并十分完美地把理论工具的力量和商学院的实用需求结合了起来。这种结合，用克雷普斯所说的"工程师视角的经济学派"来形容，恐怕是最为贴切不过了。

如果想要完整概括威尔逊在经济学方面的成就，应该说是十分困难的。事实上，他在博弈理论、拍卖，以及竞争策略方面都做出了很大的贡献。在这里，我们只能挑选其中的一些进行简要介绍。

1. 关于"辛迪加"的研究

威尔逊的第一个重大理论贡献来自其1968年发表于《计量经济学》（*Econometrica*）杂志上的论文《辛迪加的理论》（*The Theory of Sydicates*）——尽管在很多关于威尔逊的介绍中，并没有将这个贡献专门列出来，但在威尔逊本人的一些自述，以及其学生对其的介绍中却专门提到了它。由此可见，对威尔逊本人来说，这项研究具有十分重要的意义。

大家在中学的政治经济学教科书中都看到过"辛迪加"这个词，指的是一种同行企业之间通过合约来共同实现垄断的垄断形式。在威尔逊的语境中，"辛迪加"一词的含义则不同，指的是在不确定性条件下进行共同决策，获取共同成果，并进行分享的一群人。

在《辛迪加的理论》中，威尔逊试图回答如下问题，在什么样的情况下，一个"辛迪加"会作出像一个独立的人那样的决策？当这样的情况发生时，这个"辛迪加"的效用函数会是怎样的？和"辛迪加"中每一个人的效用函数又有怎样的关系？威尔逊想要问的问题是十分理论化的，但这些问题对于经济学来讲却十分重要。我们知道，经济学的很多分析都是以组织为单位展开的，比如，在分析一个企业、一个国家时，我们都用一种拟人化的思路来看待它们，这种观点引发很多人的诟病，其中奥地利学派的学者对于这种分析思路就极为反对。在这种背景下，威尔逊的问题就变得十分重要，因为它可以让我们明白在什么样的情况下,这种分析思路是适用的,而在什么样的情况下,这种分析思路具有局限。通过分析,威尔逊指出,让"辛迪加"成立的一个条件是,"辛迪加"当中的成员对风险发生的概率必须判断一致,或者说,每个成员必须对风险具有"一致的警觉性"(identical cautiousness)。一旦"辛迪加"成立,则其中每一个成员分得的支付将与其分担的风险一致。

尽管《辛迪加的理论》一文看似十分理论化,但后来的发展证明,其中的结论具有十分重要的现实价值。事实上,在这篇文章发表后不久,金融工程这门学科就开始蓬勃兴起了。在对金融产品的设计过程中,人们经常会遭遇由不同投资人组成的辛迪加的问题。当金融工程师为这些问题冥思苦想时,他们惊讶地发现,威尔逊早已为自己指明了解决问题的方向。在后来威尔逊的几个学生为他写的一篇纪念文章中,称《辛迪加的理论》一文"影响经济学、金融学和会计学界的一整代人"。

《辛迪加的理论》一文对于威尔逊整个研究思路的形成也是极为重要的。在这篇论文中,他重点讨论有不同判断的人之间的协调和表现问题,而他后来从事的博弈理论研究,以及理论的相关应用,从某种程度上讲也是在继续对类似问题进行思考。

2.博弈论理论方面的贡献

从20世纪70年代开始,威尔逊同其合作者一起,在博弈论方面做了很多开创性的贡献。限于篇幅,这里仅介绍两个实例以供参考。

（1）关于序贯均衡的研究。

我们知道，约翰·纳什（John Nash）是现代非合作博弈的创始人，其提出的纳什均衡（Nash Equilibrium）是整个博弈分析的基础。所谓纳什均衡，简而言之，就是博弈中的每一个参与人对其他参与人的所有策略都定下一个最优应对之策，然后由这些"最优反应策略"形成的均衡。比如，两个朋友要下馆子，但究竟是去吃川菜还是去吃粤菜，两人却难以决定。假设对于两个人来说，重要的是和朋友在一起，吃什么都不重要。换言之，对于每一个人来说，如果朋友吃川菜，他的最优选择就是吃川菜，如果朋友吃粤菜，他的最优选择就是吃粤菜。在这种情况下，这个博弈就会有两个（纯策略）纳什均衡，就是都去吃川菜，或者都去吃粤菜。

从以上分析中我们可以看到，对于一个博弈来讲，它的纳什均衡有可能不是单一的。这对于分析博弈、预测博弈结果的人来说，就是一个巨大的麻烦——事实上，在纳什提出纳什均衡的概念时，冯·诺伊曼就表现得十分不以为然，其原因可能就在于此。需要指出的是，以上我们考虑的还只是一个非常简单直观的问题。在现实中，博弈要远比这个例子复杂得多。它会涉及动态、不对称信息，在这种情况下，如果简单利用纳什均衡来分析博弈，那么其结论不仅可能是误导性的，甚至可能十分荒谬。为了应对这个问题，博弈论的研究者给出了很多方法来"精炼"博弈，把那些不符合实际的均衡去掉，剩下有用的均衡。例如，所谓的"子博弈完美纳什均衡""颤抖手均衡"

等，都是精炼博弈的方法。

1982年，威尔逊和克雷普斯合作的一篇论文中提出了"序贯均衡"的概念。从技术上讲，这个概念是十分复杂的，大致上，它表达了这样一个意思：在一个博弈中，大家都对于自己的对手是什么人，会采用什么样的策略，有一个预先的"信念"。每个人在博弈当中选择什么样的策略，本质上是由这个信念决定的。但是，随着博弈的深入，这些信念会逐渐改变，因而人们在后续博弈中的相应策略也会随之变化。在这样一个场景中，如果博弈的均衡是合理的，那么它必须满足"序贯理性"，也就是行动信念一致。例如，我们一开始和某个朋友打交道，认为他是一个诚实的人，那么我们就要选择以诚待人，如果随着交往的深入，我们发现他其实是个"大忽悠"，那就不会再理他。在这个过程中，我们的信念首先要随着他行为的改变而改变，这是信念对行动的一致，反过来，我们后续的行动也要根据信念的变化做出调整，这是行动对信念的一致。如果一个纳什均衡是满足序贯理性的，那么它就是序贯均衡。

尽管序贯均衡是一个理论的概念，但它在实践当中是十分有价值的。后来，威尔逊和他的合作者们一起将这个理论应用到了对具体问题的分析中，成功地解开了"连锁店悖论""科斯猜想"等一系列困扰经济学界的难题。限于篇幅，这里就不展开了。

（2）所谓的"KMRW"定理。

在经济学界，有一个著名的"四人组合"，它的成员就是：

克雷普斯（David Kreps）、米尔格罗姆、罗伯茨（John Roberts）和威尔逊。之所以把这四个人并称，是由于他们经常在一起"拉帮结派"做研究、写论文。而以四人姓氏首字母命名的KMRW定理，就是这四人一起"团伙作案"的成果。

KMRW定理讲的是什么呢？通俗说，它解释的是合作为什么会出现。我们知道，人在与别人合作时，其实并不是那么愉快的。为了保持合作，他们通常需要花费不少的成本。但为什么人还会甘愿合作呢？人们通常是用重复博弈来解释——由于害怕自己的不合作行为会在以后遭到报复，所以就老老实实合作。不过，博弈论的知识告诉我们，这个论断是很难成立的。由于博弈总有终结的一天，那么在终局的那一刻，每个人都会发现自利而不合作的行为对自己更有利。现在，让时间倒回去一点。在这个时刻，如果所有博弈的参与人都预判到下一刻博弈就会结束，没人会由于自己的不合作而来惩罚自己，那么他就会立刻选择不合作。如果我们用这种"逆向归纳"的思路把时间继续往前推，那么就会发现，在博弈开始的第一秒，所有人都不会合作。

那么，怎么破解这个合作形成的难题呢？博弈"四人组合"给出的解释是，人是可以伪装的。人们为了让别人和自己合作，就要伪装出一种不理性，一旦发现对手有问题，就要予以惩罚。这样，所有人都会搞不清楚自己身边的对手究竟是一个会根据成本收益调整自己策略的"理性人"，还是一个只认死理，不讲利益的"非理性人"。这样，在博弈的一开始，即使最为"理性"的人为了不被人惩罚，获取更高的收益，也会保持一种合作的形象。

3.非线性定价方面的贡献

所谓非线性定价，就是商家在价格和销量之间不采用一一对应的线性关系。在现实中，我们最常见的非线性定价就是所谓的"第二类价格歧视"。比如，在超市里，我们如果只买一件商品，价格往往会高一些，如果一次性买上好几件，就可以享受打折优惠服务。为什么商家要这样定价呢？原因是他们并不知道消费者真实的偏好，所以就对更多消费打折，通过出让"信息租"的方式，让高需求的消费者自己暴露出来。现在很多人对"价格歧视"谈之色变，尤其是反垄断的人士，对价格歧视更是深恶痛绝，但事实上它们在商业实践中十分常见，并且可以有效提升市场运作效率。

从20世纪80年代开始，威尔逊对非线性定价问题进行了很长时间的研究，并在1993年出版了一本名为《非线性定价》（*Nonlinear Pricing*）的专著，系统介绍了这个领域的很多内容。基于篇幅原因，我只想重点介绍其中的一个应用，即他对于产能定价的研究。在现实中，很多产业都具有高固定投资、低边际成本的特点。比如信息产业，基础设施的搭建需要耗费巨大的投入，而一旦建好了，后续的投入就要低得多。运营这些产业的人需要把投入的巨额固定成本分摊到消费者身上，但怎么分摊，就是一个问题。在1985年的论文《产能定价》（*Capacity*

Pricing）中，威尔逊和奥伦（Shmuel Oren）、史密斯（Stephen Smith）一起分析了这个问题。他们认为，可以通过区分"产能要价"和"服务要价"来解决这个困难，其中产能要价由最大的产能决定，而服务要价部分则可以按照消费者对于商品质量的不同要求来提供可选方案，对他们进行价格歧视。这个方案提出之后，就被产业界广泛利用，成了解决产能定价问题的一个通行方案。

4. 拍卖领域的贡献

早在20世纪60年代，威尔逊就开始了对拍卖的研究。他发表的第一篇论文是1967年《管理科学》（Management Science）上的《不对称信息下的竞争性投标》（Competitive Bidding with Asymmetric Information）。尽管这篇论文在理论上的贡献远不如其后续的研究，但它本身却对约翰·海萨尼（John C. Harsanyi）关于不完全信息博弈的基本设定进行了更新，从而为博弈论的基础理论做出了贡献。

20世纪70年代之后，威尔逊对于拍卖问题进行了系统性的研究。从贡献上看，他在拍卖领域的成就体现主要有以下几个方面：第一个方面是对共同价值拍卖的研究。所谓共同价值拍卖，是相对于私人价值拍卖而言的。顾名思义，私人价值指的是每个竞拍人对于被拍商品的估价是不同的。而共同价值拍卖指的则是每个竞拍人对于拍品都有相同估价，只不过在开拍前，受信息所限，他们并不了解拍品的真实价值而已。在威尔逊之前，人们通常只关心私人价值拍卖，而他则第一个分析了共同价值拍卖问题，并比较了信息对称和信息不对称环境下拍卖的结果。第二个方面是关于竞争性拍卖的研究。他发现，随着竞拍者的增加，最终拍卖的价格会收敛到商品真实的价格。这个发现不仅对于拍卖理论有指引，而且对于我们理解市场竞争有很强的指导意义。第三个方面是对具体拍卖形式的分析。威尔逊分析了很多拍卖的具体形式，例如他分析了双重拍卖，即买卖双方都有大批竞价者，通过报价挂牌交易的拍卖（股票市场、期货市场采用的就是这种拍卖）；此外，他还比较过整体拍卖（Unit Auction）和分成拍卖（Share Auction）的收益，关于这点，我们将在后面继续阐明。

米尔格罗姆：经济理论的全能选手

1948年，米尔格罗姆出生于美国密歇根州的底特律市。他从小就对数学十分感兴趣。1970年，他以优异的成绩毕业于密歇根大学并获得数学学士学位。1978年，他获得了斯坦福大学统计学专业硕士学位。1979年，他完成了自己的博士论文《竞争性投标的信息结构》(*The Structure of Information in Competitive Bidding*)，获得了博士学位。他的这篇博士论文后来获得了萨维奇奖。

博士毕业后，米尔格罗姆执教于美国西北大学凯洛格管理学院管理经济学与决策科学系，从助理教授一路升迁到了教授。

在这个阶段，他和同事罗杰·迈尔森（Roger B. Myerson）、本特·霍姆斯特罗姆（Bengt Holmstrom）一起研究了很多博弈理论以及产业组织方面的问题，而迈尔森和霍姆斯特罗姆也已经于2007年和2016年先后获得了诺贝尔经济学奖。1983年，米尔格罗姆跳槽到耶鲁大学。在那里工作了4年后，他于1987年回到自己的母校工作一直至今。

相比于威尔逊，米尔格罗姆的研究范围更为宽广，并且在每一个领域都有突出贡献。正如克雷普斯所说的，他在这些领域中的任何一个贡献都值一个诺贝尔经济学奖。事实上，几乎每一个经济学圈内人都认为，他至少应该比迈尔森、霍姆斯特罗姆更有资格先斩获诺贝尔经济学奖。但为什么他的诺贝尔经济学奖来得这么迟呢？恐怕只能由他的魅力来解释了。因为圈中一直流传着一个八卦，说他横刀夺爱，抢走了一个诺贝尔经济学奖评委的女友，才会被雪藏这么久。

在这里，我择要介绍一些他的研究成果。

1.在博弈论领域的贡献

米尔格罗姆对博弈理论的贡献是巨大的。

首先是关于重复博弈的研究。米尔格罗姆对重复博弈进行了很多研究，其中的一个成就就是前面我们所提到的，他和威尔逊等人一起完成的KMRW模型，这个模型解释了建立声誉，假装成强硬的"非理性人"对于达成合作的重要性。除了和威尔逊等人的共同研究外，米尔格罗姆还和迪利普·阿布鲁（Dilip

Abreu)、大卫·皮尔斯（David Pearce）等人进行过不少合作。在1991年的一篇论文中，他们指出了让人们可以保持持久合作的几个因素，这不仅从理论上是重要的，对于指导实践也非常有价值。

其次是博弈学习理论。在传统的博弈理论中，人们重视的是对既有策略的分析，而事实上，人们在博弈的过程中，是可以根据对手的行为，以及对外界的信息不断学习，并以此来调整自己的策略。因此，在较近的一段时间里，博弈学习理论成为一门显学。在米尔格罗姆之前，博弈学习模型仅关注重复进行的相同博弈，而忽略了一个问题：前一阶段博弈的得益对后一阶段博弈的得益的启示作用。基于这点考虑，米尔格罗姆和"四人组合"之一的罗伯茨一起考察了一个两阶段学习模型，并发现在这个博弈中，序贯均衡和学习的适应性均衡达成了一致的结果。

最后是超模博弈（Supermodular Game）。这是米尔格罗姆所有贡献中，我最感兴趣的一个问题。在超模博弈中，参与人之间都是"策略互补"的。换言之，每个参与者增加其策略所引起的边际效用随着对手策略的递增而增加。比如，我们现在经常讲平台生态，在一个生态下会有很多App，每一个App究竟多有用，取决于其他App的质量，它们是一种共生关系。在这种博弈当中，就会出现一个现象，那就是要么大家都发展，生态十分繁荣，要么大家都不发展，生态凋落。其实在这种现象背后，显示的是不同的均衡，好的均衡和坏的均衡。那么这些均衡之间是怎样变动的呢？传统的经济学工具无法解释，因为传统的经济学用的是边际分析法，它依赖于决策的连续性，而博弈均衡的变动恰恰是非连续的。为了分析这种问题，米尔格罗姆和罗伯茨一起推进了数学家托比克斯（Topkis）于1978年的工作，创建了一整套分析超模博弈的方法。后来，这套方法被青木昌彦等人引入了制度分析，并广泛地被用来解释不同国家、地区之间的制度差别。

2. 在激励理论和组织理论方面的贡献

说到激励理论和组织理论，米尔格罗姆也是一位不能不提及的人物。他在这方面的贡献大致有以下几个方面。

一是和霍姆斯特罗姆一起进行的激励理论研究。霍姆斯特罗姆也是威尔逊的学生，事实上在威尔逊关于辛迪加的分析中，已经考虑到所谓的"委托-代理"（Principal-agent problem），但他没有太多展开。而霍姆斯特罗姆在他的博士论文中，就对这个问题进行了深入探讨，研究了很多委托人激励代理人的方法。总体上来说，后来人们对委托代理问题的处理，就是在霍姆斯特罗姆的框架下展开的。不过，霍姆斯特罗姆博士论文中的分析是比较粗糙的，在他的框架中，委托人只有一个目标，这显然不符合现实。在现实当中，一个领导对手下的期许经常是多方面的。例如，校领导希望老师既能够讲课，又能够发表文章。在这种"多任务"条件下，应该如何提供激励呢？米尔格罗姆和霍姆斯特罗姆在一篇合作的论文中对此进行了回答。

他们认为，在多任务条件下，为了激励代理人能够更好地工作，应该对那些可以明确度量的工作采用强激励，而对难以明确度量的工作则采用弱激励。这个理论对于现实十分有指导价值。对于企业的管理者而言，体力活可以采用KPI的方式进行监控，但对于一些创意性的活动，应该让员工更好地发挥潜能。除此之外，米尔格罗姆和霍姆斯特罗姆还在其他研究中考察了很多激励问题，例如采用选择权或期权方式的激励等，限于篇幅，这里就不再赘述了。

二是和罗伯茨一起的关于组织设计的研究。从某种意义上看，米尔格罗姆和罗伯茨关于组织设计问题的最重要贡献其实可以被视为是对超模博弈理论的一个应用。在组织设计的过程中，很多因素之间是互相依赖、互为因果的，因此米尔格罗姆等人指出，在设计组织时一定要考虑这些因素之间的互补性，从而让它们的积极因素更好地发挥出来。这个结论似乎很直观，但在现实中却经常被人忽视。例如，很多企业家经常喜欢去别的企业学习经验，然后回来对标。这种拿来主义看起来好像很聪明，但所谓"橘生淮南则为橘，生于淮北则为枳"，企业的每一个经验都是在具体的环境中发展起来的，如果忽视了它产生的条件，盲目拿来，往往会适得其反。当然，除了上述贡献外，米尔格罗姆还和罗伯茨在组织理论方面进行了很多研究，他们一起著有教科书《经济学、组织与管理》(*Economics, Organization and Management*)。在我看来，无论是经济学者还是管理学者，都有必要读一读这部深入浅出的教科书。

3.在拍卖理论和实践方面的贡献

当然，除了以上贡献外，米尔格罗姆还在其他很多领域做出了贡献，他和南希·斯托基一起，提出了金融经济学中的"不交易定理"（no-trade theorem）；与罗伯特·霍尔（Robert Hall）一起对劳动力市场进行了研究；还和道格拉斯·诺斯、巴里·温加斯特（Barry Weingast）一起对经济史进行了考察。限于篇幅，这里就不赘述了。

尽管米尔格罗姆在经济理论的众多领域都贡献卓著，但真正让他声名大噪的却是其在拍卖方面的贡献。这也是他获得诺贝尔经济学奖的主要原因。不过，要全面了解他在拍卖方面的成就，我们还需要对拍卖及其理论发展有一个比较初步的了解。

拍卖的前世今生

从词源上说，拍卖（auction）源自希腊语augere，其本意为"增加"。顾名思义，就是让竞价者不断增加价格，并根据最后的报价来决定物品配置的一种资源配置方式。

作为资源配置方式，拍卖出现得很早。根据希罗多德的《历史》记载，早在公元前700年左右，巴比伦人就开始运用拍卖了。不过，他们拍卖的一些"商品"在今天看来很违和。例如，他们会拍卖新娘，把适龄女性集中在一起，让男性来出价。到了古罗马时期，拍卖已经十分常见了，这种常见不仅体现在日常生活中，甚至也出现在一些重大问题的决策过程中。公元193年，罗马帝国的禁卫军哗变并弑杀了当时的皇帝佩蒂纳克斯（Pertinax）。但国不可一日无君，究竟谁来当皇帝就成了一个问题。当时的禁卫军竟然想到通过拍卖来决定帝位的归属。最终，一位名叫狄第乌斯·尤利安努斯（Didius Julianus）的人出高价赢得了帝位。但好景不长，不久之后，禁卫军再次哗变并杀死了尤利安努斯。后来有人打趣说，这可能是历史上最早的"赢者的诅咒"（Winner's Curse）。

公元17世纪之后，欧洲的财富开始出现快速增长，对于艺术品、船只等高价值物品的配置就成了一个需要解决的问题。在这种背景下，拍卖就从一种单纯的资源配置方式逐步发展成一个专门的产业，很多拍卖行应运而生。现在我们所熟知的一些拍卖行就诞生在那个时代。例如，苏富比拍卖行成立于1744年，而佳士得拍卖行则成立于1766年。

需要指出的是，在中国古代，拍卖也曾经被广泛应用。著名的历史学家、哈佛大学教授杨联陞就曾经考察过从唐代到元代时的"唱衣"，即拍卖圆寂僧人遗物的活动。从杨教授的记录中，我们不难看出，古人在设计这些拍卖时着实花费了不少心思。举例来说，在宋代时，在"唱衣"之前，需要提前进行预展。拍卖主持人需要事先了解拍品的正常价格，当拍卖中的报价严重偏离正常价格时，他就要负责提醒。从现代的拍卖理论观点看，这些做法其实可以理解为是要消除信息不对称，同时防止"赢者的诅咒"等问题的发生。

除了在私人领域之外，我国也在很早的时候就将拍卖应用到了公共领域。例如，在宋朝时，就十分流行一种"买扑"制度，通过拍卖向私人转让酒坊、税场、河渡、盐井等的所有权或经营权。我曾经和学生考察过这个制度，我们惊讶地发现，宋朝人在"买扑"的过程中其实已经使用了双向拍卖。

到了现代，拍卖就发展得更为繁盛了。很多人认为，拍卖只能发生在拍卖行里，涉及的商品主要是艺术品和文物。这种认识显然是不对的。事实上，现在的拍卖既可以在拍卖场内，也可以在拍卖场外，甚至可以在线上进行交易。例如，在易贝网（ebay）上我们可以买到很多商品，而在阿里巴巴的拍卖平台上，你甚至可以通过拍卖购买住房。需要指出的是，除了这些显性的拍卖之外，很多看似和拍卖无关的场景其实也用到了拍卖。例如，在电力市场上，供电企业会通过拍卖的方法来决定电力的调配。在股票市场上，股票的交易从本质上讲就是一种高频率的拍卖。而在互联网领域，拍卖则应用得更多。无论是购物网站决定展位的配置，还是搜索引擎出售关键字，都会运用到拍卖这种配置方法。

用诺贝尔经济学奖评委会的一句话来评价拍卖在现在的应用，应该是最合适不过的：如今，拍卖已经无所不在了。

拍卖理论：一段极简的历史

虽然拍卖的实践已经延续了数千年之久，但是真正用经济学理论来对拍卖进行研究，却是20世纪60年代的事情。1961年，威廉·维克里（William Vickrey）在一篇经典的论文中，讨论了在单物品拍卖中应用最广泛的四种拍卖形式。

英式拍卖：竞拍者由低到高竞价，价高者得。

荷式拍卖：拍品由高到低叫价，直到有竞拍者表示接受为止。

一阶密封价格拍卖：竞标人分别在信封中写下自己的报价，报价最高者得，并且支付其所报价格。

二阶密封价格拍卖：竞标人分别在信封中写下自己的报价，报价最高者得，但只支付报价第二高者所报的价格。

在这篇不足30页的论文中，维克里得到了一个对现代拍卖具有里程碑意义的结论——"收益等价定理"，即在单物品的拍卖中，如果所有竞拍者对于拍品的评级都是各自独立给出的，那么无论采用什么样的拍卖形式，拍卖人都可以获得同样的期望收益。此外，维克里还得到一个重要的结论：在二阶密封价格拍卖中，所有的竞拍者都会诚实报价，即对于拍品评价多高，就会报多高的价；而在一阶密封价格拍卖中，竞拍者的报价则可能远远低于自己对于物品的真实评价水平。这一结论的直觉是很简单的，在采用一阶密封价格拍卖时，如果竞拍人按照自己对物品的真实评价报价，那么即使赢得拍卖，也无利可图。为了获得可能的利益，竞拍人就有激励报出远低于自身真实评价的价格，而这一问题在二阶密封价格拍卖中则可以很好地被克服。维克里的这一成果让他得到了诺贝尔经济学奖，但遗憾的是，在领奖之前他就意外去世了。

在维克里之后，大批学者开始对拍卖理论加以关注。其中尤其值得一提的是罗杰·迈尔森，他利用新发展起来的机制设计理论对威尔逊提出的共同价值拍卖进行研究。通过严格的数学推导，得出结论：在满足竞拍人对于物品的评价相互独立、竞拍人只关心自身的期望收益等一系列的假定条件下，所有可能的拍卖机制都会给拍卖者带来相同的期望收益。显然，这一结论超越了之前维克里等学者比较具体拍卖形式的收益的研究思路，而能够研究所有可能的拍卖方式，将拍卖理论大大向前推进了一步。除此之外，迈尔森还对"赢者的诅咒"问题进行了分析。由于在拍卖过程中，信息是不断披露的，因此当有人最终赢得拍卖时，他就知道了自己拍得的物品可能不值自己当初的估价，由此，"诅咒"就产生了。

不过，迈尔森的研究依然存在问题。事实上，"收益等价定理"的成立依赖于众多假设，其中最为关键的一点就是所有竞拍人对于拍品的评价都是独立给出的。但在现实中，这一假设很难成立。竞拍人对于拍品的评价不仅仅取决于他自身，而且和其他竞拍人的评价有着重大的关系。当存在"关联评价"时，迈尔森的理论就不再适用，而拍卖人就可能通过交易机制的设计来提高自身的期望收益。

率先对存在"关联评价"的拍卖机制进行研究的，就是米尔格罗姆教授。在1982年和罗伯特·韦伯（Robert Webber）合写的论文《拍卖和竞争性竞价理论》（*A Theory of Auctions and*

Competitive Bidding）中，米尔格罗姆教授构建了一个存在"关联评价"时处理信息、价格和拍卖者收益的分析框架。他们根据对拍卖实践的观察提出投标者的估价可能是关联的，一个竞拍人对拍品的较高评价也容易提高其他参与人的评价。于是，拍卖可以理解为一个显示博弈（Revelation Game），任何买者的报价不仅会显示出他自己关于物品评价的信息，还会部分地揭露出其他买者的私人信息。这样，竞拍人利益的多少将取决于其信息私人性的程度。一旦拍卖中有信息被揭露出来，竞拍人就可能被其他竞拍人的信息误导。因此，对拍卖人而言，能为他带来最高期望收益的拍卖必定是那些能最有效地削弱竞拍人信息的私人性拍卖。

在拍卖理论的文献中，米尔格罗姆的这一发现被称为"联系原理"。应用"联系原理"，米尔格罗姆对各种流行的拍卖形式进行了分析。在英式拍卖中，较早退出拍卖的竞拍人的报价显示了他们关于物品价值的信息，拍卖价格被连接到所有未获胜竞拍人的估价上，因而能产生较高的收益。在二阶密封价格拍卖中，拍卖价格仅仅被联系到对拍品估价第二高的竞拍人上，因此其产生的收益就较低。而在荷式拍卖和一阶密封价格拍卖中，由于价格没有任何联系，因此它们都将为拍卖人带来最小的期望收益。米尔格罗姆的这一发现，对于现实中英式拍卖的流行给出了很好的解释。针对迈尔森发现的"赢者的诅咒"等问题，米尔格罗姆也给出了一些处理方法，例如通过多轮的叫价来披露信息，由此减少这些问题的发生。这些思想，都被应用到了后来他对拍卖的设计当中。

学以致用：用理论设计出的拍卖

需要指出的是，尽管威尔逊和米尔格罗姆关于拍卖的理论十分精彩，但拍卖毕竟是致用之学，真正体现这些理论价值的，还是他们对于现实拍卖的设计。在现实中，他们都是拍卖设计的高手。

威尔逊曾经帮助美国政府和很多企业设计过拍卖。他最有名的设计是帮助美国内政部设计了大陆架石油和天然气地块开发权的拍卖。当时，内政部曾经考虑过两个方案：整体拍卖和分成拍卖。整体拍卖很好理解，就是直接把一个地块拍给报价最高的人，而分成拍卖呢，则是把一个地块分成几个部分，然后让人们出价。这时，每个竞拍人可以给出不同价格下自己愿意购买的份额，例如，如果100万元就全部买下，那么110万元就买90%。最终，拍卖方可以根据所有竞拍人的报价把拍品化整为零地卖给他们。内政部倾向的方法是分成拍卖，原因很简单，这样似乎能够让这些地块更好地卖出去。但威尔逊研究了之后，却告诉内政部，这个方法可能得到的价格或许要比整体拍卖低得多。威尔逊给出的理论很复杂，但我们可以这样比较直观地理解：从本质上看，分成拍卖相当于给了每个竞拍人更多的选择，让他们对每一个边际上的需求分别指定意愿出价。这样，他们就回避了拍卖方对于额外份额的"搭售"，从而可以获得更高的消费者剩余。相比之下，在整体拍卖中，他们会以自己希望的价格获得一定份额，而其他部分则属于"搭售"，因此其消费者剩余就少了。反过来，当竞拍者的收益更多时，拍卖者的收益就少，因此对于同一件商品，分成拍卖的收入就会更少。

米尔格罗姆在拍卖的实践上表现则更为活跃，甚至还开办过一家名为拍卖经济学（Auctionomics）的拍卖网站（疑似倒闭了）。不过，最让他名垂史册的应该是，他帮助美国联邦通信委员会（FCC）设计的美国无线电频谱牌照拍卖。1993年，克林顿总统签署法令，授权FCC对频谱许可证进行拍卖，并要求在一年之内进行第一次公开拍卖会，而米尔格罗姆作为顾问参与了拍卖的设计。米尔格罗姆为FCC设计的方案是一种"同时向上叫价拍卖"的机制：在每轮拍卖中，竞拍人为自己想要购买的一个或多个频谱分别报价，报价是不公开的。每轮报价结束时，只公布每个频谱的最高报价，并基于此确定下轮拍卖中每个频谱的起始价（比如，在上轮最高价的基础上按事先确定的增幅，如5%或10%增加）。下一轮拍卖开始后，上一轮拍卖的最高报价仍然保留着，直到被更新的最高报价取代。如果没有新的更高的报价出现，则拍卖结束。这种新的拍卖机制非常适合于被拍卖的许可证是可以相互替代的情况。在拍卖过程中，随着价格的上升，对某个频谱的出价已被别人超过的买家可能转向对其他当前价格较低的许可证进行投标，这时将发生互替许可证之间的有效套利。替代作用越显著，这些许可证的拍卖价格就越接近。这些都是传统的拍卖机制不能实现的。

在1994年的拍卖中，经过5天共47轮竞价，10张牌照最终拍出了6.17亿美元的天价，远远超过了美国政府的预期。正因为这个原因，《纽约时报》把这次拍卖称为"历史上最大的拍卖"。

尽管在学术论文发表水涨船高的今天，这两位的发表数量未必比得上一些后起之秀，但真正论及对理论和现实的影响，在世的经济学家恐怕很少有能出其右者。

相比于他们自己的理论，他们更大的贡献是培养出众多优秀的学生。在威尔逊门下，就有霍姆斯特罗姆、米尔格罗姆、埃尔文·罗斯（Alvin E. Roth）等人分别开宗立派，并且斩获了诺贝尔经济学奖，而在米尔格罗姆的教导之下，又出现了苏珊·阿西（Susan Athey）、乔舒亚·甘斯（Joshua Gans）等杰出的新一代经济学家。我想，这种生生不息的传承恐怕要比任何理论都更重要。

延伸阅读

[美]保尔·米格罗姆，《拍卖理论与实务》，清华大学出版社，2006年7月。

[美]保罗·米格罗姆、[美]约翰·罗伯茨，《经济学、组织与管理》，经济科学出版社，2004年5月。

克雷普斯：

理解声誉的意义

戴维·克雷普斯

David Kreps, 1950—

美国经济学家,斯坦福大学商学院的经济学教授,世界博弈理论研究的领军人物。他在1979年与哈里森一道将鞅引入金融分析当中,创立了证券定价鞅定理。他的主要作品有《博弈论与经济模型》等。

1975年，戴维·克雷普斯毕业于斯坦福大学工程学院，获得运筹学博士学位。毕业后，克雷普斯执教于斯坦福大学商学院，并于1980年成为该学院的教授。目前，克雷普斯是该学院的"亚当斯管理学杰出教授"（The Adams Distinguished Professor of Management）。

克雷普斯在经济学和管理学的众多领域都有所建树，是一位名副其实的"跨界大师"。在博弈论方面，克雷普斯和保罗·米尔格罗姆、约翰·罗伯茨、罗伯特·威尔逊一起被谑称为"四人组合"，为博弈论的发展和普及做出了卓越的贡献；在企业理论方面，克雷普斯创立了声誉理论，弥补了交易成本理论和产权理论的不足；在金融学方面，克雷普斯和迈克尔·哈里森（Michael Harrison）一起提出了资产定价中的"鞅表示理论"（Martingale Representation Theorem）；在管理理论方面，克雷普斯和他的同事詹姆斯·巴伦（James Baron）一起将经济学中的相关理论引入到对人力资源管理的分析，取得了丰富的成果，他们合著的《战略人力资源：总经理的思考框架》（*Strategic Human Resources: Frameworks for General Managers*）一书已被欧美众多顶级商学院指定为必读书目。为表彰克雷普斯教授在众多领域取得的成果，1989年，他被授予"约翰·贝茨·克拉克奖"。值得一提的是，约翰·贝茨·克拉克奖是美国经济学会为纪念美国著名经济学家约翰·贝茨·克拉克而设立的，用来表彰40岁以下、做出突出贡献的经济学家，其在经济学界的地位仅次于诺贝尔奖（事实上，有1/3以上的约翰·贝茨·克拉克奖得主后来获得了诺贝尔奖）。由此可见，克雷普斯在学界的地位可见一斑。

由于克雷普斯的研究理论性非常强，为了不影响可读性，本文只对他在企业理论和人力资源管理方面的学说加以介绍。关于克雷普斯的其他研究，读者如有兴趣可以阅读相关书籍。

基于声誉的企业理论

20世纪80年代，日本经济空前繁荣。马克思曾经预言，野蛮的征服者总是被那些他们征服的民族的较高文明所征服。在经济战场上取得丰厚战果的同时，日本的企业开始被美国人创造的知识，尤其是美国学者创造的经济学和管理学理论所吸引，不断邀请大批美国学者去日本进行演讲和学术交流。

1984年的一天，克雷普斯收到了来自日本的一张请柬，是三菱公司举办的一个论坛邀请他去发言。面对如此重量级公司的盛情邀请，克雷普斯当即欣然接受。不过，在选择发言题目的时候，克雷普斯却犯了难。虽然此时克雷普斯早已因其在博弈论方面的卓越贡献而蜚声学术界，但其研究的领域却主要集中在理论层面，而在这样一个由企业举办的论坛上，纯理论的内容显然难以勾起听众的兴趣。

思索再三，克雷普斯突然灵光一现，为什么不把自己研究的强项和企业理论结合起来思考一些问题呢？当时关于企业，已经有很多相关理论，威廉姆森的交易成本学说、哈特的产权学说等都从各个侧面揭示了众多企业的特性。但是，这些理论都有一个共同的缺陷，即仅仅把企业看成物质资本的集合，而对于企业的无形资产则没有加以重视。很显然，这会掩盖很多企业的本质。有这样一种说法：如果突然某天一场大火把可口可乐公司的厂房全部烧毁了，只要可口可乐的商标还在，不出一年就能重新出现一家新的可口可乐公司。如果这种说法是合理的，那么在企业的运行中，一定还存在着一种超乎物质资本的东西。这种东西到底是什么呢？结合自己的研究，克雷普斯教授突然悟到，事实上这种神秘的东西就是自己一直研究的"声誉"。想到此处，克雷普斯立即写下了自己的想法，一篇企业理论中的经典文献于1990年诞生，这篇著名的论文就是《企业文化与经济理论》(*Corporate Culture and Economic Theory*)。

需要指出的是，在克雷普斯的理论体系中，"企业文化"的定义和传统上完全不同。在传统的理解中，"企业文化"主要是针对企业的员工而设计的，如要求企业员工需要"奉献""拼搏""献身"，而对于企业家的约束却是较少的。克雷普斯则采取了一个完全不同的切入点。他认为，企业文化需要解决的，主要是约束企业家的行为，让企业家建立起良好的信誉。只有当企业家拥有了良好的信誉，企业的员工才更可能有为企业奉献的热情，企业的事业才能保持长青不凋。

和交易成本理论及产权理论类似，克雷普斯教授同样从不完全契约入手对企业进行剖析。克雷普斯认为，企业行为中一个重要的特征是雇员和雇主之间的关系，而这两者之间的关系事实上是一种不完全契约——在签订契约时，雇员和雇主双方很难把未来可能发生的事情——写入契约，这就给双方在某些时刻发生机会主义行为的可能。举个简单的例子，如果雇主在和员工签订用工合同时仅仅规定了每周工作的天数，而没有具体规定工作的时间，并且假设企业方拥有剩余控制权，那么至少从原则上看，雇主在需要的时候可以要求员工加班，进行长时间的工作，并且可以不支付报酬。应该承认，在现实中，这种现象是存在的，但在"基业长青"的知名大公司，这种现象却相对较少——即使员工要加班，也多是出于自觉，而被公司强迫的可能则较少。这是为什么呢？原因在于，雇主的行为会对雇员未来的反应产生影响，而这种影响可能会对雇主的收益造成损害。的确，要求雇员无薪加班可能会在短期为雇主带来好处。但是雇主长期的"剥削"会让员工产生抵触，从而出工不出力，或者干脆辞职。这显然不符合一个有长期打算的企业的目标。因此最好的方法就是，让企业家建立声誉，用自己的行为向员工昭示：决不会亏待大家，跟着我有肉吃！只有如此，企业的员工才可能真正感觉到自己是企业的一员，才可能真正为企业奉献。

　　不过，既然在签订契约时有雇员和雇主双方，那么为了解决契约的不完全性，为什么只让雇主建立声誉，而非让雇员建立声誉呢？克雷普斯解释道，这是因为剩余控制权的分配影响着声誉的维持。只有剩余控制权的所有者才具有建立声誉的需要和可能性，而其他人仅仅只能按照其安排行事，因此根本没有必要建立声誉，即使建立了也没有用。至于剩余控制权的安排，克雷普斯指出，应当将其分配给更有兴趣获得声誉的一方。仍然考虑雇员和雇主的契约：只要有良好运作的劳动力市场，那么即使雇员没有任何声誉，也较容易通过出卖自己的劳动力获取收入。而如果企业失去了声誉，就面临被市场淘汰的命运，因此企业雇主获取声誉的愿望较之雇员要更为强烈。在这种情况下，剩余控制权应当由企业而非员工掌握。当然，克雷普斯教授的分析主要是针对美国、日本这样的发达经济体进行的。像中国这样的发展中经济体，由于市场经济发展还较不完善，因此一些企业维护声誉的愿望可能比较弱，而劳动力市场规范不完善导致的在签约中的弱势反而让雇员有了更强烈的维护声誉的愿望。基于这点，可能应该给予雇员更多的剩余控制权，在劳资纠纷发生时，给予雇员更多的保护和倾斜。

在把企业归结为一个信誉的载体之后，克雷普斯教授进一步分析了企业的传承。由于在克雷普斯教授的分析框架里，企业的传承中最重要的就是声誉的传承。这一点可以从反面加以思考：如果企业的传承仅仅是物质资本的交接，而不能让积累的声誉获得相应的报酬，那么当期的剩余控制者就没有维护声誉的激励，机会主义行为就会盛行，企业的持续发展就变得不再可能。声誉的重要性解释了现实中的一些重要现象：如某些企业，其物质资产很少，但其市值却十分高；过去经营业绩较好的企业能够在并购过程中卖出更高的价值等。

战略人力资源管理——总经理的视角

克雷普斯不仅在经济学领域有巨大的贡献，在管理学领域也颇有建树，其最重要的贡献是和巴伦一起搭建了一个战略人力资源管理框架。

在一般的人力资源管理者看来，企业的人力资源管理仅仅是人力资源经理的工作。克雷普斯和巴伦对于这一观点提出了反驳。他们认为，人力资源是组织成败的关键，而由于其重要性，负责人力资源管理的就不应该仅仅是人事经理，作为企业最高决策者的总经理也应该参与其中。两位学者认为，只有总经理亲自过问人力资源问题，企业才可能把人力资源工作和企业的长期战略有机结合起来，才可能制定正确的人力资源政策。

克雷普斯和巴伦认为，人力资源政策最重要的问题是这些政策的适用性如何。人力资源政策的各个部分有时能很好地共同发挥作用，有时却相互冲突。另外，人力资源系统处于更大的系统之中，这个系统包括公司与股东、社会环境、地域环境等更大范畴内的种种关系。因此，关于公司人力资源政策的适用性如何可以分为两个部分：第一，人力资源政策是否与公司目标、运行模式、地域环境等情境形成更为广泛的融合；第二，人力资源系统的各个部分之间是否相互补充和相互协调。

基于以上分析，两位学者认为企业人力资源工作的目标，就是要让各项人力资源政策内部一致，同时让人力资源政策适合企业战略、技术条件以及外部环境。然而，要实现这个目标并不像听起来那么简单。例如，源于各种原因的效仿可能造成组织实施不适合其战略及环境或与现有的其他策略相违背的人力资源政策。再如，将适合于特定商业领域、地理区域、管理模式及部分劳动力群体的人力资源政策，完全翻版到另一个明显不同的环境中（这种情况在那些正在迅速成长、多样化、全球化的组织中尤其容易出现），也容易导致人力资源政策的失败。

在总结了成功的人力资源政策应有的特征和失败的人力资源政策的可能原因之后，克雷普斯和巴伦提出了三条重要的训诫：第一，人力资源政策不应该被看作是零碎的，而应当被看作是一个整体；第二，尽管人力资源不会出现在资产负债表上，但是总经理必须把人力资源视为一种资本，将其作为投资的对象；第三，人力资源是一种特别难以转移或改变的资本，因此在制定人力资源政策的时候应当十分注重其稳定性，并保持人力资源组合不发生剧烈变动。

和传统的人力资源分析相比，克雷普斯和巴伦两位学者的研究站在了更高的层面上，其分析更为全面透彻。我想，如果企业的管理者有时间读读两位学者合著的《战略人力资源：总经理的思考框架》，必然会大有收获。

此外，如果从经济学角度看，克雷普斯的贡献主要有如下几个方面：

（1）序贯均衡。在1982年的论文《序贯均衡》(*Sequential Equilibrium*)中，克雷普斯和威尔逊提出了序贯均衡的概念，对贝叶斯纳什均衡进行了进一步的精炼。

（2）KMRW声誉模型。在1982年的论文《有限重复囚徒困境中的理性合作》(*Rational Cooperation in the Finitely Repeated Prisoner's Dilemma*)一文中，克雷普斯和米尔格罗姆、罗伯茨、威尔逊一起提出了该定理。这个定理说明，在信息不对称的条件下，合作行为在有限次重复博弈中会出现，只要博弈重复的次数足够多。他们特别指出，"坏人"可能在相当长一段时期表现得像"好人"一样。

（3）关于博弈中学习（Learning）理论的一系列成果。

（4）对于行为经济的研究，例如对内在动机和外在激励的探讨。

（5）企业理论。包括声誉理论基础上的企业理论以及后来的一些工作。

（6）金融中的"鞅表示定理"。

（7）关于会计理论的探索。

对于我来说，印象最深的是他和何塞·舍伊克曼（Jose A. Scheinkman）合作的，可能并不算太出名的产业组织论文《事先的数量承诺及由伯川德竞争产生的古诺结果》(*Quantity Pre-Commitment and Bertrand Competition Yield Cournot Outcomes*)。这篇论文阐明了一个产业组织中比较重要的问题：为什么在现实中企业之间的竞争更多是价格竞争,但是最终的市场结果却更类似于古诺均衡[①]而非伯川德均衡[②]。

延 伸 阅 读

[美]戴维·克雷普斯,《高级微观经济学教程》,格致出版社、上海人民出版社,2017年1月。

[美]戴维·M.克雷普斯,《博弈论与经济模型》,商务印书馆,2006年5月。

---

① 古诺均衡即古诺模型,是法国经济学家古诺于1838年在《财富理论的数学原理的研究》一书中提出的第一个非合作寡占模型,是指在给定竞争者的产量的情况下,每个企业都选择其能实现利润最大化的产量。这时,每个企业都没有再单方面改变其产量的冲动。又称为古诺双寡头模型、双寡头模型。
② 伯川德均衡即伯川德模型,是由法国经济学家约瑟夫·伯川德于1883年建立的。古诺模型是把厂商的产量作为竞争手段,是一种产量竞争模型,而伯川德模型是价格竞争模型。

巴格瓦蒂：

捍卫自由贸易

杰格迪什·巴格瓦蒂

Jagdish Bhagwati, 1934—

美国经济学家,美国哥伦比亚大学教授,世界贸易组织顾问,联合国经济政策特别顾问。他的研究方向主要集中于国际贸易、福利经济学和财政学等领域,是国际贸易领域最重要的理论家之一。

在国际贸易领域，杰格迪什·巴格瓦蒂教授绝对是一位不可忽视的人物。1934年他出生于印度孟买，曾先后求学于剑桥、牛津等知名学府，并于1961年在麻省理工学院获得经济学博士学位。早在求学期间，巴格瓦蒂就在阅读埃奇沃思的著作时得到启示，写出了关于"贫困化增长"的著名论文。此后数十年，他佳作不断，发表了数百篇论文，出版了数十本专著，在国际经济学、发展经济学等多个领域都颇有建树。除了学术研究外，巴格瓦蒂还积极参与社会活动。他是著名学术刊物《国际经济学杂志》（*Journal of International Economics*）的创办者，通过这份杂志，他让国际经济学的学术思想得到了更好的传播。20世纪90年代，他曾担任过关贸总协定总干事的经济政策顾问。在这期间，他为推进乌拉圭回合谈判做出了卓越的贡献。目前，他是美国哥伦比亚大学的经济学和法学教授，同时兼任世界贸易组织顾问、联合国经济政策特别顾问等职。

贫困化增长

巴格瓦蒂的学术成果很多，在本书中只能选择几个进行介绍。他的第一个重要理论贡献是对"贫困化增长"的研究。所谓"贫困化增长"，指的是一些国家在某些情况下出口大规模扩张，但与此同时国民福利却绝对恶化的现象。1958年，巴格瓦蒂在一篇小短文《贫困化增长：一个几何注释》(*Immiserizing Growth：A Geometrical Note*)中提出了这一概念，随后又在一系列文章中对此加以论述。

对于一个出口大国，如果其传统的出口产品在国际市场上所占的份额足够大，那么一旦由于某些原因，这类产品的出口大幅增加，就可能导致贸易条件（也就是出口品和进口品的相对价格）的迅速恶化。一旦贸易条件的恶化程度超过了贸易带来的收入效应，那么贫困化增长的现象就会发生，该国国民的福利就会恶化。举个通俗的例子，设想一个大国，专业生产袜子，用袜子换飞机。如果有一天该国政府鼓励袜子生产，于是袜子产量暴涨了，但国际市场上袜子可能一下子就便宜了。这样，用现在生产的袜子量很可能还不能换到原来袜子量可以换到的飞机。

巴格瓦蒂对"贫困化增长"出现的必要条件进行了归纳。首先，该国的商品出口在世界市场上占有较大份额。只有这样，该国贸易的扩张才可能对国际市场价格产生重要影响，进而影响贸易条件。其次，该国生产能力的增长主要集中在出口部门。在这种条件下，贸易条件恶化对本国经济的影响才会足够大。最后，国际市场对这种商品的需求弹性较低。在这种情况下，贸易条件的恶化程度更容易超过贸易扩张的程度。当以上三个条件成立时，贫困化增长现象就有可能发生。对于很多出口导向型的发展中大国，以上三个条件都基本成立，因此根据巴格瓦蒂的理论，这些国家就很有可能面临"贫困化增长"的威胁。

应该说,巴格瓦蒂的上述理论是十分有警示意义的。很多发展中国家在发展初期为了吸引外资都曾实施过鼓励出口的政策。在一些国家,为了刺激出口,不惜人为扭曲产业结构,从而促进某些优势产业的扩张。在政策的刺激下,一些国家在某些商品上的国际份额可能急速上升。但这样的努力未必会如政策制定者事先预想的那样为本国造福——相反,它有可能导致贸易条件的恶化,进而损害本国人民福利。这一点,不能不引起我们的重视。

关于扭曲和干预的研究

巴格瓦蒂的第二个重要理论贡献是关于扭曲和干预的研究。

所谓扭曲(distortion),指的是实际状况与理想状况的偏离。传统的国际贸易认为,没有干预的自由贸易是一种最理想的状况。然而,这一理论设想所要求的前提条件是很难达到的,因此现实中的贸易总是和最优(first best)状况有所偏离,扭曲就经常存在,经济活动所追求的也只能是一种"次优"(second best)状态。一些理论认为,由于有扭曲的存在,所以政府应当通过贸易措施来抵消扭曲,这样可以实现国民福利的增进。而巴格瓦蒂则对这种观点提出了质疑。

巴格瓦蒂关于扭曲和干预的研究主要体现在两篇论文中,一篇是1963年与他人合作发表的《国内扭曲、关税与最优补贴理论》(*Domestic Distortions, Tariffs and the Theory of Optimum*

Subsidy），另一篇是1971年独立发表的论文《补贴和福利的一般理论》(*The Generalized Theory of Distortions and Welfare*)。在这两篇论文中，巴格瓦蒂对于扭曲的分类、产生原因，以及不同政策对于纠正扭曲的效果进行了深入的分析。

在巴格瓦蒂看来，经济中的扭曲大体上可以分为四类：贸易扭曲、生产扭曲、消费扭曲和要素市场扭曲。而造成扭曲的原因则大致可以分为三种：一是由市场失灵等内生原因造成的扭曲；二是由政策导致的工具性扭曲，比如由抵制性关税引起的扭曲；三是由政策导致的自发性扭曲，它并非政策有意为之，但却是政策造成的后果。所有的四类扭曲，都可能由三种成因中的任何一种造成，它们都可能是内生的，也可能是政策人为导致的，还可能是由某些政策引发的。

巴格瓦蒂仔细比较了各类政策对各种扭曲所产生的作用，得出结论：对于不同的扭曲，政策的效果排序是不同的，因此应当用不同的政策应对不同的扭曲。例如，针对由贸易垄断产生的贸易扭曲，最优的政策应该是关税，次优政策是对生产要素或消费进行征税和补贴；对于由纯内生原因引起的生产扭曲，最优政策就是对生产要素进行征税和补贴，次优政策是关税，而对消费领域的调节则几乎不会产生作用。由此可见，应对扭曲，关键是政策要对症下药，从纠正扭曲的角度看，单纯的贸易保护政策的效果未必比自由贸易达到的更好。事实上，对于很多内生性扭曲，重要的是根除扭曲产生的环境，比如做好打破垄断、解决外部性等工作，试图用保护性的贸易政策来克服扭曲则完全是南辕北辙。

对"直接非生产性寻利"的研究

巴格瓦蒂的第三个重要贡献是对于"直接非生产性寻利"（Directly Unproductive Profit-seeking，简称DUP）的分析。这里需要区分一下"寻利"和"寻租"（rent-seeking）两个概念。我们知道，"寻租"这个词多少带有一些贬义，指的是"支付给资源所有者的款项中超过那些资源在其可替代用途中所能得到的收入的部分"，而"寻利"则没有贬义，其含义也要更广一些，它指的是耗费资源，但又不直接产生产出的行为。

在1982年的几篇论文中，巴格瓦蒂同合作者对DUP行为进行了系统性的分析。他们首先根据行为前后的经济是否存在扭曲，对DUP行为进行了分类。在巴格瓦蒂看来，如果在DUP行为的起点经济中是存在扭曲的，那么其就存在纠正扭曲、改进福利的空间；而如果在DUP行为的起点经济并不存在扭曲，那么这种行为就没有福利改善的空间。

针对DUP行为和政策的关系，巴格瓦蒂进一步将其划分成了两类。第一类是政策引起的、内生的DUP行为。这种行为，可以被认为是既定的扭曲之下导致的一种间接性扭曲，并从这个角度来对其进行评价。第二类是影响政策的外生DUP行为。对于这类DUP行为进行评价，则需要依靠一般均衡下的政治、经济互动模型，求解出政策变化前后的福利影响。

在以上分析框架下，巴格瓦蒂及其合作者对几种DUP行为的福利后果进行了分析。其主要结论体现在他和斯瑞尼瓦桑（T. N. Srinivasan）于1982年发表的论文《直接非生产性寻利游说行为的福利后果》[*The Welfare Consequences of Directly-unproductive Profit-Seeking(DUP) Lobbying Activities*]中。由于分析比较技术化，在此就不赘述了。

对自由工业化的主张

巴格瓦蒂的第四个重要贡献是对自由工业化的主张。

20世纪五六十年代，很多国家开始推行进口替代型的工业化政策。这种政策的理论来自一个古老的观念——"幼稚产业保护论"（Infant Industry Theory）。这一观念至少可以追溯到美国政治家亚历山大·汉密尔顿（Alexander Hamilton），而德国经济学家弗里德里希·李斯特（Friedrich List）的著作《政治经济学的国民体系》(*The National System of Political Economy*)则让这一观念得到了系统化、理论化的阐述。根据这个观念，在工业化的早期，国家必须对幼稚的工业进行保护，此时贸易条件恶化也可以被认为是实现这一战略的工具。

对于进口替代型工业化及其理论基础"幼稚产业保护论"，巴格瓦蒂进行了深刻的批判。他认为，"幼稚产业保护论"的关键假设在于通过保护，幼稚的产业可以迅速成长起来，实现生产率的跃进。但是，这一假设的前提很可能是不成立的。落后国家的工业之所以落后，是由于缺少优秀的企业家、缺少生产经验、缺少合格的劳动力和管理人才，这些都需要通过贸易、通过交流去弥补。而在进口替代型战略下，国家对落后的产业进行保护，事实上是阻碍了本国工业的成长进程。这就好像家长害怕孩子跌倒，就一直扶着孩子走路，结果孩子永远也不会自己走路一样。从这个意义上看，推行进口替代，对幼稚产业进行保护虽是出于好心，但其结果却未必会如人所愿。

对自由贸易的倡导

除了具体的理论贡献外，巴格瓦蒂更重要的贡献是其对于自由贸易的捍卫和倡导。在学术生涯的早期，他曾极力反对过发展中国家推行的进口替代战略，而最近，他的敌人则更为强大，是来自发达国家的贸易保护政策。

尽管从总体来看，发达国家在贸易中受益颇丰，但发达国家反对自由贸易的声音却一直不绝于耳。自由贸易导致了发达国家工人的失业、自由贸易导致了环境破坏……这些理由一一被用来作为推行贸易保护主义的理论依据。面对这些言论，巴格瓦蒂不断著书立说、奔走呼号，为自由贸易进行捍卫、辩护。

如果我们要感受巴格瓦蒂对自由贸易的挚爱，那么不妨找他的著作《捍卫全球化》（*In Defense of Globalization*）读一读——在这本书的每一页，我们几乎都能感受到他对于自由贸易那份拳拳之心。

延伸阅读

[美]杰格迪什·巴格瓦蒂,《风险中的世界贸易体系》,商务印书馆,1996年7月。

[美]贾格迪什·巴格瓦蒂,《现代自由贸易》,中信出版集团,2003年5月。

[美]贾格迪什·巴格沃蒂,《捍卫全球化》,中国人民大学出版社,2008年6月。

戈尔丁:

展示"半边天"的力量

克劳迪娅·戈尔丁

Claudia Goldin，1946—

　　美国经济学家，哈佛大学经济学教授，哈佛大学历史上第一位女性终身教授。她的研究涵盖了女性劳动力、收入方面的性别差距、收入不平等、技术变革、教育和移民等。2023年，她因在女性劳动力研究领域的突出贡献获得了诺贝尔经济学奖。

2023年，诺贝尔经济学奖被授予哈佛大学教授克劳迪娅·戈尔丁，以表彰她对女性劳动力市场问题的研究。

应该说，戈尔丁此次获奖对于诺贝尔经济学奖，以及整个经济学界而言，都是一个具有里程碑意义的事件。从历史上看，经济学一直是一门男性占主导的学科。虽然在这个领域内，也有很多优秀的女性学者，但在很长时期内，她们都不能得到应有的认可。比如，新古典经济学创始人阿尔弗雷德·马歇尔的夫人玛丽·马歇尔（Mary Marshall）就是一位优秀的经济学家，她和丈夫一起撰写了产业组织领域的奠基之作《产业经济学》（*The Economics of Industry*）。在该书出版后，作者一栏却只有其丈夫一个人的名字。又如，新剑桥学派的代表人物琼·罗宾逊贡献了大量的理论模型，其中的不完全竞争理论目前依然是经济学最基础的理论支柱之一。不少专业人士评论，依据贡献，她完全有资格获得诺贝尔经济学奖。但直到去世，这个奖也没有垂青于她。直到21世纪，经济学界的这种重男轻女现象才得以改变。2009年，埃莉诺·奥斯特罗姆（Elinor Ostrom）因其在公共经济治理方面的成就和奥利弗·威廉姆森一起分享了当年的诺贝尔经济学奖。此后，埃斯特·迪弗洛又因在全球减贫的实验方法上的贡献而和自己的丈夫阿比吉特·巴纳吉，以及合作者迈克尔·克雷默一起分享了2019年的诺贝尔经济学奖。

由此，女性在经济学界的力量才开始得到人们的认可和关注。2023年，戈尔丁再次以女性身份，并且是因女性问题而斩获诺贝尔经济学奖，这无疑是经济学界对女性力量的再一次认可。

值得注意的是，诺贝尔经济学奖一般会由几个学者分享，只有少数重量级的人物，如罗伯特·卢卡斯、让·梯若尔（Jean Tirole）等，才能享受独得的待遇。因此，在开奖前，就有不少人猜测，如果戈尔丁获奖，那么她大概率应该会和她的丈夫劳伦斯·凯兹（Lawrence Katz）因在技术和教育对收入分配不平等的影响方面的研究而一起获奖。但最终的结果却是戈尔丁一人独得，并且表彰的理由也是其在女性问题研究上的贡献。由此可见，诺贝尔奖委员会除了在表彰戈尔丁的个人贡献之外，确实也有意借机声援女性主义。

戈尔丁小传

1946年5月14日，戈尔丁出生于纽约市的一个犹太家庭。小时候，她的志向是成为一名考古学家，但在初中读到生物学家保罗·德·克鲁伊夫（Paul de Kruif）的《微生物猎人》后，她就被微生物学深深吸引，从而立志成为微生物学家。在高中三年级时，她就在康奈尔大学完成了微生物学暑期课程。1963年，从布朗士科学高中毕业后，她便进入康奈尔大学学习微生物学。不过，不久之后，这个职业梦想就在另一位关键人物的影响下再一次改变了。

在大二时，戈尔丁选修了著名经济学家阿尔弗雷德·卡恩（Alfred Kahn）的经济学课。在学界，这位后来担任卡特政府总统经济顾问的经济学家以呼吁放松管制著称，被称为"放松管制之父"。在课堂上，卡恩以其独有的滔滔雄辩把自己的这些理念阐述给了学生。这种学识和风度很快就吸引了戈尔丁。她后来回忆说，"他很善于用经济学来揭示隐藏的真相。就像当年克鲁夫的故事让我喜欢上了微生物学一样，他的故事让我喜欢上了经济学"。事实也正是如此。在修习了卡恩的课后，戈尔丁就迷上了管制问题和产业组织。在高年级写论文时，她选择的题目就是对通信卫星的管制。

1967年，戈尔丁以全优的成绩从康奈尔大学毕业。随后，进入了芝加哥大学攻读经济学博士学位。受卡恩的影响，她一开始打算选择产业组织作为自己的研究方向。从当时来看，在芝加哥大学学习产业组织确实是一个很好的选择，毕竟当时的芝加哥学派正如日中天，包括富兰克·奈特、乔治·斯蒂格勒等产业组织问题的顶尖人物都坐镇于此。要想学好产业组织，还有什么地方比芝加哥更好呢？然而，命运的齿轮却又一次转动。

1969年，毕业于芝加哥大学的经济学家贝克尔，从哥伦比亚大学回到了母校任教，并开始为研究生开课。在经济学史上，贝克尔是一个具有传奇色彩的人物。在他之前，经济学研究的主题基本是和"钱"打交道的，但贝克尔却不走寻常路，将经济学的研究范围扩展到婚姻、家庭、成瘾、犯罪等社会领域，由此引发了后来的"经济学帝国主义"（Economic Imperialism）。虽然在当时的经济学界，有不少年长的学者对他的这种做法不以为然，但对于年轻学者来说，他的这种路子确实是非常有吸引力的。当时正在修习博士课程的戈尔丁在选了贝克尔的课后，很快就迷上了这种研究路子，并放弃了原来研究产业组织的想法，在贝克尔的指导下开始了劳动经济学的研究。

由于劳动经济学中的很多问题都涉及对历史问题的研究，所以戈尔丁选了罗伯特·福格尔（Robert W. Fogel）的课。在经济史学领域，福格尔也是一位宗师级人物。在他之前，虽然经济史学家也会援引一些数据，但对它们的应用大多停留在简单的描述统计上。而福格尔则开风气之先，不仅将计量经济学的工具大规模地应用于对历史的研究，还提出了包括"奴隶制是有效率的"等在当时看来惊世骇俗的观点。不出意料，福格尔的研究路子又一次让戈尔丁着了迷。受此影响，她最终决定将计量史学和劳动经济学的交叉话题作为自己的研究方向——事实上，直到现在，她依然在这块学术园地上耕耘。

戈尔丁的博士论文题目是关于南北战争前美国城市和南方工业奴隶制的，指导老师是福格尔。1972年，她成功完成了论文，并获得了经济学博士学位。

在正式取得博士学位前，戈尔丁已从1971年开始在威斯康星大学麦迪逊分校执教。1973年，她跳槽到普林斯顿大学担任助理教授。1979年，她离开普林斯顿大学，来到宾夕法尼亚大学，任该校副教授，并于1985年晋升为教授。1990年，她加入哈佛大学经济学系，并成为该系首位获得终身教职的女性。除此之外，戈尔丁还曾在1991年出任美国经济学联合会副会长，在1992年当选美国文理科学院院士，在1999年出任美国经济史学会会长，2006年当选美国国家科学院院士，在2013年出任美国经济学会主席。

从1984年到1988年，她曾担任经济史领域顶级刊物《经济史杂志》（Journal of Economic History）的主编。1990年至2017年，她还担任了美国国家经济研究局（National Bureau of Economic Research，以下简称NBER）的《经济发展中的长期因素》（The Long-term Factors in Economic Development）系列报告的主编——后来的事实证明，这个兼职对她来说是最为重要的一个兼职，至于原因，将在本文最后揭晓。

在数十年的学术生涯中，戈尔丁收获了很多荣誉。包括2005年美国经济学会的"卡罗琳·肖·贝尔奖"、2009年劳动经济学会的"明瑟奖"、2016年的"IZA劳动经济学奖"、2020年的"欧文·普莱恩·内默斯经济学奖"、2020年的"科睿唯安引文桂冠奖"、2021年的"进步协会奖"——当然，还有2023年的诺贝尔经济学奖。

奴隶制、南北战争和工业化

在学术生涯的早期，戈尔丁的研究兴趣集中在奴隶制问题上。围绕着这个主题,她发表了很多论文。其中,具有代表性的成果包括和其导师福格尔合著的论文《解放奴隶的经济学》(*The Economics of Emancipation*),她独自完成的论文《城市奴隶制相对衰落的模型解释》(*A Model to Explain the Relative Decline of Urban Slavery*),以及《城市与奴隶:兼容性问题》(*Cities and Slavery: The Issue of Compatibility*)。她的第一本书《美国南方城市的奴隶制》(*Urban Slavery in the American South*)则是在其博士论文的基础上修改而成的。当时,历史学界有一个流行的观点,认为奴隶制和城市生活是不相容的。甚至有一些学者以此推论,正是由于城市化的推进,导致废奴主义在19世纪中叶的兴起,并最终引发了南北战争。然而,戈尔丁则在这部书中对上述观点进行了驳斥。她根据当时的人口普查资料,以及大量从遗嘱中获得的数据,得出在当时的城市,对于奴隶的需求一直是上升的结论。针对一些研究中所说的城市奴隶数量下降的证据,她指出,之所以会出现这种现象,是因为相比于农村对奴隶的需求,城市对奴隶的需求更具有弹性。在城市的劳动力市场上,企业主即使不雇佣黑人奴隶,也可以雇佣自由的白人工人。与此同时,农场主却缺乏其他的劳动力来源。在这种情况下,虽然城市对奴隶的需求仍然是上升的,但由于农村的需求更为坚挺,因而在均衡状态下,就会出现城市奴隶数量下降的现象。

随着对奴隶制问题研究的深入,戈尔丁非常自然地将研究范围延伸到南北战争的影响上。关于这个话题,她最有代表的研究是和弗兰克·刘易斯（Frank D. Lewis）合作的发表于1975年的《美国内战的经济成本》(*The Economic Cost of the American Civil War*)。在当时的学界，关于南北战争的经济后果存在着很大的争议。一种观点是现在的历史教科书上经常能看到的，即认为南北战争扫清了农业主义的余毒，从而为美国的工业化扫清了道路。根据这个观点，南北战争其实是美国工业化的启动点，因此从经济上看，这场仗打得非常值得。而另一种观点则认为，在南北战争前后，美国的生产方式其实并没有发生根本的变动，因此南北战争所带来的经济受益并不明显。恰恰相反，这场战争带来了大量的伤亡，造成了大量的财物损失。如果根据这个观点，那么南北战争这笔经济账就是不划算的。如何调和这两种观点呢？戈尔丁和刘易斯开始另辟蹊径，他们没有支持上面的任何一方，而是根据上面两派给出的论证，对南北战争进行了一次会计核算。他们根据资料，统计了战争带来的直接损失，还利用各种资料对间接损失进行了估计。结果发现，南北战争的成本非常大，先前各种估计所声称的损失都不足以对此进行弥补。因而从经济上看，这场仗打得并不划算。

在因南北战争的研究接触到工业化话题后，工业化很快成为戈尔丁的新研究领域。关于这个主题，她和肯尼斯·索科洛夫（Kenneth Sokoloff）完成了一系列论文。其中最具代表性的论文包括《妇女和儿童在美国东北部工业化中的作用：1820—1850》(*The Role of Women and Children in the Industrialization of the American Northeast: 1820—1850*）、《共和国早期的妇女、儿童与工业化：来自制造业普查的证据》(*Women, Children, and Industrialization in the Early Republic: Evidence from the Manufacturing Censuses*），以及《工业化的相对生产力假说：1820年至1850年的美国案例》(*The Relative Productivity Hypothesis of Industrialization: The American Case, 1820 to 1850*）。

虽然在戈尔丁漫长的研究生涯中，关于工业化问题的研究只占了短暂的一部分，但对她本人而言，这段经历最为重要的是，她在研究这个话题时接触到关于女性的问题，而这个问题，则成为她后续持续研究的主题。

女性、事业和家庭

从20世纪80年代起，戈尔丁就将自己的研究重心转到女性问题，尤其是女性在劳动力市场遭遇歧视的关注上。在这个领域，她发表了大量论文，其中具有代表性的包括1987年的《监督成本与性别职业分割：一个历史角度的分析》(*Monitoring Costs and Occupational Segregation by Sex: A Historical Analysis*）、1988年的《1920年代最长工时立法与女性就业：一个重新评价》(*Maximum Hours Legislation and Female Employment in the 1920's: A Reassessment*）、1989年的《已婚女性生命周期内的劳动参与率：历史的证据和含义》(*Life Cycle*

Labor Force Participation of Married Women: Historical Evidence and Implications）、1991年的《二战在女性就业增加中的角色》（*The Role of World War II in the Rise of Women's Employment*）、2000年的《管弦乐器的公正性："盲演"对女性音乐师的影响》（*Orchestrating Impartiality: The Impact of Blind Auditions on Female Musicians*），以及2002年的《避孕药的力量：口服避孕药和妇女职业以及婚姻的决定》（*The Power of the Pill: Oral Contraceptives and Women's Career and Marriage Decisions*）。此外，她还将上述文章中的主要观点收录到专著《事业还是家庭？女性追求平等的百年旅程》（*Career & Family: Women's Century-Long Journey toward Equity*）中。鉴于逐一介绍这些文献较困难，这里将打乱顺序，介绍一下这些研究的主要观点。

百年女性的差别

戈尔丁指出，不同时代的女性对于劳动力市场的参与状况，以及在劳动力市场上的表现是不同的。以美国为例，她按照出生时间，将百年间的女性大学毕业生分为五组，并对她们的特点逐一进行了概括。

第一组女性出生于1878—1897年，并在1900—1920年大学毕业。对于这一组女性而言，成家和立业是一个"二选一"的问题。从统计看，她们中的一半从未生育（或收养）过孩子，而另一半则生育了孩子。在未育的女性中，绝大部分都曾经工作过，而有生育的女性则很少就业。

第二组女性出生于1898—1923年，并在1920—1945年大学毕业。这一组人中较为年长的一批和第一组很像，结婚率极低；其余部分则具有高结婚率，并且初婚年龄较低，还会养育很多孩子。在工作和婚育的选择上，这一组女性表现出了"先立业后成家"的特点，即一开始都会工作，但组建了家庭后就退出劳动力市场。

第三组女性出生于1924—1943年，并在1956—1965年大学毕业。在所有组的女性中，这一组女性内部的相似度是最高的。她们展示了类似的抱负和成就，结婚很早，有孩子的比例很高，大学专业和第一份工作都差不多。如果说第一组女性是成家与立业"二选一"，那么这一组女性就是事业与家庭齐头并进。很多女性即使在养育孩子期间会暂停就业，但在子女长大之后，依然会重回就业市场。

第四组女性出生于1944—1957年，并在1965—1979中期至20世纪70年代末大学毕业。这一组女性的特点是"先立业再成家"。他们比之前的女性更重视自己的职业发展，而对于家庭的重视则相对减少。晚婚、离婚的概率比前面几组女性都要高。

第五组女性出生于1958—1978年，并在1980—1989大学毕业。这组女性吸取了第四组女性过于重视事业而错失家庭的教训，更好地调和了这两者之间的关系。

那么，同样是女性，为什么不同时代的她们会在事业与家庭之间的抉择上具有如此大的差异呢？关于这个问题，不同学科的回答是完全不同的。例如，社会学家会倾向于将这一切归结于社会思潮的变动，政治学家会将这一切归结于女性政治权益的变动，而作为经济学家，戈尔丁则延续了贝克尔的传统，从女性参与就业和进行婚育的成本和收益的角度进行了分析。

劳动力市场的数据显示，男性和女性在劳动力市场上可以获得的回报存在很大差异，或者说，劳动力市场上存在着普遍的女性歧视。如果这种歧视非常强，那么女性参与劳动力市场所能得到的回报将很低，因而从经济角度看，她们与其去工作，倒不如回归家庭。如果这种歧视被消灭了，男女可以在市场上实现同工同酬，那么女性参与就业的意愿就会被激发出来，女性的劳动力参与率也会更高。从这个意义上讲，要解释不同时代女性对事业和家庭权衡的差别，劳动力市场上女性歧视强度的变动是一个非常好的切入口。

贪婪工作与女性歧视

为什么在劳动力市场上会存在女性歧视呢？在戈尔丁之前，主流的解释大约有两种：第一种观点来自贝克尔，这种观点将歧视归结为一种观念，由于雇佣者不喜欢女性，所以即使女性的实际生产率并不输于男性，他们也不愿雇佣女性，而由此带来的经济损失，则会被认为是为"口味"（taste）买单。另一种观点则来自提出教育经济学中著名的"明瑟收益率"（Mincerian Rate of Return）的著名劳动经济学家雅各布·明瑟（Jacob

Mincer）。这种观点认为性别歧视问题可以由人力资本来解释。现实中，由于男女从事的职业是不同的，一般来说男性职业通常有更高的教育要求，而女性职业对教育要求则较低，因此作为补偿，男性的收入就需要高于女性。

那么，上述两种观点哪一种更正确呢？作为一名务实的学者，戈尔丁还是先从数据入手。她经过分析发现，男女之间的收入差异其实更多存在于同一职业内部，而非不同职业之间。因此，明瑟提出的行业间人力资本差异说似乎并不足以解释性别歧视。那歧视是不是来自观念呢？如果这个观点是正确的，那么男女在刚进入职场时，就应该有显著的差异。然而，这一点和数据并不相符。事实上，数据显示，在就业的头几年，男女之间的收入差别并不大。但是在工作10年之后，这种差别就体现出来了。

为什么会出现这样的情况呢？戈尔丁认为，其原因来自男女之间工作特点的差别。众所周知，在职场中，工作是"贪婪"（greedy）的。愿意每天"996"、全天候随叫随到的员工会比只愿意"朝九晚五"规律工作的员工获得更高的报酬。并且，在现实中，"贪婪回报"带来的回报是非线性的。一个员工如果愿意比另一个员工投入多一倍的时间工作，他所得到的回报将会超过后者的两倍。不仅如此，那些愿意更多加班的人还能获得更多的升迁机会，从而得到更大的发展空间。给定这种情况，谁更能胜任"贪婪的工作"，谁就可以获得更高的收入。

那么，男性和女性究竟谁更胜任"贪婪的工作"呢？一般来说，是男性。这是因为，在传统的观念下，女性的性别角色被设定为更为顾家。除了工作，她们需要承担照料子女、处理家务等额外的任务。有了这些任务，女性就很难像男性一样去"贪婪"地加班和打拼。因此，她们的收入和职业前景就受到了限制。

应该说，戈尔丁的这个论断是非常有洞见的。现实中，很多企业在招聘女性员工时，都会问她婚育状况。在同等条件下，几年内没有婚育打算，或者子女已经比较大的女性会比较受欢迎。按照戈尔丁的观点，这就是因为在政府要求同工同酬的情况下，这些女性更容易承担"贪婪的工作"。

技术、制度与女性的崛起

我们理解了性别收入差异及其根源之后，下一个问题就是，究竟是什么力量促使了对女性歧视的消减，以及让女性在劳动力市场上觉醒。

对于美国的劳动力市场，这个问题曾有一个非常流行的答案，是"二战"造成了这一切。其理由很简单：在"二战"期间，大量男性应征入伍，原本只雇佣男性的职位只能雇佣女性。在这种情况下，女性别无选择，只能像男性一样"贪婪"地工作。这一段经历，不仅唤醒了女性意识，也重塑了劳动力市场。在历史课本上，讲到这个观点时，通常还会配上那幅撸起袖子秀肌肉的著名"二战"宣传画，其说服力非常大。

但是，戈尔丁却不像一般人那样轻信这一切。她通过对数据的梳理发现，其实因"二战"带来的女性劳动参与率上升的时间很短，主要集中在1944年之后。并且"二战"结束后，这些女性很快就回归家庭。由此可见，"二战"并没有像人们想象的那样，带来女性意识的全面觉醒，或者说，它的作用只是短暂的。

既然流行的观点并不正确，那么究竟是什么原因造成了女性在劳动力市场上的觉醒呢？在戈尔丁看来，技术扮演了一个非常重要的角色。比如，像洗衣机等家电的发明就让女性得以从很多家务当中解放出来。这样，她们需要在家庭事务上投入的精力就少了，因而也就有更多的时间去参与"贪婪的工作"。而在所有的技术当中，戈尔丁强调最多的则是避孕药。

1951年，匈牙利化学家乔治·罗森克兰兹（George Rosenkranz）和他的同事合作研制出了可抑制排卵的激素炔诺酮。最初，罗森克兰兹是想用这种物质来防止流产。但后来，他很快就发现它对于防止女性怀孕更有奇效。于是，避孕药就这么被发明出来了。1960年，避孕药通过了美国食品药品监督管理局的审批，成为处方药。不久之后，各州又先后放松了对避孕药的使用限制，女性由此可以自行根据需要进行购买。对于女性而言，避孕药的发明意义非常大。这让她们可以在享受性爱欢愉的同时，不再担心意外怀孕，这就在很大程度上促进了性解放的发生。对于劳动力市场来说，避孕药的出现则让女性可以根据自己的意愿掌握是否要孩子，以及什么时候要孩子。

这样一来，女性不仅可以更好地安排自己的职业规划，还可以减少参与"贪婪工作"的顾虑。

对于避孕药引起的"无声革命"，戈尔丁进行了定量的分析。她发现，对于1970年进入大学的女性，由于当时避孕药使用的要求还较为严格，因此她们中的一半在23岁前就已经结婚；而对于1980年进入大学的女性，由于避孕药已经放开，因此在23岁前结婚的比例就下降到1/3左右。对应的，后一组女性的劳动力市场参与度也提升了，劳动的报酬也得到提高。

除了技术之外，戈尔丁认为，制度和法律也是影响女性在劳动力市场的参与度和表现的重要因素。比如，她曾经对美国的"最长工作时间法"进行过研究。在20世纪40年代，美国的很多州出于保护女性权益的考虑，都出台了对女性最长劳动时间的限制。然而，戈尔丁则用数据证明，这种刻意将女性视为弱势群体来保护的法律虽然从短期看确实维护了女性的利益，但从长期看，它对于女性的发展则是不利的。其逻辑也非常直观，这种人为的制度安排事实上固化了女性的弱势地位，从而限制了她们参与"贪婪工作"的机会。从这个意义上讲，后来美国的女性解放在很大程度上是由于这些不合理的管制被取消了。

性别歧视的度量

既然性别歧视问题对于理解女性在劳动力市场上的表现非

常重要，那么一个问题就是：应该如何测度性别歧视？

传统上，经济学家们倾向于用一些定量的方法来对此进行测度。比如，贝克尔曾提出了一个"歧视系数"。它用具有相同劳动力的不同人群间的工资的差别来刻画歧视的状况。比如，假设某雇主讨厌黑人，他雇用一个黑人的工资是w，而雇用一个同样劳动力的白人的工资是w（1+d），那么"歧视系数"d就可以用来刻画他对黑人的歧视程度。简言之，他为了雇用非黑人而愿意支付的溢价越高，就说明他对黑人的歧视越深。另一个更为复杂的测度的测算方法则是"瓦哈卡—布林德分解"（Oaxaca-Blinder decomposition），它借助于对不同群体之间的工资决定方程的回归系数来对收入差异的贡献进行分解，从而那些不能用所有可能的因素（如教育、经验）解释的部分就可以被归纳为歧视。很显然，这部分在总的工资差异中所占比重越大，就说明歧视越严重。

戈尔丁在关于性别歧视的研究中，发明了一种更为直接的做法：让事实自己说话。在和普林斯顿大学的劳斯合作的一篇论文中，他们考察了一项有意思的职业招聘场景：从20世纪70年代开始，美国的交响乐团开始通过"盲演"来挑选演奏者，也就是像《中国好声音》那样，招聘者在看不到演奏者的情况下，仅根据听他们的演奏来决定是否录用演奏者。戈尔丁和劳斯发现，在实行这个制度之后，女性进入复试的概率大约提升了一半，进入最后一轮的概率提升了几倍。他们发现，在这段时期，全美交响乐团中的女性比例上升了大约1/4，而增量中的

1/3可以由"盲演"制度的普及来解释。之所以会出现这样的变化，是由于性别因素被排除了。由此也可以反推，在原来的劳动力市场上，性别歧视究竟有多大。

通过这个研究，戈尔丁不仅为测度市场上的歧视提供了一个新的思路。同时，这也为消除歧视提供了一个可行的思路。

技术和教育的赛跑

在研究女性主题的问题时，教育问题是很难回避的，这是因为对于劳动者而言，教育是一个非常重要的收入决定因素。因而，在专注于女性主题的同时，戈尔丁也顺带成为一名出色的教育经济学家。在数十年的研究生涯中，她曾有大量的论文对教育问题进行了探讨，比如在《美国的中等教育毕业生：20世纪中等教育的演变与普及》（*America's Graduation from High School: The Evolution and Spread of Secondary Schooling in the Twentieth Century*）一文中，就对美国中等教育的发展历程及影响进行了详细的解读，而和劳伦斯·凯兹合作的《美国高等教育的形成：1890—1940》（*The Shaping of Higher Education: The Formative Years in the United States, 1890 to 1940*）一文则着重探讨了美国高等教育的发展史。

在她众多关于教育的论述中，最为著名的是她和凯兹在2008年出版的著作《教育和技术的竞赛》（*The Race between Education and Technology*）中提出的观点。在这部著作中，他们对教育、技术,以及收入不平等之间的关系进行了一个有趣的概括。

具体来说,他们认为:当人们接受更多的教育后,其劳动力将会提升,由此经济也会出现增长。当然,这里对教育的强调并不是说教育只是经济增长的唯一因素,事实上他们对于政府治理、产权保护等因素也极为强调。

在承认了教育对增长的作用之后,他们指出教育与技术的发展之间存在一种辩证关系——教育的发展也能够带动技术的进步。反之,技术的发展将会对教育提出要求,因而会让社会产生出更多受过教育的人。

值得注意的是,在技术的进步面前,教育程度不同的人得到的收益也是不同的。一般来说,相比于受过较少教育的人来说,受过更多教育的人的工资会更高。不仅如此,由于受过更多教育的劳动力总是相对稀缺的,他们和受教育较少的人之间的工资差异将会不断加大。因此,如果不同层次教育水平的相对比例保持不变,那么伴随着技术的进步,人们之间的工资就会变得更加不平等。但是反过来,如果教育可以更为普及,更多的人都可以用同样的机会来公平地获得高质量的教育,那么技术的进步不仅不会让不平等扩大,而且会让不平等缩小。根据这个理论,教育的普及就不仅仅像传统理解的那样,只是一项对促进经济增长有效的政策,同时,它也会成为调节收入分配的重要手段。

戈尔丁和凯兹对整个20世纪的美国经济增长,以及不平等状况进行了考察。他们发现，这两者之间的关系并不是一致的。总的来说，在前70年中，伴随着经济增长，不平等出现了下降，而在后20多年中，经济增长的同时却出现了不平等的上升。

为什么会出现这种状况呢？戈尔丁和凯兹用自己的"教育和技术竞赛"理论对此进行了解释。认为之所以在20世纪前期，经济增长会削减不平等，是由于教育的普及，这使得人们的受教育水平足以赶上技术增长的步伐，从而让多数人都可以从容应对新技术带来的挑战。而在20世纪后期，与经济增长同时出现的不平等上升则是由于教育难以跟上技术发展的步伐，使得只有一小部分人可以从技术的发展中受益。

对现实问题的探讨

如今，戈尔丁已经近80岁了。按照正常的职业安排，她这样功成名就的人物早应该安享晚年，含饴弄孙了。但作为一名学者，她却一直没有放弃对现实的关注。当各种新问题出现后，她总是十分敏锐地将它们和自己的研究结合起来，看看这究竟会对自己关注的女性群体产生什么影响。

她关注的一项问题是新冠疫情。在论文《理解"新冠"对妇女的经济影响》(*Understanding the Economic Impact of COVID-19 on Women*）中，她探讨了新冠疫情可能对女性劳动力参与度的影响。在她看来，新冠疫情可能造成更多的家庭成员需要看护，而从性别分工的角度看，这些任务天然会被安排给女性。从这个角度看，疫情对于女性群体的打击可能会比男性群体更大。因而，在政策上，也应该给女性更多扶持。

此外，她还对老龄化问题进行了关注。目前，老龄化已经成为全世界共同关注的问题。面对老龄化的挑战，很多经济学家开出的"药方"是鼓励生育，用更多新生的人口来对冲人群的衰老。对于这种观点，戈尔丁并不认同。她在一次访谈中表示，这样只会让女性被更多地束缚在家庭工作上，从而让劳动力市场上的男女不平等表现得更厉害。相比这个方案，她个人更倾向于消除男女在退休时间上的差异。她指出，很多受过高等教育的女性其实完全有能力，并且有意愿工作更长的时间，但是退休制度却限制了她们。如果可以放开对劳动力市场上这"半边天"的退休限制，老龄化问题将可能得到很大程度的缓解。

平衡事业与家庭

在读完了关于戈尔丁的上述介绍后，一定有朋友会问：戈尔丁为女性奔走呼号了数十年，并一直致力于让女性可以在事业和家庭之间进行平衡，那么，她自己做到这一切了吗？她的人生幸福吗？关于这两个问题，答案都是肯定的。

虽然在事业上，戈尔丁是一名"贪婪"的工作者，但与此同时，她并没有耽误自己的爱情和家庭。在担任NBER系列报告的主编期间，她因工作原因结识了小她13岁的劳伦斯·凯兹。然后，他们开始相爱、约会，并最终跨越年龄的界限走到了一起。在一个访谈中，戈尔丁曾经向记者追忆过这段岁月，并十分幸福地说，在她和凯兹之间，有一个暗号，将"国家经济研究局"称为"国家经济浪漫局"。现在，她和凯兹都是哈佛大学的教授，每天一起生活、一起工作——从这个角度看，他们似乎已经找到了平衡事业与家庭的好办法。

延伸阅读

[美]克劳迪娅·戈尔丁，《事业还是家庭？》，中信出版集团，2023年7月。

[美]克劳迪娅·戈尔丁、[美]劳伦斯·凯兹，《教育和技术的竞赛》，商务印书馆，2015年7月。

第四部分

前沿的发展

从现实中来,到生活中去

戴维·卡德（David Card, 1956— ）

乔舒亚·安格里斯特（Joshua D. Angrist, 1960— ）

吉多·因本斯（Guido Imbens, 1963— ）

阿比吉特·巴纳吉（Abhijit Banerjee, 1961— ）

埃斯特·迪弗洛（Esther Duflo, 1972— ）

迈克尔·克雷默（Michael Kremer, 1964— ）

托马斯·皮凯蒂（Thomas Piketty, 1971— ）

丹尼尔·卡尼曼（Daniel Kahneman, 1934—2024）

马克·格兰诺维特（Mark Granovetter, 1943— ）

格里高利·曼昆（N. Gregory Mankiw, 1958— ）

卡德、安格里斯特、因本斯：

求索经济中的因果

戴维·卡德
David Card, 1956—

加拿大裔美国劳动经济学家,加州大学伯克利分校经济学教授,获得2021年诺贝尔经济学奖。

乔舒亚·安格里斯特
Joshua D. Angrist, 1960—

以色列裔美国经济学家,麻省理工学院福特经济学教授,获得2021年诺贝尔经济学奖。他的主要研究方向为教育经济学和学校改革;社会项目和劳动力市场;移民、劳动力市场调控和制度的影响;以及用于项目和政策评估的计量经济学方法等。他的主要作品有《基本无害的计量经济学》《精通计量》。

吉多·因本斯
Guido Imbens, 1963—

荷兰裔美国经济学家,斯坦福大学商学院经济学教授,获得2021年诺贝尔经济学奖。他的研究方向为计量经济学,包括因果关系、程序评估、识别、贝叶斯方法、半参数方法、工具变量。

北京时间2021年10月11日18点，2021年诺贝尔经济学奖得主揭晓。经济学家戴维·卡德、乔舒亚·安格里斯特和吉多·因本斯共同获得这一奖项。和往年惯常的三位获奖者以相同比例分享奖项不同，根据诺贝尔经济学奖评委会的决定，卡德因其"对劳动经济学实证研究性的贡献"而获得了一半的奖项；而安格里斯特和因本斯则因"对因果关系分析的方法学贡献"而分享另一半的奖项。

不过，虽然诺贝尔经济学奖评委会专门区分了三位获奖者的贡献及获奖比例，但事实上，这"三剑客"的研究是有很多交叉的。卡德虽然是做劳动经济学的，但他用的方法主要是因果推断；而虽然安格里斯特和因本斯的获奖理由主要是因果推断，但他们也都在劳动经济学的问题上有所探究。从这个意义上讲，如果我们说这次诺贝尔经济学奖其实就是颁给因果推断的，似乎也没有什么大问题。

那么，因果推断作为一种计量方法，究竟对经济学有什么重要意义？在现在的经济学领域，究竟有哪些重要的因果推断方法，它们又是如何被应用的？此次获得诺贝尔经济学奖的三位究竟在因果推断领域做出了哪些贡献，又会对经济学未来的发展产生怎样的影响？对于所有这些问题，就让我们娓娓道来吧。

因果研究简史：从亚里士多德到鲁宾

作为万物的灵长，人类天性当中就包含了对因果关系的好奇。当看到一个新事物的时候，人们总是会不禁发问："这东西为什么会这样？它背后的原因到底是什么？"比如，在战国时期著名诗人屈原的长诗《天问》中，就围绕天地万物运行的因果关系一口气提出了170多个问题。

在古人看来，因果关系是神圣的，具有极高的价值。据说，曾经有人问过古希腊哲学家德谟克利特，因果关系到底有什么价值。这位哲人的回答是，对他来说，一个因果关系的价值要胜过一个波斯的王位——尽管这个回答出自一位哲人之口，但它确实也在一定程度上道出了因果关系在人们心中的重要地位。

由于因果关系对人们来说是如此重要，因此至少从2000多年前开始，人们就已经开始了对因果问题的相关理论探究。例如，亚里士多德在其著作当中，就曾经提出了著名的"四因说"，把事物的原因分为了"形式因""质料因""动力因"和"目的因"，并提出了用枚举和归纳来推测因果的操作方法。到了文艺复兴时期，弗朗西斯·培根等学者则开始用归纳法来分析事物的因果。随后，约翰·穆勒则在自己的著作《逻辑体系》（*A System of Logic*）[①]中对通过归纳确定因果关系的思路进行了详细的论证，并提出了五种分析因果关系的方法。后来，这五

[①] 严复曾经翻译过这本书，题目为《穆勒名学》。

种方法被学界统称为"穆勒五法"。由于穆勒本人是古典经济学的重要代表人物，因此经济学界或许有权宣称早在19世纪时，经济学人已经开始了对因果问题的研究。

不过，和穆勒的讨论相比，现代经济学意义上的因果关系还是有很大不同的。如果说，在穆勒时代，因果推断更多是一种基于哲学的探索，那么现代意义上的因果推断则更多是一种统计上的努力。

在现代经济学中，曾经有两个和因果相关的理论先后受到了人们的重视。

前一个理论是所谓的"格兰杰因果"（Granger Causality）理论。这种因果理论关注的是两组时间序列之间的关系。例如，我们观察了几十年的收入和消费数据，发现收入的变化可以从统计上解释消费的变化，但反过来不行，那我们就可以说收入是消费的原因，但反之不然。需要指出的是，尽管"格兰杰因果"理论帮助其提出者克莱夫·格兰杰（Clive W. J. Granger）斩获了2003年的诺贝尔经济学奖，并且其在现实当中也有很多应用，但关于"格兰杰因果"究竟能不能属于真正意义上的因果关系，学界是一直存在争论的。并且随着计量技术的发展，"格兰杰因果"已经在学界被逐渐边缘化。

后一个理论则是由统计学家唐纳德·鲁宾（Donald B. Rubin）提出的基于干预效应（Treatment Effect）的因果推断理论。从思想上看，这一理论的源头则至少可以追溯到20世纪前半期的著名统计学家耶日·内曼（Jerzy Neyman）。

1923年，当时还是华沙大学博士生的内曼就对因果问题进行过考虑。在他看来，所谓的因果关系，应该基于一种"干预"（treatment）进行前后被干预对象表现的差别。比如，一亩地如果不使用化肥，可以产粮500斤；如果使用化肥，可以产粮800斤，那么中间差的300斤就是使用化肥这个"干预"所产生的因果效应。不过，这里就产生了一个问题：从理论上讲，要看一个因果关系的大小，就应该看同一亩土地在施肥这个现实状态和不施肥这个反事实（counterfactual）状态下的产量对比。但是，一亩土地怎么可能比较这两种状态呢？显然这就存在一个悖论。内曼提出的一个方案是，可以用对照实验来解决这个问题。比如，可以选择1000亩土地，随机地把它们分成两组，把其中的一组视为"干预组"（treatment group），另一组作为"对照组"（control group）。对于"干预组"的土地，都施用化肥，而对"对照组"的土地，则什么也不做。最后，研究者只需要对比"干预组"和"对照组"的平均亩产量，就可以得到最终的因果效应。

应该说，内曼的方法十分有建设性。事实上，他的方法提出后，就立即被很多学科采纳了。甚至在一直被认为不能进行实验的经济学领域，也催生出了实验的方法，而采用实验方法的迪弗洛和巴纳吉，也已经在2019年获得了诺贝尔经济学奖——关于这段故事，我们会在后面的文章中进行介绍，在此不再赘述。

需要说明的是，尽管实验的方法可以在很多条件下帮助我们识别因果效应，但是在很多情况下，实验根本无法进行。比如说，如果我们要分析某种食物的致癌性，那么从理论上讲，最好的办法就是找一个"对照组"和一个"实验组"，让一组人吃这种食物，另一组人则不吃这种食物，然后比较这两组人的癌症患病率。但是，除了极少数的科学狂人之外，恐怕没有人会同意这个方案，因为它实在是违背了伦理。换言之，在现实当中，是否接受"干预"很难是一个随机现象。在这种条件下，直接比较两组人的表现就不再能直接表达出因果效应。以吸烟和癌症为例，有一种理论就认为，有些人之所以爱吸烟，就是因为含有某种基因，而这种基因本身就能让人更容易得癌症。因此，表面上看起来是吸烟导致的高致癌率，其实是这种基因所引起的。

基于以上原因，鲁宾在分析因果问题的时候，并没有沿用内曼所建议的实验方法。不过，他保留了内曼关于因果效应的定义，认为它应该被定义为"干预"之后的实际状态与没有进行"干预"的"反事实"状态之间的区别。那么，怎样才能计算出这两种状态之间的差别呢？他给出的方案是，如果可以创造一种环境，在控制一些因素后，让是否接受"干预"可以成为一种随机的事件，那么就可以通过比较"干预组"的平均表现和"对照组"的平均表现来获得因果效应了。或者更为通俗地说，尽管在现实当中，有时候我们没法进行实验，但是如果可以设法模拟出一个类似的随机实验环境，那么内曼的结论就依然是适用的。比如，如果我们可以找到两组人，通过一定的分析，认定他们从事前看选择吸烟和不吸烟的概率是相同的，那么，我们就可以通过比较这两组人的癌症发病率来推断因果效应了。

鲁宾的因果推断框架一经提出，就立即引起了很多学科的重视。而经济学界显然是受到其影响最深的领域之一。在鲁宾之后，"因果推断"开始逐渐占领了经济学专业杂志，随后又开始逐渐占领了教科书，进而成为显学。

因果推断的"五把剑"

现在鲁宾已经为因果推断的研究提供了必要的概念和框架，剩下的问题就是如何才能将这个框架进行应用。换言之，就是如何去创造一个"干预组"和"干预组"独立于其他各种因素的环境。从现有的文献看，目前经济学家们比较常用的方法主要有五种：

第一种是"倾向性得分匹配"（Propensity Score Matching）。这种方法的提出者，就是鲁宾和他的合作者保罗·罗森鲍姆（Paul R. Rosenbaum）。

这种方法的思路很简单，就是如前面说的，直接从"干预组"和"对照组"当中找出两组人来，保证他们事前选择接受干预的概率相同，然后对其表现进行比较。

具体来说，我们可以考虑两组人的各种特征对于是否接受"干预"的影响。比如，一个人是不是抽烟取决于很多因素，例如年龄、性别、财富、地位、工作等。利用统计学的方法，我们可以把每种因素的影响大小计算出来，最后就可以计算出每个人吸烟的概率。随后，我们就可以把"干预组"和"对照组"当中概率近似的人分别放在一起进行比较。比如，在两组人当中，都有一部分人从事前看有70%的概率可能吸烟，从事后看，确实吸了烟的人癌症患病率是3%，而没有吸烟的人的患病率是1%，那么这一批人当中，吸烟对癌症发病率的因果作用就是2%。研究者可以重复以上过程，把所有参与实验的人都进行一个对比，得到很多组差值，最后把这些差值进行平均，就得到了我们所要的因果效应。

第二种方法是回归分析（Regression Analysis）。如果要详细考察回归的历史，我们至少可以追溯到达尔文的表弟法兰西斯·高尔顿（Francis Galton）。事实上，正是一些不被他自己看好的研究催生了现代统计学中的一个重要工具——回归。

要用纯文字介绍回归并不很容易，但大致上讲，它可以被描述为一个求解条件均值的问题。举例来说，假如我们要对一个地区的房产价格及其影响进行分析。影响房产的因素很多，如地段、楼层、户型、面积等。但作为研究者，我们希望确切地知道，如果给定其他因素不变，其中的每一个因素究竟是怎么影响房价的。或者更为具体地说，我们希望把房价表示成一个由各种因素影响的公式，在每个因素前面，都有一个数字，它们都可以表示给定其他因素不变，这个因素对于房价有多大的影响。得到这个公式的步骤，就是回归。

在统计当中，实现回归的方法很多，最常见的就是所谓的"最小二乘法"。很显然，如果我们所考虑的每一个因素都是一个外生给定的量，而不受其他隐藏条件的影响，那么回归就可以很好地控制那些无关紧要的因素，通过观察我们关注的因素前面的系数，就可以得到鲁宾意义上的因果效应。

第三种方法是所谓的"工具变量法"（Instrumental Variable Method）。这种方法是用来干预所谓的"内生性"（endogeneity）问题的。

如前所述，在鲁宾的分析框架当中，要求在控制了各种变量后，"干预组"和"对照组"在事前接受干预的概率是相同的。但在现实当中，干预变量很可能受到某些不能观察的因素的影响，因而即使控制了所有可以观察的变量，我们也很难构造出满足鲁宾模型所有要求的条件。这时，我们就可以引入工具变量来进行干预。

举个最简单的例子，需求曲线可能是经济学家最为津津乐道的模型了。需求曲线是一个再简单不过的模型，它只是需求量和意愿支付价格之间的关系，而一旦有了这个模型，经济学家就可以各种"一顿操作猛如虎"，得到很多结论。但是，问题在于有人能确切说出一个市场上的需求曲线是什么样的吗？有人可能说，这个不难啊，我们不是有市场的历史数据吗？把所有时期的数据找来，看一下每一个时期价格和市场销量的关系，用回归得到一个公式不就行了吗？但这显然是有问题的。原因很简单，在现实当中，我们看到的每个时期的销量都是供给和需求共同作用的结果，因此，我们就很难简单地把市场上的销量视为需求量。为了把需求分离出来，我们就必须分离出供给的影响。

那么，怎么从市场的销量当中分析出供给的影响呢？一个方法，就是寻找一个只会影响供给，而不会影响其他因素的变量，用它的变化来推测供给的变化。比如，在渔业市场上，鱼的供给量是和天气变化密切相关的，因此我们就可以通过统计来得到这种关系。如果我们知道了每一个历史时刻的天气状况，就可以推测出每一个时间的供给曲线。如果我们熟悉供给模型，就可以知道，随着供给曲线的外生移动，它会和需求曲线交出一个个的点。而通过这些点，我们就可以识别出需求曲线中价格和需求量之间的关系，而借助这个模型，就可以知道每一单位需求量对于消费者意愿支付的因果影响。在这个例子中，天气只会通过供给来影响销量，因此它就是本模型当中的一个工具变量。工具变量是来自原模型之外的，但借助它，我们就可以看清模型内部的关系。

值得一提的是，在所有常用的因果推断方法中，工具变量法可能是唯一一个由经济学家原创的。之所以说是"可能"，是因为这个方法的提出者据说是一位名不见经传的经济学家菲利普·莱特（Philip Wright），他专注于研究植物油的关税这一较为小众的领域。而碰巧的是，他的儿子斯威尔·莱特（Sewall Wright）却是一位鼎鼎大名的统计学家，所以究竟这个方法是父子两人中的哪一个提出的，本身就成了一桩"悬案"。据说，最近有一些文献计量学家们通过研究表明，菲利普·莱特是提出者的可能性更大。如果这个结论为真，那么经济学家就多少可以松一口气，不至于在高举"经济学帝国主义"大旗的同时，惊讶地发现自己完全被别的学科殖民了。

第四种方法是所谓的"倍差法"，或者"双重差分法"（Difference in Differences Method）。从某种意义上讲，这种方法其实是对控制实验法的一种拓展。如前所述，如果想从一个控制实验当中识别出因果关系，那么就需要保证"干预"选取的随机性，也就是要让"干预组"和"对照组"的表现在事先是没有差异的。但是，在现实中，干预很难做到这么随机，"干预组"和"对照组"的事先表现总会有一定的差异。在这种情况下，怎么识别因果关系呢？一个办法就是，分别记录下干预发生前后"干预组"和"对照组"的两次差值，然后用干预后的差减去干预前的差。如果在干预前后，这两组对象之间差值的变化仅仅来自干预活动的话，那么这个"差值的差"就是干预所带来的因果效应。

最早发现并应用"倍差法"的是英国的公共卫生学家约翰·斯诺（John Snow）。早在19世纪，他就用这个方法研究了饮水质量和霍乱之间的关系。当时，他猜测饮用水的不清洁很可能是导致霍乱的一个重要原因，但却很难找到证据。更巧的是，一个"自然实验"的发生为他研究这个问题创造了条件。当时，伦敦的饮用水是由两个水厂供应的，而其中的一个水厂正好发生了搬迁，从一个水质较差的地区搬到了一个水质较好的地区。斯诺就利用这个自然实验的机会，记录下了搬迁前后两个水厂供水地区的霍乱发生率，并计算了相应的双重差分。通过分析，他就得到了水质和霍乱发生率之间的因果关系。

第五种方法是所谓的"断点回归设计"（Regression Discontinuity Design）。这个方法最早是由心理学家坎贝尔（Donald T. Campbell）和西斯尔维特（Donald Thistlethwaite）共同提出的。这个方法的要义是：一个干预的发生与否，是和某一个指标的断点相关的。这时，我们只需要比较一下这个断点两边对象的相关表现就可以得到因果关系。

例如，我们是不是能上大学，能不能上重点大学，主要就是看分数。假设在某一年，高考录取线是500分，那么这个分数之上的人就可以上大学，而低于这个分数的就不能上大学。但是，我们知道在现实中，高考分数是有很强的随机性的，考501分的人和考499分的人，水平很可能是难分伯仲的。因此，把断点两边的人对照起来看，我们就创造了一个近似的控制实验环境。如果我们对上大学的教育回报率感兴趣的话，只要比较一下这两个群体的收入，就可以找到答案了。

有了倾向性得分匹配、回归、工具变量法、倍差法，以及断点回归设计这五把"利剑"，经济学家就可以在实践中将鲁宾的因果推断框架切实落地了。而在应用和发展这些工具的经济学家当中，这次斩获诺贝尔经济学奖的"三剑客"毫无疑问都是其中的佼佼者。

戴维·卡德：为哈佛大学打官司的经济学家

2014年，美国知名学府哈佛大学遭遇了一场飞来的官司。维权人士布卢姆经营的非营利组织学生公平录取联盟（Students for Fair Admissions，简称SFFA）提起诉讼，指控哈佛大学涉嫌种族歧视，并故意压低亚裔美籍学生的录取数量。布卢姆指出，哈佛大学在招生过程中过度使用了"种族平衡"策略，并根据种族设立了录取配额。依据美国最高法院裁决案例，这被判定为违反宪法的种族歧视行为。

如果一旦指控成立，哈佛大学就可能招来高额的处罚，可谓兹事体大。为了维护学校的声誉，哈佛大学不得不认真应战。要打官司，当然要提供相应的证据，而要打这样一场涉及歧视的官司，哈佛大学就需要找一位具有足够资质的专家来论证，看似压低亚裔数量的行为其实是可以用某些因素解释的，并没有涉嫌歧视。但是，这个论证应该请哪个专家来完成呢？很多人认为，哈佛大学本身就是经济学重镇，有大量著名的经济学家，这个重任应该是由本校的某个学者来完成吧。但出人意料的是，哈佛大学最终请来了加州大学伯克利分校的戴维·卡德，也就是此次诺贝尔经济学奖的第一位"剑客"来担任专家证人。卡德也确实不负众望，写出了一份近200页的报告，对哈佛大学招生的合理性进行了全面的论证，并用经验证据对布卢姆进行了有理有据的驳斥。法院后来对这个案件作出判决，法官认定，在招生过程当中，哈佛大学并不存在原告所指控的歧视现象。哈佛大学能得到这个结果，卡德可以说是功不可没。

或许有人要问，哈佛大学是一座名校，为什么放着本校这么多知名教授不请，非要专门去请卡德出山？我想，原因可能有两个方面：一是哈佛大学本校的老师毕竟有利益冲突，要避嫌；二是对于这类案件，卡德或许本来就最适合作为专家证人。事实上，如果要讨论歧视等劳动力市场的问题，哈佛大学还真可能找不到能和卡德匹敌的学者。

卡德1956年出生于加拿大，1978年在加拿大皇后大学获得学士学位，1983年获得普林斯顿大学的经济学博士学位，毕业后就进入芝加哥大学任教。此后，他先后辗转于普林斯顿大学、哥伦比亚大学、哈佛大学等顶尖学府，并最终"落户"伯克利大学，随后执教至今。从研究领域上看，卡德是一位标准的劳动经济学家。在劳动经济学的重大问题，比如最低工资、教育回报、移民，以及歧视等问题上，卡德都颇有建树。1995年，他曾经因自己在劳动经济学领域做出的贡献，获得过有"小诺贝尔奖"之称的约翰·贝茨·克拉克奖。

在卡德所有的研究当中，最为有名的一个应该是他和已故的经济学家艾伦·克鲁格（Alan Krueger）合作的关于最低工资的研究。在经济学界，最低工资制度一直饱受争议。尽管最低工资的倡导者们一直强调这个制度可以为劳动者提供必要的保障，但很多持自由放任观点的学者却一直对此表示反对。比如，在华人世界非常著名的张五常教授就一直将最低工资和劳动合同法斥为是恶法，并呼吁废除它们。为什么放任派的经济学家这么反对最低工资制度呢？原因是他们认为，这可能带来失业率的增加。其逻辑很简单：当最低工资增加时，一部分企业就需要以更高的成本来雇佣员工，这就会让它们减少雇佣。最终，市场上的劳动力需求减少了，这个减少就会带动失业的增加。根据这个逻辑，最低工资虽然可以保障一部分人的权益，但是它事实上是以牺牲其他人的就业权益为代价的，从社会整体的角度看，它可能是不合算的。

尽管经济学界围绕着最低工资问题争论了很长时间，但在大多数时候，相关的争论都停留在理论层面。而现实中的最低工资究竟会不会产生人们所担忧的提升失业率的后果，这一点其实一直都不能被证实或者证伪。为什么呢？其实这就回到了我们前面讲的因果推断问题。从理论上讲，实施最低工资法，就是对一个地区劳动力市场的一次干预。如果要考虑这个干预给劳动力市场带来的影响，最好的办法就是比较有干预的现实情况和没有干预的"反事实"情况，但显然，这两种情况不可能同时存在。

因此在现实中，所谓的经验研究也只能根据某个地区的最低工资法出台前后，就业率的变化来提供一些相关的证据。但很显然，这些证据是不能令人信服的，因为在干预发生前后，有很多因素都变了，它们都可能影响就业率，其中最低工资的影响到底有多大，可能谁也说不清。直到卡德和克鲁格的研究出现，这个问题才得到了一个比较确定的解答。

卡德和克鲁格的研究是基于一次"自然实验"，利用"倍差法"完成的。1990年初，新泽西州的最低小时工资从4.25美元提高到5.05美元，但与此同时，与新泽西州相邻的宾夕法尼亚州则没有进行相应的调整。在这种情况下，新泽西州和宾夕法尼亚州的劳动力市场就分别构成了"干预组"和"对照组"。卡德和克鲁格分别搜集了新泽西州的最低工资法出台前，两州的快餐店雇佣状况，以及其他一些劳动经济学家们关心的变量。很显然，由于两州的情况是有差别的，因此这些变量在事先就有一定的差异。但在新泽西州的最低工资法出台后，这个差异就发生了变化。根据我们在上一节中的讨论，这个"差值的差"，就可以视为由最低工资法所带来的因果效应。

卡德和克鲁格发现，最低工资法的实施让新泽西州快餐店的平均工资显著增加了，但与此同时，它并没有带来显著的失业率上升。这个证据表明，最低工资法可能带来的负面影响，或许要比理论预计来得小得多。由于这个发现在相当程度上违背了当时劳动经济学家们的共识，因此即使卡德和克鲁格本人也对此表示了惊奇。随后，他们又进行了一系列的研究，试图找出这种"异常现象"的原因，并得出了几种可能的解释：一种解释是，当企业遭遇最低工资制度后，可以通过更高的价格将增加的成本转嫁给消费者，因此它们并没有必要减少雇佣。另一种解释是，如果有企业主导了一个地区的劳动力市场，那么它就可以利用市场力量将工资保持在最低水平。此时，最低工资的增加就会激励更多的人参加工作，从而造成劳动力供给的增加。在供求两方面因素的综合作用之下，最终的均衡就业数量就可能是上升的。

在卡德和克鲁格的以上研究发表之后，立即在经济学界引起了震动。其原因，有一部分是它动摇了最低工资有负面影响这个劳动经济学领域的长期认识，但更重要的是这个研究引入了一次方法的革命。从此之后，"倍差法"这个在公共卫生领域已经被使用了200年的方法终于进入了经济学，即使有学者要再和卡德争论最低工资问题，恐怕也不得不采用类似的办法了。

卡德的另一个研究是关于移民的。众所周知，美国是一个移民国家，但移民问题在这个移民国家却是十分敏感的。很多美国人认为，新移民的到来，会带来很多负面的影响。例如，他们可能挤占本地的劳动力市场。在现实中，类似的观点对美国的联邦和州政府的决策都产生了很大的影响，但问题是，这些关于移民影响的直观认识究竟是不是真的呢？在很长时期内，似乎也没有什么确切的答案。

卡德采用这种方法考察了移民对本地劳动力市场的影响，由于移民可能影响的主要是本地的低教育水平劳动力，所以卡德将关注点主要集中在了他们身上。结果发现，尽管迈阿密市的劳动力供应大幅增加，但其对受教育程度低的迈阿密居民没有负面影响。与其他地区相比，工资没有下降，失业率也没有增加。很显然，这个发现打破了很多人对于移民问题的传统认识。

卡德的另一项重要研究来自教育质量的回报。长期以来，教育质量究竟会给受教育者带来怎样的影响，一直是一个备受争议的问题。一些人认为，教育质量会对人的发展产生长期的影响，而另一些人则认为，即使教育质量的短期影响是存在的，这种影响也会随着时间衰退。但是，如果想要对以上这个争论进行实证考察，却会面临很大的困难。第一个困难是，人们所说的"教育质量"究竟是什么？它究竟能用什么指标来进行量化？第二个困难是，在研究收入和教育的关系时，可能遭遇严重的内生性问题。具体来说，一个有钱人家的孩子很容易进入好的学校，但他们即使不去好的学校，也会比一般人家的孩子更容易找到工作，赚到更多的钱。因此，我们即使看到有人上了好学校，然后找了好的工作，也不能在上好的学校和找到好工作之间建立因果关系。除了以上两个困难之外，由于教育和人的职业发展之间存在着很大的时间间隔，其中会发生很多事情，这也会对相关的研究结果产生很大的影响。

为了克服以上困难，卡德和他的合作者克鲁格一起做了很多的工作。为了防止陷入空谈，他们先是将教育质量量化为了学生与教师的人数比、学期长度，以及教师平均工资等指标，并构造了相应的数据库。为了排除其他因素的影响，他们将关注点主要集中在处于同一劳动力市场，种族、收入水平一致，但接受教育的时间、地点不同的工人之间收入的变化。通过前面的讨论，我们很容易知道，他们的这种努力，其实是在努力构造一个模拟的实验场景，以尽可能消除除了教育质量之外，其他因素对人们的长期收入的影响。通过一系列的研究，他们发现，学校资源不仅可能对人的未来产生影响，而且其效应是十分显著的。在同一个劳动力市场的类似工人当中，那些接受过更高"教师密度"教育的人，将在未来取得更高的收入。

值得一提的是，虽然卡德对于劳动经济学的贡献是毫无疑问的，但他的很多研究事实上是和克鲁格一起完成的（事实上，安格里斯特的很多研究也是和克鲁格合作的）。如果不是克鲁格前几年因为自杀身故，那么他应该有很大概率会和卡德一起获奖。

安格里斯特：功夫经济学家

我们的第二位"剑客"是乔舒亚·安格里斯特。他于1960年出生于美国俄亥俄州，是以色列裔。1982年，22岁的安格里斯特以优异的成绩从美国最好的文理学院之一——欧柏林学院（Oberlin College）毕业。此后，他进入普林斯顿大学深造，并先后于1987年和1989年获得该校的硕士和博士学位。毕业之后，安格里斯特曾先后任教于哈佛大学和以色列的希伯来大学。从1994年开始，他受聘于麻省理工学院，直至今日。作为一名经济学家，安格里斯特曾经获得过很多荣誉。2011年，他曾经获得过冯·诺伊曼奖，而在2013年，他则被汤森路透公司评为"引文桂冠奖"[1]。

---

[1] 这是汤森路透通过专业分析，对全球范围内可能摘取诺贝尔奖的最具影响力的研究人员所颁奖项。——编者注

在这一届诺贝尔经济学奖的三位得主当中，乔舒亚·安格里斯特可能是知名度最高的一位——至少在中国，应该是这样。他不仅因为曾多次来华讲学而闻名，更是因为他和皮施克合著的两本关于因果推断的教科书——《基本无害的计量经济学》(*Mostly Harmless Econometrics*)和《精通计量》(*Mastering Metrics*)都已经成为经济学系的学生们学习这一领域的最重要参考书。从这两本书的文字当中，我们可以看出，他在业余生活中是小说《银河系搭车客指南》的忠实读者，以及一名中国功夫迷（"基本无害"是《银河系搭车客指南》一书中的主线，而在《精通计量》一书当中，他则把学习计量经济学比作修习功夫，并用了大量《功夫熊猫》中的主题）。由于安格里斯特学术水平过硬，又有一个有趣的灵魂，所以在学生中口碑甚好。在中国学生圈里，很多人都喊他"安神"。

如果用一句话概括安格里斯特的学术生涯，那就是关于因果推断方法的各种使用。事实上，在我所能想到的安格里斯特的论文当中，几乎都是用因果推断来分析各种各样的问题的。而且和很多经济学家不同，他在使用这些方法时，总能别出心裁，玩出新意。从研究议题看，安格里斯特的主要领域还是集中在劳动经济学，尤其是和教育相关的议题，更是他关注的重中之重。下面我们就挑几个例子，详细地介绍一下安格里斯特究竟怎么下功夫，把研究变得更有趣。

第一个例子是教育回报率的研究。"多读书到底可以带来多大的回报？"在劳动经济学领域，这是一个老生常谈的问题。

早在20世纪70年代，教育经济学家明瑟就对这个问题进行过大量的探究，并提出了著名的"明瑟收益率"（即多受一年教育所能带来的收入增加）的概念。当时，受到计量工具的限制，明瑟的研究大多是直接采用回归的方式进行的，即在控制了工作经验及其他一些变量之后，直接看教育对收入的影响。但是，通过前面的讨论，我们知道，这种研究思路有着严重的内生性问题。

在现实当中，一个人受教育多一点还是少一点，并不是一个外生给定的变量，相反，它会受到很多难以度量的因素的影响。例如，一个家庭对于教育的重视程度就可能影响孩子的受教育水平，而这种影响因素是很难形成可见的度量值，因此在回归当中也就很难被控制。既然这些因素都不能被控制，那么鲁宾模型所要求的实验环境就很难达到，我们也就很难通过简单的回归来进行因果识别。

面对类似的问题，应该如何进行处理呢？一个很直接的方式就是找一个工具变量，它是一个外部的变量，只能对受教育时间产生影响，但不直接影响收入。如果找到了这样一个变量，我们就可以借助前面介绍的"工具变量法"来对这个问题进行分析。但问题是，究竟上哪里去找这样一个工具变量呢？这样的问题当然难不倒安格里斯特。在和克鲁格合作的一篇论文当中，他找到了一个神奇的工具变量——人们的生日。

为什么生日能作为受教育时间的工具变量呢？其根本原因就来自美国的义务教育制度。根据美国的义务教育法，所有年满6周岁的学龄儿童，都必须在该年的9月份入学接受教育。并且只有当年满16岁的时候，学生才有权选择辍学离开学校。在这个规定之下，就产生了一个问题：出生时间不同的孩子，入学年龄和受教育的时间很可能是不一样的。一般来说，一个孩子如果出生的月份早，那么他在入学的时候，平均年龄就会比较大；而如果出生的月份比较晚，其入学时的平均年龄就会比较小。具体来说，如果孩子出生在第一季度，他们在入学时的平均年龄大约是6.45岁，而如果孩子出生在第四季度，他们在入学时的平均年龄则只有6.07岁。而他们被允许辍学的年龄却是一样的，因此如果不同出生时间的孩子最终都选择辍学，则出生月份较晚的孩子所必须接受的教育就会比出生月份较早的孩子来得多。我们可以举例进行对比：一个1月1日出生的孩子和一个12月31日出生的孩子，如果两个人最终都辍学，那么后一位必须接受的教育将会比前一位多上近一年。

如果有了这样的特征，那么出生时间就具备成为工具变量的资格了。显然，它会影响人们的受教育时间，但不会直接影响收入或者其他方面。这样一来，通过工具变量法，就可以考虑教育时间对收入的影响了。通过以上分析流程，安格里斯特和克鲁格发现，在给定其他因素不变的情况下，额外一年的教育，将会让收入增加9%——这充分说明，多读一年书，对人的未来发展还是有好处的，至少在义务教育阶段，情况可能是这样。

第二个例子是关于班级规模影响的研究。究竟是大班教育好，还是小班教育好，这在教育经济学和劳动经济学领域都是一个争议多年的问题。一些人认为，更为小班化的教育将会显著提升教育的质量；而另一些人则认为，小班化的教育除了浪费教育资源外，并不会带来什么实质性的影响。

或许有人会说，检验这个问题还不简单？直接找一批在大班接受教育的学生，再找一批在小班接受教育的学生，比一比他们在各种表现上的差别不就可以了？问题当然没有这么简单。在现实当中，进入大班的学生和进入小班的学生显然是不一样的。一般来说，那些能够进入小班接受教育的，都是家庭条件比较好，本身资质也比较好的学生。如果直接将这两群人的各种表现进行比较分析，那么与其说得到的是班级规模的因果效应，不如说是其他各种因素的影响效应。

那么，安格里斯特怎么处理这个问题呢？事实上，读者如果仔细看了前面的介绍也应该很容易想到答案——就是用录取分数这个断点。由于小班在很多时候都被认为是精英化的教育模式，因此很多时候孩子要想进入小班进行学习，就必须经过考试并达到一定的分数要求。在这种情况下，分数线就可以成为是否接受小班化教育这个干预的一个"断点"。和前面讨论的一样，我们只需要比较断点两边对象的相关表现，就可以得到小班化教育的影响。利用这一思路，安格里斯特和几位合作者进行了很多研究。结果都表明，小班化确实可以带来很大的收益。当班级变小后，孩子的成绩会出现明显的提高，由此会带来很大的经济收益。比如，在一项研究当中，他发现如果把班级的规模从22人减少至15人，就可以获得5.5%的内部回报率。应该说，从经济角度看，把班级做得小而精，或许是更为有利的。

第三个例子是家庭劳动供给问题。近年来，劳动经济学的研究越来越趋向微观化，而家庭结构对于劳动力供给的影响，就是一个热议的话题。很显然，如果家庭的结构不同，其对于劳动力的供应也会出现不同。

举例来说，如果一个家庭选择了"二胎"，那么从直观上看，相比于不要"二胎"的家庭，这个家庭将更有可能选择减少对市场的劳动力供应——因为这个家庭要花费更多的时间来照料孩子。但是，我们是不是就可以说，更多的孩子会成为更少的家庭劳动力供给的原因呢？这倒未必。为什么呢？原因在于，家长们选择生几个孩子，以及选择是不是上班这两个决策之间并不是相互独立的。事实上，他们相互交织，很多人之所以愿意生"二胎""三胎"，很大原因就是他们更重视家庭，而不愿意多工作。在这种情况下，要确立孩子数量及家庭劳动力供给之间的因果关系就不那么容易了。

那么怎么解决以上问题呢？安格里斯特给出的答案还是找工具变量。这次，他找到的工具变量更为神奇，是头两个子女的性别。他认为，对于家长来说，头两个孩子的性别，对于家长是不是决定继续生孩子会产生很大的影响。如果头两胎就实现了儿女双全，那么家长多半会很满意，从而就此作罢。但如果是同一性别，那么家长可能会觉得有缺憾，一定要继续生孩子以补齐儿女双全。因此，这就可以被用来作为子女数量的一个工具变量。利用以上思路，安格里斯特考察了子女数量与家庭劳动力供给之间的关系，结果表明随着孩子数量的增加，家庭中的女性将有可能减少劳动力供给。但是，对于不同女性来说，这种效应是不同的，相比于那些教育程度较低的女性，这种效应在受过高等教育的女性身上就没那么显著。很显然，这个研究的结果说明，传统的基于性别的家庭分工目前依然是存在的，但是教育的普及很可能会在未来打破这种传统。

吉多·因本斯：因果推断领域的探索者

我们要介绍的第三位"剑客"吉多·因本斯是一名荷兰裔美国经济学家。1963年，他出生于荷兰的格德拉普（Geldrop）。1983年，他从荷兰的伊拉斯姆斯大学毕业，获得学士学位。随后，他先后进入了英国的赫尔大学和美国的布朗大学求学，并获得了硕士和博士学位。1991年博士毕业之后，他就进入了哈佛大学执教，直到1997年离开。此后，他相继任教于加州大学洛杉矶分校和加州大学伯克利分校，并曾在亚利桑那州立大学和欧洲大学学院访学。2006年，他再次回到哈佛大学，并在此执教6年后再度离开。从2012年至今，他一直是斯坦福大学的教授。

虽然按照诺贝尔经济学奖委员会的安排，因本斯此次是和安格里斯特一起由于在因果推断方面的成就而分获一半诺贝尔经济学奖，但坦白说，这两位学者在研究风格上是存在巨大差异的。在相当程度上，安格里斯特是在"玩"因果推断，是在用别人发明的工具实现自己有趣的设想；而相比之下，因本斯则是在"做"因果推断，是在把因果推断的相关理论不断完善化，让它们变得更加实用和可靠。

需要说明的是，因本斯作为一名计量经济学家，其研究的领域绝不仅限于因果推断领域。例如，我在读博士期间，就曾经在高级统计学课上仔细学习过他关于广义矩估计（Generalized Method of Moments，简称 GMM）及经验似然估计的两篇论文。尽管这两篇论文讲了什么，我早已完全忘记了，但是直到现在，我还记得老师告诉我们，它们在相关领域具有奠基性意义。除了在这些方面的贡献外，他还在非参数估计、贝叶斯统计，以及限定变量的回归等问题上，都有很多贡献。我想，如果要全面归纳因本斯的贡献，那么这些也应该算上。

具体到因果推断的领域，因本斯的贡献主要可以归纳为以下三个方面。

一是对现有的方法进行合理的解释。比如，我们前面讲到，莱特父子很早就发明了工具变量法，而在后续的发展当中，经济学家也早已对这一方法熟练应用了。但是，鲁宾的因果推断模型在经济学界占据主导地位之后，一个问题就出现了，那就是如何将已有的工具变量法重新纳入这个分析框架当中，用新的框架对传统的方法进行重新解释。

为了解答这个问题，因本斯和安格里斯特专门合写了一篇论文，把工具变量的选择和应用重新解释为在鲁宾的框架下，构造一个对比实验环境的过程。然后又在此基础之上重新推导了使用工具变量法进行分析时经常用到的"两步回归法"。通过这些工作，工具变量法就被成功地纳入鲁宾的分析框架当中。

二是对已有的方法进行完善。因果推断作为计量方法，在实践当中经常会遇到这样或者那样的问题。这时候，作为"裱糊匠"的计量经济学家就需要挺身而出，对方法进行修补，让它们可以更好地在现实当中被应用，而作为杰出的计量经济学家，因本斯显然没少干类似的工作。

一个例子是对于倾向性得分匹配的完善。在前文中，我们已经介绍过这种方法的大致思路，就是先用是否接受干预对研究对象的各种特征进行一次回归，从而找出各种因素对接受干预概率的影响，然后对每个观察对象都计算出一个"倾向性得分"。通过比较"干预组"和"对照组"中"倾向性得分"相近的对手的表现来计算因果效应。这个思路看起来很直观，但在具体应用时却有难度。举例来说，在一些情况下，观察对象是相对较少的，而可能影响是否接受干预的因素却很多。这时，第一阶段通过回归来确定影响因素，进而计算"倾向性得分"就会有技术上的困难。对于这个问题，因本斯在一篇论文当中进行了讨论，并通过调整协方差的办法对此进行克服。

三是对现有的方法进行拓展。应该说，鲁宾给出的分析框架，以及经济学家们现在运用的各种工具都是相对简单的，很多时候，这些工具都不足以成功应对复杂的现实。这时，计量经济学家就需要对已有的工具进行拓展，以帮助经济学家们完成相关的分析。举例来说，在经济分析中，经济学家除了分析一个变量对另一个变量的平均因果效应外，还经常关注一个变量对另一个变量某一分位数上的影响。

比如，在考察收入分配时，我们可能会关心如果出口增加一个单位，那么对收入处于下20%分位数以上人群的收入产生怎样的影响。在过去的实践当中，经济学家已经发明了所谓的"分位数回归"来处理这个问题。但需要指出的是，分位数回归用的并不是我们通常意义上的回归分析，也很难套用鲁宾的因果推断框架。不过，在进行"分位数回归"的时候，它可能会遭遇所谓的内生性问题，也可能需要用工具变量。在这个时候，工具变量应该怎么用，结果应该怎么解释，这些问题就都涌现了出来。而在一篇论文当中，因本斯就专门讨论了这个问题，从而比较好地把工具变量在分位数回归当中的应用，以及相关的注意点说明白了。

这里尤其需要指出的是，在大数据时代，因本斯非常注意将机器学习等新方法吸收到因果推断的框架当中来，帮助改进因果推断的质量。举例来说，传统上，一个经济学家要寻找一个合适的工具变量是十分困难的。而在大数据时代，依靠机器学习的思路，人们就可以很容易找到工具变量——甚至在很多时候，还能一下子找到很多个。在这种情况下，怎么用机器学习的手段更有效率地找到我们要的工具变量，面对多个工具变量的时候应该怎么进行取舍，就都成了问题。而因本斯和其夫人合作的一系列论文中，就对相关的问题进行了讨论。

说到这里，我不得不花一点时间谈谈因本斯的太太，她就是经济学界著名的天才级女性苏珊·阿西。如果读者的记忆力足够好，应该记得之前介绍米尔格罗姆的时候，我曾提到过这个名字。是的，她就是米尔格罗姆最为骄傲的学生。和一直坚守学术圈的因本斯不同，阿西对现实中的经济发展，尤其是数字经济的发展十分重视，并曾亲自到微软等大型平台公司任职。我想，因本斯会对机器学习等新的工具感兴趣，并把它们应用到自己熟悉的领域，恐怕有很大一部分原因是来自他这位贤内助吧。从这个意义上讲，尽管因本斯和阿西相互切磋经济学知识一事本身是一个家庭内的信息交流，但它也在一定程度上说明了不同领域的信息交流可能会带来技术进步这个事实。

因果推断和经济学的未来

不管我们是否愿意承认，因果推断现在已经在经济学界占据了统治地位——至少在微观领域，这一点几乎是不可辩驳的。可以预见的是，随着大数据时代的到来，当学者们不断地将机器学习和因果推断这两大领域相结合之后，因果推断对于经济学的统治将会越来越坚固。在很大程度上，这是一种令人欣喜的现象。很多长期以来在经济学界模棱两可、争议不断的问题或许都可以通过因果推断的方法来加以检验，从而给出评判。但与此同时，很多人有疑虑，因为在因果推断带动实证经济学取得繁荣的同时，经济学理论却在很长时间内没有取得明显的发展。目前经济学博士生使用的，依然是马斯－克莱尔的微观经济教材，以及萨金特的宏观经济教材，这和20年前完全一样。也就是说，在20年内，理论界并没有产生巨大的突破。究竟是说明现在的经济学理论已经臻于完美，只需要通过实证加以印证，还是说明了什么其他的问题呢？

我当然承认因果推断等实证方法的作用。但如果从本质上思考一下因果关系，就可能感到"细思恐极"。如果从哲学的角度看，事物之间的因果其实无非是我们的理性通过知性的范畴，对几个现象之间进行的重新组织。根据这个观点，我们的心中有一套什么样的理论，组织起来了什么样的范畴，得到的就可能是什么样的因果关系。具体到经济学，无论是哪一种因果推断模型，其最终的结果很大程度上取决于我们的设定，而如果依据的理论不同，设定就不一样，最终得到的因果效应也就可能不同。

德国哲人康德曾经说过，我们在事物上先天地认识到的东西，只是我们自己放进事物的东西。如果我们已经不再把理论放进事物，而只是借助于现有的框架来认识事物，那么依靠更多的数据、更好的工具，我们就能更好地认识经济现象吗？对于这一点，我是怀疑的。基于这一点，我更希望现在方兴未艾的因果推断可以作为经济理论发展的推进器，而不是被用来彻底替代理论的地位。或许只有这样，整个经济学才可能有真正的发展。

延伸阅读

[美]戴维·卡德、[美]艾伦·B.克鲁格,《迷思与计量》,广东经济出版社,2023年5月。

[美]乔舒亚·安格里斯特、[美]约恩-斯特芬·皮施克,《基本无害的计量经济学》,格致出版社、上海人民出版社,2012年4月。

[美]乔舒亚·安格里斯特、[美]约恩-斯特芬·皮施克,《精通计量》,格致出版社、上海人民出版社,2021年12月。

巴纳吉、迪弗洛、克雷默：

将实验引入经济学

阿比吉特·巴纳吉
Abhijit Banerjee，1961—

美国经济学家，研究领域主要是扶贫和发展经济学，获得2019年诺贝尔经济学奖。他的主要作品有《贫穷的本质：我们为什么摆脱不了贫穷》。

埃斯特·迪弗洛
Esther Duflo，1972—

法国经济学家，阿卜杜勒·拉蒂夫·贾米尔贫困行动实验室(J-PAL)联合创始人，美国麻省理工学院发展经济学教授，获得2019年诺贝尔经济学奖。她的主要作品有《贫穷的本质：我们为什么摆脱不了贫穷》。

迈克尔·克雷默
Michael Kremer，1964—

美国发展经济学家，被世界经济论坛评为全球青年领袖，获得2019年诺贝尔经济学奖。

瑞典斯德哥尔摩当地时间2019年10月14日中午，瑞典皇家科学院宣布将2019年诺贝尔经济学奖授予两位来自麻省理工学院的教授阿比吉特·巴纳吉、埃斯特·迪弗洛，以及哈佛大学教授迈克尔·克雷默，以表彰他们"在减轻全球贫困方面的实验性做法"。

这届诺贝尔经济学奖可谓是看点颇多。巴纳吉和迪弗洛夫妻双双获奖足以大抓人们的眼球，迪弗洛以47岁的年龄成为诺贝尔经济学奖历史上最年轻的得主也颇具话题性。而除了这些八卦之外，三位得主所倡导的实验方法更是备受争议。有人认为，这是洞察贫困本质的有力工具，但也有人斥之为无用的游戏。

巴纳吉和迪弗洛：诺贝尔经济学奖夫妻档

1961年，巴纳吉出生于印度孟买，父母都是经济学教授。虽然巴纳吉无论如何都算不上是苦出身，但他却是从小就见过穷人们"摇摇欲坠的房子"的。小时候的他经常和穷人家的孩子玩耍，也经常输掉自己口袋里的玻璃弹珠。由于这些近距离的接触，他很早就是一个贫困人群的同情者。大学时，巴纳吉就读于加尔各答大学，这也是他父亲任教并担任经济系主任的地方。1981年，他在加尔各答大学毕业并获得学士学位后，就进入了贾瓦哈拉尔·尼赫鲁大学继续深造，并于1983年获得硕士学位。随后，他又远赴哈佛大学继续攻读经济学博士，于1988年毕业并获得博士学位。毕业之后，巴纳吉先后执教于普林斯顿大学和哈佛大学，并于1993年开始在麻省理工学院任教。现在，他是麻省理工学院福特基金会国际经济学讲席教授，同时也是美国人文与科学学院的院士、计量经济学会会士，并担任印度政府及世界银行等国际组织的顾问。

在攻读博士期间，巴纳吉的导师是埃里克·马斯金（Eric Maskin）。在经济学界，马斯金可谓是大名鼎鼎。他是博弈论和机制设计的专家，并因这方面的贡献而获得了2007年的诺贝尔经济学奖。当然，马斯金在中国的知名度很大程度上还要源于他的中国弟子们——清华大学经济管理学院的前任院长钱颖一、现任院长白重恩，苏世民书院前院长李稻葵都曾是他门下的弟子。

作为马斯金的高徒，巴纳吉早年的研究路子是很理论化的。在这一时期，他曾经发表过不少纯理论的研究成果。例如，1992年他曾在《经济学（季刊）》(*Quarterly Journal of Economics*)上发表过一篇用博弈论分析"羊群效应"的论文，这篇论文至今仍然是行为经济学课程中的必读文献。在钻研纯理论问题的同时，他也积极尝试用经济学理论解释发展中国家的实际问题，从政府治理到职业选择，甚至到货币危机……不过，对于所有的这些问题，巴纳吉采用的研究方法主要还是理论性的。直到与他的学生，也就是他后来的太太迪弗洛开始合作，巴纳吉才逐渐开始将研究风格从理论转向随机控制实验，并将自己的研究场所从安静的象牙塔转回到自己童年时就熟悉的贫民窟。有人说，如果发现一个男人突然成长了，那么可能是因为他遇到了自己命中的那个女人。这句话放在巴纳吉的身上，恐怕是再合适不过了。

迪弗洛1972年生于法国巴黎。她的父亲是一位数学教授，母亲是一名儿科医生。在迪弗洛幼年时，她的母亲经常参与人道主义的医疗援助计划，这给她留下了深刻的印象，也在冥冥之中影响了她后来的职业道路。

本科时期，迪弗洛就读于巴黎高等师范学院。最初，她的志向是成为一名历史学家。为了研究一个关于苏联的历史课题，她远赴莫斯科进行了为期10个月的交流和调研。在那里，她遇到了当时正在为俄罗斯政府担任顾问的"休克疗法之父"、哥伦比亚大学教授杰弗里·萨克斯（Jeffrey Sachs）。萨克斯告诉她，经济学有潜力成为撬动世界的杠杆，如果她想要在满足自己学术理想的同时，又能真正有所作为，不妨考虑选择经济学作为自己的专业。

迪弗洛听从了萨克斯的建议。1994年，她从巴黎高等师范学院毕业后，就进入著名的应用理论经济学系和实验室（DELTA），也就是现在的巴黎经济学院攻读经济学，并获得了硕士学位。此后，她又进入麻省理工学院继续攻读经济学博士学位，并在那里遇到了自己的导师，也就是后来的丈夫巴纳吉。在巴纳吉的关照之下，迪弗洛的学业很顺利。1999年，她拿到了博士学位，并直接留在麻省理工学院任教——按照惯例，美国的高校一般很少直接留用自己的毕业生。有人认为，这可能是巴纳吉帮的忙，但我宁愿相信这是迪弗洛自己的实力使然——不说巴纳吉当年有没有这个意愿，即使他想，以他当时的资历也未必有这样的能力。

后来的事实证明，麻省理工学院留下迪弗洛是非常明智的决策。通过和巴纳吉等合作者的合作，迪弗洛学术成果卓著。凭借这些成果，她仅仅用了3年就获得了终身教职——对于很多学者来说，这个职位的获得可能要10年或者更长的时间。2010年，迪弗洛获得了约翰·贝茨·克拉克奖。

现在已经很难考证巴纳吉和迪弗洛的恋情是什么时候开始的，我们只知道，他们的女儿出生于2012年。由于种姓的约束，巴纳吉并没有马上和自己的原配夫人离婚。直到2015年，他才成功离婚，并迎娶了迪弗洛。由于两人曾经是师生关系，并且还夹杂了婚外情的桥段，所以很多人对巴纳吉和迪弗洛的这段婚姻颇为诟病。但有一点值得我们注意，两人传出恋情事实上已经是迪弗洛毕业后多年的事情，因此这段恋情严格意义上并不算什么师生恋。此外，如果从两人对彼此的学术影响和帮助来看，我个人倒认为，迪弗洛对巴纳吉的影响可能还要更大一些。

正如我们前面提到过的，巴纳吉原本的学术传统来自马斯金，是习惯于用理论来分析问题的。作为导师，他指导迪弗洛的时候也是这个套路。事实上，只要我们看一下两人发表论文的记录，就会发现在他们合作初期，两人合作的文章都是理论化的，而与此同时，迪弗洛却已经开始独立应用实验的方法研究问题。根据这点，我认为，迪弗洛对于实验方面的开拓应该不是受巴纳吉影响所致，对她在这方面造成影响的可能是其博士期间的另一个导师乔舒亚·安格里斯特，她又转而用这些方法影响了巴纳吉。从这个角度看，迪弗洛并不是巴纳吉光环下的弱女子，相反，她应该是帮助巴纳吉走向成功的女人。

克雷默：寻找O环的人

与前两位诺贝尔经济学奖得主相比，迈克尔·克雷默的知名度要低得多。他生于1964年，本科和博士都就读于哈佛大学，他于1992年获得经济学博士学位。博士毕业后，他在麻省理工学院从事博士后研究，不久后就回到哈佛大学任教至今。目前，他是哈佛大学经济系的"发展中社会盖茨讲席教授"，同时也是美国人文与科学学院的院士。

在攻读博士学位时，克雷默的导师是罗伯特·巴罗。巴罗是新古典宏观经济学的主要代表之一，多年以来一直是诺贝尔经济学奖的大热门。不过，巴罗至今没有获奖，他的学生却抢了先，不知道巴罗本人在获知这一消息时作何感想。

受巴罗的影响，克雷默早期的学术研究都是比较宏观的，内容主要集中在经济增长领域。1993年，他在《经济学（季刊）》上发表了自己的第一篇论文《经济发展的O环理论》（*The O-Ring Theory of Economic Development*）。这篇论文的视角非常宏观，分析工具则完全是理论性的，从表面上看，这和他后来斩获诺贝尔经济学奖的工作完全不相干。不过，在我看来，这篇论文事实上奠定了克雷默后续工作的精神基础。

什么叫O环呢？这个名词其实来自"挑战者号"航天飞机灾难。1986年1月28日，"挑战者号"在升空时爆炸，7名宇航员在爆炸中丧生。这一事故发生后，美国政府立即组织了调查。调查结果表明，造成这场严重灾难的原因，竟是一个完全不起眼的小配件——助推器里的O型环。克雷默借用了这导致灾难的罪魁祸首的名字，并将其用在了自己的理论中。

在论文中，克雷默指出，一个完整的生产过程其实是要有大量不同人员的配合才能完成的。对于每一个生产的参与者来说，他究竟有多大的可能完成任务，不仅取决于自己的能力，也取决于其合作者的能力——这就好像要让一个航天器成功发射，光有动力系统、控制系统还不够，O环的质量也可能造成关键影响。在这种情况下，每一个有能力的人都会尽可能选择那些和自己一样有能力的人来合作，每一家高生产力的企业也都会尽可能选择那些高生产力企业扎堆的地方来进行生产。这样的结果就是，高能力者与低能力者，高生产率企业与低生产率企业的彼此隔离。根据这一理论，如果一个国家、一个地区，在某些关键的发展环节上存在着瑕疵，那么它就很可能难以吸引到高质量的发展资源，从而陷入不发达的陷阱。用我们熟悉的一句话讲，就是细节有可能决定成败。

在后来的研究中，克雷默逐渐放弃了巴罗式的宏观分析路子。从表面上看，这似乎是对自己学术传统的背叛，但仔细想来，他其实一直秉承了自己的初心。是的，既然在国家发展过程中，成败可能被一个像O环那么小的东西所影响，那么如果可以找出这个O环，把它的质量搞好，不就可以帮助这些发展中国家走出落后，帮助穷人走出贫穷了吗？本着这一理想，克雷默开始借助随机控制实验来找寻这些O环。

发展经济学的尴尬

2005年，杰弗里·萨克斯出版了一本新书《贫穷的终结》(*The End of Poverty*)。在书中，他向全世界宣告：长期困扰人类的贫困问题很可能在不远的将来得到解决。根据萨克斯的估计，如果从2005年到2025年，富裕国家每年拿出1950亿美元来对穷国进行援助，那么到2025年，贫困问题将从世界上消失。

尽管萨克斯对他的预言信心满满，但这一观点一经发布，就有很多学者表示反对。在反对者中，最有代表性的是纽约大学的教授威廉·伊斯特利（William Easterly）。他用大量的事例表明，尽管富国劳民伤财地对穷国提供援助，但这些援助并没有像萨克斯想象的那样起到消弭贫困的作用。在很多情况下，援助反而让穷人的境况变得更加糟糕了。后来，伊斯特利教授将这些事例整理成了一本书，并特意为这本书取名为《白人的负担》(The White Man's Burden)。在另一本名为《援助的死亡》(Dead Aid)畅销书中，曾供职于高盛和世界银行的经济学家丹比萨·莫约（Dambisa Moyo）也表达了和伊斯特利类似的观点。她指出，援助不但会使人们停止寻找自己解决问题的方法，还会腐蚀地方机构并削弱其作用，导致一些援助机构形同虚设，因此它们经常不能达到本来的目的。

作为顶尖学者，萨克斯和伊斯特利尽管针锋相对，却谁也说服不了谁。这一现象，很大程度上显露出发展经济学这门学科的尴尬。

发展经济学，又叫发展中国家经济学，有时也被戏称为"穷国的经济学"。按照标准的定义，它是专门研究发展中国家问题的一个经济学分支，但事实上，它算不上是一个标准的学科分支，而应该说是经济学在发展中国家的应用。我们打开任何一本发展经济学的教科书，都会发现这门学科基本无所不包：资本如何积累、人力资源如何开发、工业化与农业化如何进行、人口在部门间如何流动、对外贸易如何开展到国外、资源如何利用、财政政策与货币政策如何制定、计划与市场如何协调、发展的优先顺序如何选择……所有这些，只要发生在发展中国家，就是发展经济学考虑的问题。

"二战"之后，随着世界殖民体系的崩溃，大批殖民地纷纷独立成为国家。究竟怎样才能迅速让国家摆脱贫穷落后，走向繁荣富强，成为这些新国家最为关心的问题。正是在这种背景下，研究发展问题的"发展经济学"曾在20世纪五六十年代盛极一时，发展经济学家们纷纷成为各国政要的座上宾。在早期的诺贝尔经济学奖得主中，就有很多发展经济学家。例如，1974年获奖的冈纳·缪尔达尔（K. Gunnar Myrdal）、1979年获奖的威廉·阿瑟·刘易斯（William Arthur Lewis），两位都是发展经济学家中的佼佼者。

不过，发展经济学家们的好日子似乎没有持续很长时间。到20世纪八九十年代，曾经繁荣的发展经济学似乎被抛到了让学术圈遗忘的角落，甚至有著名经济学家宣称"发展经济学作为一个研究领域已经死了"。究竟是什么原因让发展经济学由盛转衰呢？

其一是实践方面。在发展经济学兴盛的数十年间，无数的发展经济学家根据自己丰富的经济学知识，为世界各国的发展开出了无数的药方，但这些药方似乎并没有收到预期的效果。以前面提到的援助为例，在早期的发展经济学文献中，援助被认为是帮助落后国家摆脱贫穷落后的一剂良方。但伊斯特利等学者提供的例子又证明，援助不仅经常没有效果，还会产生负面影响。发展经济理论的这种"时灵时不灵"让其公信力大打折扣。

其二是理论方面。由于发展经济学在传统上被定位为研究国家的学问，因此其理论大多是从宏观层面上展开的，而同时，其研究方法又主要集中于理论模型的推演。这两个特征使得传统的发展经济学提出的理论往往有"空对空"之嫌。在很大程度上,这些理论只能被理解为一种"信念"或"主义",实际应用的价值并不大。

为了破解这些问题,发展经济学就必须对自己进行更新。在对发展中国家的问题保持持续关注的同时,它必须为自己找到新的理论工具。经过了漫长探索,以巴纳吉、迪弗洛、克雷默为代表的新一代发展经济学家们终于为自己找到了一套新工具,这套工具就是随机控制实验(Randomized Controlled Trial,简称RCT)。

经济学家的实验室

至少从阿尔弗雷德·马歇尔开始,经济学家就开始以物理学为模板来塑造自己的学科,试图把经济学从一门学科变成一门科学。我们知道,作为一门科学,它不但需要理论的创造,还需要有实验的支撑。一方面,经济学基本是成功的。经过几代经济学人的发展,主流的经济学已经构建起了一套严整的、逻辑自洽的理论。在此基础上,大批数理经济学家对这些理论进行了包装,这让经济学至少在外表上已经有了足以与物理学抗衡的理论形态。而另一方面,经济学的脚步却略显落后。在很长一段时间内,经济学家都没能像物理学家那样进行实验,更遑论用实验来验证自己的理论了。这在很大程度上是由经济学的社会科学属性决定的。物理学研究的是物,物是死的,可以相对容易地进行控制;人却是活的,他们的反应会对实验结果造成干扰，而对他们的控制还有可能带来很多伦理问题。

当然，经济学家从没有放弃过对实验的追求。例如，"垄断竞争理论"的创始人爱德华·哈斯丁·张伯伦（Edward Hastings Chamberlin）就曾在自己的课堂上进行实验，用来验证我们熟悉的供给需求理论。这种课堂实验的传统后来被很多经济学家采用，例如，2017年诺贝尔经济学奖得主理查德·塞勒（Richard Thaler）关于禀赋效应的经典实验就是在课堂上完成的。这种课堂实验十分简单，能用来分析的问题也十分有限。随着心理学对经济学影响的加深，一部分经济学家也开始借助心理学家的工具，在实验室研究人的行为。由此，经济学家也有了自己的实验室。

不过，对于经济学家来说，这样的实验室显然不能满足他们的要求。尽管在实验室的严格控制之下，研究人员可以发现很多有趣的结论，但这些结论毕竟不是人在真实社会环境中的反应。它们究竟能否应用到真实世界，也是要打个问号的。从这个意义上讲，要得到有意义的经济学实验结果，就要直接把真实世界作为自己的实验室。

为了实现这一目的，经济学家提出了两种方案：

一种方案是所谓的自然实验（natural experiment）。这种实验的逻辑，是借助于一些外生的冲击来构建对照组和实验组，然后来对它们的表现进行比较。举例来说，经济学家一直对最低工资法的效应争议不断，而另一些经济学家甚至直接反对设定最低工资。为了考察这个问题，经济学家戴维·卡德和原美国总统经济顾问艾伦·克鲁格（Allen Krueger）曾经以新泽西州最低工资法的变动作为冲击，比较了这一冲击发生前后，新泽西州和邻近的宾夕法尼亚州之间的快餐店就业的变化。结果发现，最低工资法的实施并没有对就业造成明显的影响。

另一种方案就是田野[①]环境下的RCT。严格地说，自然实验只是一种准实验（quasi-experiment），它只是对实验的模拟，而没法像真正的实验一样去对各种外生的干扰因素进行控制。而RCT则不同，它是真正意义上的实验。为了完成对实验的控制，实验者必须真实地为被试者提供相应的激励。例如，如果要分析补贴对疫苗注射的影响，实验者就需要真实地对一部分被试者提供资金补贴，让他们作为控制组，来观察其反应。而其他的被试者，则应该被视为对照组，用他们来和控制组进行比较。严格来说，当实验者进行这一切时，他们不应该让被试者知道自己的目的，甚至不应该让他们知道自己是实验者。

从理论上讲，由于田野RCT的环境比实验室实验更为真实，因此可以比后者更好地模拟真实世界的情形。同时，比起自然实验，它又更加容易操控，因此能够更加灵活地满足研究者的需要。正是由于这样的优点，田野RCT已经越来越受到经济学家的青睐。尤其是在发展经济学领域，几乎已经成为研究的标配。

---

① 田野环境指在人为控制的实验室环境以外的自然场景。田野研究、田野实验指在以上环境中收集研究资料，进行实验的做法。此词最早来源于自然科学。——编者注。

探索贫穷的本质

因为使用了RCT这个分析工具，巴纳吉、迪弗洛、克雷默这批新的发展经济学家终于可以一改前辈们指点江山的风格，转而从更为微观的视角去观察穷人，以探索贫穷产生的原因，并在此基础之上提出相应的应对之策。通过大量的研究，他们惊讶地发现，在很多时候，看似难以根治的贫困问题其实只是由一些很小的问题造成的，只要对应地在这些问题上增加或者减少一些激励，或者用理查德·塞勒的语言，进行一些"助推"（nudge），就有可能帮助穷人摆脱贫穷的困扰。

以教育问题为例。所谓"扶贫必扶智"很重要，很多地区的贫穷落后，本质上都是由于教育落后导致的。对于这些地区的决策者来说，在教育资源总体有限的条件下，有效配置这些资源就是改善教育质量，进而帮助本地人民脱贫的重要举措。但是，究竟应该把这些资源分配到什么地方呢？一些观点认为，要用来给学生买课本；而另一些观点则认为，应该先解决学生的午餐问题。针对这些问题，克雷默和他的合作者一起，在肯尼亚地区进行了长期的实验研究。结果发现，免费午餐并不能显著提高学生的学习成绩，而课本也只对最优秀的学生有效。由此可见，这两项措施都不是有效改善教育质量的良方。

当然，教育资源的稀缺并不是教育的唯一问题。事实上，在一些情况下，教育的问题并不是出在投入不足，而是出在老师没有设计出针对性的教学方案。一旦教学内容适应学生需求，教学效果便会明显提升。为了验证这一点,巴纳吉和迪弗洛在印度城市——孟买和瓦都达拉分别进行了研究。他们随机选择了几所学校,为这些学校的学生提供针对性辅导,并将教学结果与对照组进行比较。结果发现,无论在短期还是中期,针对性辅导均显著提高了学生的学习成绩。

此外,在一些发展中国家,教师的缺勤是影响教育质量的关键原因。为了找到破解这一问题的方法,3位诺贝尔经济学奖得主联合进行了一次实验。通过实验,他们发现缩短教师的合约期限可以有效地改变老师的工作态度,从而让他们的缺勤显著下降,而这对于提升他们所教学生的成绩也有明显的效果。

再看健康问题。在很多国家,因病致贫、因病返贫是导致贫困的重要原因。而在导致贫困的众多疾病中,有相当一部分本来是可防、可治的疾病,只是穷人们出于预防成本的考虑,往往选择了不预防、不治疗。

在克雷默所有发表的论文中,引用最高的一篇就是关于药物价格对患者服用治疗寄生虫感染的驱虫药的影响的。借助RCT,他发现,如果驱虫药是免费的,75%的父母会给孩子服用药物;然而当费用仅有微小上涨,即价格涨至低于1美元的价格时,选择服用药物的比例骤降至18%。这说明,穷人们大多对价格十分敏感。而从政府的角度讲,对于治疗关键疾病的药品,可能只要进行一点点的补贴,就可以改变穷人有病不治的行为。

除了价格以外,低劣的服务质量也会影响穷人对于疾病的防治。例如在很多地区，尽管有疫苗接种站，但工作人员经常脱岗，这不但导致贫困地区的人们经常不能接受接种服务，而且还让他们很难对疫苗的可靠性产生信任。为了寻求这一问题的破解之道，巴纳吉和迪弗洛进行了一次实验，他们让接种站在随机选定的村子中流动，并确保接种站中始终都有工作人员在岗。结果发现，服务质量改善后，疫苗接种率变为原来的3倍，从6%增长到18%。此外，他们还研究了奖励对于接种的效果，对完成接种的居民奖励一包扁豆。结果，居民的接种率进一步上升到39%。

通过上述的例子可以看到，借助RCT的方法，研究者可以有效发现很多原本被忽视的细节。而这些细节却正如挑战者号上的O环，只要多花点资源，保证这些O环的质量，就可以有效缓解贫困问题。

除了探索贫困的本质外，RCT还有助于反思一些扶贫政策的得失。限于篇幅，这里举两个例子：

一个例子是关于小额信贷的。长期以来，一直有一种观点认为，难以获得信贷是导致贫困的重要原因，因此为了缓解贫困，就必须鼓励金融机构为穷人贷款。2006年，穆罕默德·尤努斯（Muhammad Yunus）因在小额信贷方面的实践而获得诺贝尔和平奖，更是强化了人们的这一信念。对于这一看似显然的常识，巴纳吉和迪弗洛提出了质疑。通过实验，他们发现小额信贷的发放不仅很难达到像尤努斯宣称的那样高还款率，它们在帮助穷人脱贫方面所起的作用也并没有想象那么大。显然，这一发现对促使人们反思小额信贷的成败是大有启发的。

另一个例子是化肥的使用。作为一种技术进步，化肥的使用可以有效提升粮食产量，因此很多国家都利用补贴等方式鼓励农民使用化肥。但在实践当中，这些鼓励政策的成效却往往并不明显。为什么会这样呢？迪弗洛和克雷默通过RCT实验给出了自己的回答。在他们看来，农民拒不使用化肥，主要是源于一种"现时偏差"（present bias）——既然关于化肥的补贴是长期存在的，而改用化肥又可能有风险，那么为何不让别人试试成效，待有效果再用呢？如果所有农民都这么想，那么化肥就很难推广开。针对这一问题，迪弗洛和克雷默建议，应当将长期补贴改成短期补贴。这个建议看起来好像对农民更为苛刻了，但从实践效果看，却改善了农民的福利。

尽管每一年的诺贝尔经济学奖都会引发一些争议，但似乎都没有2019年这么大。事实上，在2019年的诺贝尔经济学奖公布之后，就有很多学者站出来说，这几位诺贝尔得主根本不配获得诺贝尔经济学奖。考察这些反对的原因，除了少数是针对诺贝尔得主本人（例如针对巴纳吉和迪弗洛的师生恋）外，更多的质疑是针对RCT这种方法的。

事实上，在经济学界，RCT这种方法一直存在争议。早年间，2015年诺贝尔经济学奖得主安格斯·迪顿（Angus S. Deaton）就专门写文批评过RCT，由此还引发了一场不大不小的论战。

那么，RCT方法究竟有什么问题呢？原世界银行首席经济学家、北京大学国家发展研究院的林毅夫教授曾经有一个比较到位的评论。在著作《新结构经济学》(New Structural Economics)中，林教授指出，RCT这种试图"以科学经验为基础的政策来减贫"的方法尽管对于理解一些特定的微观发展项目颇有帮助，但它们通常并不是以如何填补我们最迫切需要了解的知识空白为目的来作为研究的出发点。它们的研究更多的是以那些容易看到的话题为对象，对于政策制定的正面影响往往是研究过程中偶然迸发的无心产物。如果用一句话来概括林教授对RCT的看法，那就是它只能解决小问题，解决不了大问题。

林教授的这一评论可谓切中要害。从现有的RCT实验来看，它们解决的只是类似寻找O环的工作，这些问题固然很重要，但即使解决了这些问题，也难以从根本上破解发展难题。这就好像，虽然没有O环不行，但有了O环，如果没有助推装置，飞船依然上不了天。在现实中，那些对国家发展影响深远的政策往往是复杂的，在实施过程中，它们会产生一般均衡效应，对经济产生影响。而这些影响，简单的RCT是根本不可能把握到的。

举例来说，在一个国家的发展过程中，产业政策的作用是十分关键的。但产业政策的效应究竟如何、究竟是否能够达到政策目标，又是否会衍生出各种其他问题，所有这一切都没有定论。

除了林教授指出的上述问题外，另一个问题是所谓的外部有效性。RCT的结论看起来很美，但是它毕竟是实验，换个场景，换个更大的环境，这些结论究竟能不能再有效？

另外，RCT其实也不便宜。RCT的一大缺点就是耗资十分巨大。尽管相对于政策的实践来说，实验的成本是微小的，但对于研究者来说，这些实验的成本却几乎是天文数字。不要说巴纳吉、迪弗洛他们所做的那种实验，即使在操作上简单得多的RCT实验也可以轻松耗去上百万美元的经费，如果没有强大的资金支持显然难以完成。由于耗资巨大，要重复RCT实验就很难，人们因此也很难知道一个实验得到的结果究竟是否可靠、是否可以在不同的环境下进行推广。

需要指出的是，虽然有以上所述的各种缺陷，但瑕不掩瑜，我认为RCT作为一种认识世界的工具，依然是值得重视和推广的。另外，先实验看效果，再逐步推开的思路本身对于我们避免盲目出台政策也是大有借鉴的。

当然，RCT只是一种工具。这种工具只能帮助我们发现一些涉及贫困的表面上的问题，至于更深层次的问题，则需要更为直接的倾听与调查。托尔斯泰说过，幸福的家庭总是相似的，不幸的家庭则各有各的不幸。贫困的成因是复杂的，为了根治贫困，我们还需要更多的努力！

从理论科学到经验科学

虽然巴纳吉、迪弗洛和克雷默在本专业成果卓著，但坦白地说，相比以往历届诺贝尔经济学奖得主，他们无论是在年资、论文发表，还是在引用这些条件上都有所不足。因此，如果我们站在向后看的角度，这三位得主确实难以服众。

但是，如果换一个视角，从向前看的角度看，这个奖的合理性却可以得到令人信服的解释。长期以来，经济学一直被嘲笑为"黑板上的学问"，虽然理论看似精妙，却经常不接地气，难以应对现实中的各种问题。因此，如果要突破经济学自身的顽疾，就需要从方法论上入手，对经济学进行重建。在这种背景下，巴纳吉、迪弗洛和克雷默践行实验方法，让同行们看到了这种新方法的力量，确实是为经济学的未来变革指出了一条可行之路。从这个角度看，这三位可谓功莫大焉，用诺贝尔经济学奖来进行奖励，也算是合情合理。

延伸阅读

[美]阿比吉特·班纳吉、[法]埃斯特·迪弗洛，《贫穷的本质：我们为什么摆脱不了贫穷》，中信出版集团，2018年9月。

[美]阿比吉特·班纳吉、[法]埃斯特·迪弗洛，《好的经济学：破解全球发展难题的行动方案》，中信出版集团，2020年4月。

[美]迈克尔·克雷默、[美]雷切尔·格兰内斯，《猛药》，东方出版中心，2021年1月。

皮凯蒂：

重提资本、不平等
和意识形态

托马斯·皮凯蒂

Thomas Piketty, 1971—

法国著名经济学家,巴黎经济学院教授,法国社会科学高等研究院研究主任,主要研究财富与收入不平等。2014年,他成为年度最红经济学家,主要作品有《21世纪资本论》等。

托马斯·皮凯蒂1971年生于法国克利希(Clichy，巴黎地区的一座小城)。或许是上天早已预料到皮凯蒂以后会从事与资本、阶级、意识形态相关的研究，所以就刻意让他降生在一个有机会直接观测这些问题的家庭。皮凯蒂的祖父是一家古老的家族采石公司的首席执行官，是不折不扣的中产阶级，思想也十分保守。不过，他的孩子，也就是皮凯蒂的父亲的思想却与其截然相反——他信奉左翼思想，甚至还加入过激进的"托派"[1]。相比于皮凯蒂的父亲，其母亲的出身比较寒微，在思想上，她也是一名立场坚定的左翼分子。

在童年时，皮凯蒂与他的祖父最为亲近，这显然对其早期的思想产生了很大的影响。据他自己回忆，在20岁之前，他一直对父母秉持的左翼思想嗤之以鼻。不过，从他后来的思想轨迹可以看到，尽管其当时内心十分抵触，但这些左翼思想却一定在他的心里留下了痕迹。

从少年时期开始，皮凯蒂就表现出了过人的天赋，尤其是在数学方面，他表现得十分出色。凭借着这份天赋，他在18岁时顺利被法国最出名也是最难考的巴黎高等师范学院录取，进

---

[1] "托洛茨基主义派"，20世纪初在俄国工人运动中出现的，以列夫·达维多维奇·托洛茨基的不断革命论为基础的机会主义思潮。——编者注

入该校的应用理论经济学系和实验室学习。

就在皮凯蒂升入大学的那一年,世界上发生一系列大事——柏林墙倒了,东欧也发生了历史剧变。为了亲眼看一看东欧到底发生了什么,皮凯蒂专门进行了一次游历。在那里,他看到的是灰暗的街道和空荡荡的商店。这一切都印证了皮凯蒂当时深信的自由经济思想,在当时的他看来,东欧剧变就是资本主义和自由经济胜利的标志。

天才皮凯蒂

1993年,皮凯蒂在巴黎高等师范学院获得了博士学位(这个博士项目是由巴黎高等师范学院和伦敦经济学院联合设置的,因此也有一些报道中称皮凯蒂从伦敦经济学院获得了博士学位),并获得了美国麻省理工学院的聘任,担任助理教授,这一年,他仅有22岁。

对经济学的学习者来说,麻省理工学院的经济系几乎可以说是经济学界的殿堂。它由经济学大师保罗·萨缪尔森和罗伯特·索洛创立,汇聚和培养了众多经济学界的巨星。对于大多数学者来说,能在这样的学术殿堂工作简直就是一个梦想,为了能在这个学术殿堂存活下去,他们多半会坐上几年的板凳,安心写论文、攒发表,直到拿到终身教职,成为教授。但皮凯蒂显然不是这样的"大多数",仅仅两年之后,他就离开了麻省理工学院。当然,这并不是因为他不够格留在那里,而是因为他厌倦了那里的一切。

在皮凯蒂看来，尽管麻省理工学院的经济学家看起来都十分学术，但他们只是"假装发展出了一门科学"。在一次访谈中，皮凯蒂不无嘲讽地评价了他的美国同事："在美国，经济学系的人觉得自己比世界上的其他人都要聪明，但在麻省理工学院待了两年之后，我并没有被他们说服。我觉得，如果我再待在那，我就会变得和他们一样！"

1995年，皮凯蒂离开美国，回到了自己的祖国——法国，并进入法国国家科学研究中心（Centre National de la Recherche Scientifique，简称CNRS）担任研究员。5年之后，他回到了自己的母校巴黎高等师范学院，在那担任教授。

回到法国之后，皮凯蒂逐渐形成了自己的研究风格。首先，他逐步摒弃了那种为发表而发表的研究路子，不再执着于那些无聊但容易发表的鸡毛蒜皮的话题，而是选择了财富和收入分配这个问题作为自己长期奋斗的方向。他明白，自己的奋斗目标已经不再是那些所谓的顶级期刊，而是要像马尔萨斯、李嘉图、马克思那些伟大的经济学家一样青史留名。其次，他在研究方法上放弃了自己唾弃的那种形式化、科学化的经济学研究路子，而是选择了一种更为接近历史的研究进路，试图通过搜集、整理历史数据来发现经济规律。最后，在其研究所蕴含的政治倾向上，皮凯蒂已经逐步完成了从右到左的转换。从这个时候开始，皮凯蒂越来越多地在自己的研究中强调政府在财富分配中所起的作用。

2001年，皮凯蒂在《政治经济学杂志》上发表了《法国的收入不平等：1901—1998》(*Income Inequality in France: 1901—1998*)一文，利用搜集到的税收信息重构了20世纪的法国收入分配数据，并对收入分配的变迁进行了探讨。这篇论文一经发表，就引起了学界的高度重视，同时，皮凯蒂也凭借这篇论文而声名鹊起。从这篇论文开始，皮凯蒂的研究风格基本成型。后来他的名著《21世纪资本论》(*Capital in the Twenty-First Century*)和《资本与意识形态》(*Capital and Ideology*)，基本延续了类似的写作风格。

2006年，法国的几所高校筹划在巴黎高等师范学院的应用理论经济学系和实验室的基础上创办巴黎经济学院。由于在学界声势日隆，又是从这里毕业的"嫡亲校友"，皮凯蒂理所应当地被推举成巴黎经济学院的创始院长。

在事业春风得意的同时，皮凯蒂在爱情上也获得了丰收，他开始与一位名叫奥雷利·菲利佩蒂（Aurelie Filippetti）的女士交往。所谓才子配佳人，能进入皮凯蒂这位才子视野的女人，当然也不会平凡。菲利佩蒂本身非常优秀，1973年出生的她毕业于法国丰奈特·圣云高等师范学院的古典文学专业，曾担任过法国环境部部长的助理，在2003年还出版过一部颇有名气的小说，是一位有名的才女。在很多人眼里，皮凯蒂和她可谓是郎才女貌，天作之合了。但遗憾的是，他们的感情并不长久。2009年，菲利佩蒂向法院指控皮凯蒂对其实施了家暴。这场家暴纠纷持续了很长时间，尽管法院最后以证据不足为由没有支持菲利佩蒂的指控，但两人的关系却由此走到了尽头，而皮凯蒂也因此次风波被搞得混乱不堪。几年之后，菲利佩蒂在奥朗德政府中出任了文化与交流部长一职。不过这都是后话了。

《21世纪资本论》

在结束了和菲利佩蒂的感情纠纷之后，皮凯蒂把更多的精力用在了自己的研究上。这一次，他要创作的不是一篇或几篇论文，而是一部足以震撼学界的著作。2013年，这本著作终于诞生了，它就是我们熟知的《21世纪资本论》（该书的法文版出版于2013年，英文版出版于2014年）。

从图书分类的角度看，《21世纪资本论》是一本十分独特的书。如果作为一部畅销书，那么这部书可能过于艰深了。尽管这本书里引述了很多人们熟知的历史典故和文学故事，但整部书还是略显乏味——事实上，充满更多书页的，是一张张普通人看不明白的图表和数据。但如果将它视为一本学术书，它似乎又过于不严谨了。我们知道，现在的经济学已经高度数学化了。一般来说，在经济学学术著作中，都会充满各种公式推演和计量分析。而在这本书700多页的篇幅里，竟然只有一个公式。是的，皮凯蒂竟然试图只用一个公式来刻画几百年来财富分配变化的趋势！尽管这本书无论从哪个角度看都很非主流，但令人惊奇的是，它一出版就畅销了，半年时间就卖出了30万册。虽然这和《哈利·波特》等畅销书相比可能算不了什么，但作为一本经济学著作，它已经算是十分畅销了。

那么，这本畅销书究竟讲了些什么呢？正如皮凯蒂本人在《21世纪资本论》的序言中指出的，这本书所探讨的是那个从古至今"最被广泛讨论和具有争议性的议题"——财富分配。虽然已有无数学者对这个问题从各个角度进行过探讨，但在皮凯蒂看来，这些探讨都是"无数据的争论"。为了扭转这种研究趋势，皮凯蒂先花费了大量的篇幅，描述了18世纪以来法、英、美、日，以及众多新兴市场国家的财富分配变化趋势。结果发现，除了"一战"之后的60年，财富分配总是在不断趋向不平等。

在数据描述的基础上，皮凯蒂进一步提出了关于财富分配演进的理论。他指出，财富分配不平等日趋恶化是由资本主义制度自身的规律造成的——只要资本的回报率（r）超过经济增长率（g），那么财富分配的不平等程度就会加剧。而如果不出现战争、革命等重大的冲击，那么r>g就是一个常态，因此财富不平等的加剧是一种不可避免的趋势。更甚者，财富集中后，又会反过来推高资本回报率（r），从而导致财富分配状况恶化的螺旋上升。

如果以上论述是对的，那么要打破"财富分配不平等螺旋上升"的最直接办法就是对资本存量直接征税。皮凯蒂建议，可以在全球范围内集体开征一项累进资本税，或者至少在欧洲等局部范围内首先开征这一税收。至于税率，皮凯蒂甚至建议最高可达80%！

事实上，很少有人会耐心读完《21世纪资本论》，有统计表明，购买了这本书的人平均的阅读页数仅有26页。但r>g，以及80%的累进税这些简单粗暴的内容点却足以深深印在人们的内心。更重要的是，这本书的书名实在是太容易让人们联想起马克思的《资本论》了。一时间，皮凯蒂就被人们冠以"21世纪的马克思"之名而捧上了神坛——虽然真正的马克思主义者并不这么认为。

随着《21世纪资本论》的畅销，"皮凯蒂旋风"刮遍了全球，他开始像流行歌手一样全世界巡回讲学、演讲。与此同时，他也结束了感情上的漂泊，和一位比他小12岁的经济学家朱莉娅·卡热（Julia Cagé）组建了家庭。虽然两人在恋爱时曾经传出过一些风波，甚至在结婚之前还传出过分手的消息，但两人的婚后生活还算幸福。现在，他们已经育有3个孩子。

《资本与意识形态》

对于多数学者来说，有一本像《21世纪资本论》这样的作品，平生足矣，但皮凯蒂显然没有满足。在《21世纪资本论》出版6年之后，皮凯蒂又推出了一本篇幅比它多上一半的巨作——《资本与意识形态》（该书的法文版出版于2019年，英文版出版于2020年）。在这本书中，皮凯蒂提出了一个更为宏大的问题：究竟是什么驱动了人类社会的意识形态的变迁。通过对人类几千年历史的追寻和检验，皮凯蒂给出了一个惊世骇俗的答案：其实推动意识形态变迁的动力是财富分配的不平等，所有的意识形态，本质上都是为了要对现有的财富分配状况作出合理解释。如果用这个观点去重新看待历史，那么很多原本温情脉脉的情节都会让人感到后背发凉。例如，法国大革命一向被人们认为是追求自由、平等和博爱，而根据皮凯蒂的理论，这其实只是对当时的财富分配新状况给出一个新的合理化的解释而已。

在《资本与意识形态》中，皮凯蒂花费了很大篇幅讨论了最近几十年的历史。他在书中提出了一个问题：为什么在过去的40多年里，财富分配不断地趋向不平等，但占有人口大多数的穷人却不利用手中的选票，通过民主制度来纠正这个趋势呢？皮凯蒂的答案是，因为左翼政党都变质了，从原来代表穷人的政党蜕变成代表精英的"婆罗门左派"。以美国为例，民主党一贯被认为是左翼的政党，但在2016年的大选中，民主党的主要票仓却集中在知识精英群体，而不是那些收入最低下的弱势群体。事实上，正是大批收入低下的"红脖子"用选票把政治素人特朗普投进了白宫。为什么会这样呢？在皮凯蒂看来，根本原因就是民主党其实已经成了"婆罗门左派"，它的执政基础已经不再是弱势群体。在这样的情况下，社会的弱势群体就失去表达自己意愿的渠道，他们要么选择"婆罗门左派"，要么选择"工商右派"，无论是谁上台，他们的境遇都不会有根本性的改变。

那么，怎么改变这一切呢？皮凯蒂给出了很多建议，除了一贯的高税收外，还强调了参与式民主的重要性。通过建立混合经济、建立公民资本禀赋和公民基本收入、在升学和教育问题上推进民主化，以及用民主券来抵制政治献金等方法，尽可能让更多的穷人参与到民主当中来，以便可以通过民主的方式改变自己的生活。可以预见，这些激进的政策会在不久的将来掀起一波更大范围的争论。

需要指出的是，尽管皮凯蒂提出的政策建议在社会上有很大的影响，但不少学者认为他的这些政策都是不切实际的。去年，曾任美国财政部部长和哈佛校长的著名经济学家劳伦斯·萨默斯和皮凯蒂，以及他的合作者塞斯、祖克曼等人在网上有过一次关于财产税的争论。萨默斯不无嘲讽地对皮凯蒂等人说道："税收是个很精密的事情，没有实践经验的人很难确切了解其运作。你们提议的财产税看起来很好，但实际上却很难实施，现实效果也不会那么好。"面对萨默斯这样的权威的指责，皮凯蒂一点儿也没有胆怯，而是反呛萨默斯说道："一个世纪前，还有人认为收入税都是不可能征收的。现在呢？"

谁会取得最后的胜利？到底是皮凯蒂的理论，还是其论敌的实践经验？这恐怕还需要时间的检验。不过，我想马克思的一句话是值得我们铭记的：理论一经掌握群众，也会变成物质力量！

延伸阅读

[法]托马斯·皮凯蒂,《不平等经济学》,中国人民大学出版社,2016年1月。

[法]托马斯·皮凯蒂,《财富再分配》,格致出版社、上海人民出版社,2017年3月。

[法]托马斯·皮凯蒂,《21世纪资本论》,中信出版集团,2014年9月。

卡尼曼：

让经济学
遇见心理学

丹尼尔·卡尼曼

Daniel Kahneman, 1934—2024

心理学家，美国科学院院士、美国人文与科学院院士。他将心理学研究的视角与经济科学结合起来，成为这一新领域的奠基人，获得2002年诺贝尔经济学奖。他的主要作品有《思考，快与慢》。

2024年3月27日，美国普林斯顿大学发布讣告，该校公共及国际事务学院的荣誉退休教授、美国科学院院士、美国人文与科学院院士丹尼尔·卡尼曼于当天去世，享年90岁。

卡尼曼将自己定义为一名心理学家。作为心理学家，他在认知心理学和享乐心理学（Hedonic Psychology）方面的成就举世公认。作为一名学者，他的影响更是远远超出了心理学，尤其在经济学领域影响巨大。20世纪70年代，"经济学帝国主义"如日中天，经济学家狂热地用经济学的理论范式和分析方法"殖民"社会科学的其他领域。卡尼曼反其道而行之，和几位合作者一起用心理学理论对经济学实施了一把"逆向殖民"，并成功地创立了新学科——行为经济学。2002年，他因在行为经济学领域的开创性工作而获得当年的诺贝尔经济学奖。

曾经，经济学理论几乎完全是以理性人假设作为出发点。正是卡尼曼和其合作者的工作，让"非理性"成为经济学的研究主题之一。经过几十年的发展，行为经济学已经成为经济学最具活力的领域之一。该领域的几个重要理论几乎都可以在卡尼曼那里找到源头。

早年岁月

1934年3月5日,卡尼曼出生于现以色列特拉维夫市。他的父母都是从立陶宛移民到法国的犹太人,平时居住在巴黎。当时,他的母亲正好去特拉维夫探亲,作为犹太人的卡尼曼就这么巧地在犹太人的故土降生了。

卡尼曼的童年是在巴黎度过的。他的父亲以法莲·卡尼曼(Efrayim Kahneman)在欧莱雅公司(L'Oréal)担任研究主管,有着不错的收入和社会地位,一家人的生活也相对安逸。但几年后,纳粹的铁蹄横扫欧洲,卡尼曼岁月静好的童年生活结束了。1940年,随着纳粹德国的进攻,法国的社会和经济陷入双重混乱,卡尼曼一家的经济状况也急转直下。不久后,纳粹德国占领巴黎,在纳粹的搜捕中,以法莲被投入了集中营。在其原雇主、欧莱雅的创始人尤金·舒勒(Eugène Schueller)的斡旋下,以法莲在6周之后被释放。虽然获得了自由,但巴黎已经不是安全之地了。于是,以法莲带着全家逃亡到法国中部暂住。1944年,罹患糖尿病的以法莲因缺少治疗去世。所幸在几周之后,盟军在诺曼底登陆。不久之后,法国光复,失去了顶梁柱的卡尼曼一家终于摆脱了战争的阴霾。

1946年,卡尼曼随母亲搬到了他的出生地特拉维夫。在那里,他喝到了5年来的第一杯牛奶,享受了一段短暂的平静。两年后,随着以色列建国,他又被卷入第一次中东战争的旋涡,再次在炮火纷飞中经历了生死。一直到10个月后战争结束,卡尼曼的生活才重新稳定下来。在经过了长期的颠沛流离后，卡尼曼终于拥有了祖国，但他却一直很难融入这个新的国家。虽然他很快学会了希伯来语，但在家里却一直说法语。卡尼曼不太愿意和小伙伴们一起玩，而更愿意像老学究一样读书思考。

或许是因为小时候经历了太多的生命无常，那时的卡尼曼对上帝的存在、生命的意义这类终极问题更感兴趣，并一度想成为哲学家。但移居特拉维夫后，他的兴趣逐渐转向心理学。按卡尼曼自己的说法，他是想借此弄明白是非对错在人们心中的起源。卡尼曼在15岁时做了一个职业倾向测试，结果显示他最适合成为心理学家，这让他更加确认了自己的想法。

1951年，卡尼曼高中毕业，进入希伯来大学学习，选择了心理学专业。那时，心理学有两个主要流派：以西格蒙德·弗洛伊德（Sigmund Freud）为代表的精神分析学派和以伯尔赫斯·弗雷德里克·斯金纳（Burrhus Frederic Skinner）为代表的行为主义学派。卡尼曼对这两者都不喜欢。一方面，由于不堪回首的童年，卡尼曼很排斥弗洛伊德的那套通过挖掘童年阴影来解释人们心理问题的思路；另一方面，他对斯金纳那样穿着白大褂，变着法折磨小白鼠的研究不以为然，他认为这类研究完全忽略了对人类行为的关心。相比之下，卡尼曼更痴迷于格式塔学派的理论。他关心的是人脑是如何将碎片化的知识整合为一个连贯的图像，社会因素又在这个过程中起到了什么作用。另外，他也对神经科学感兴趣，甚至一度想成为神经学医生。不过，当卡尼曼知道学医要经过十分艰苦的训练后，就放弃了这个想法。

1954年,卡尼曼大学毕业,以少尉的身份开始服兵役。在部队的第一年,他在步兵部队担任一个排的领导。随后,他因学习的是心理学专业而被调到以色列国防军心理部门,负责对新兵进行面试,考察他们应该被分配到什么岗位。起初,卡尼曼的面试主要靠直觉,但他很快发现,这样的结果很不准。按照他后来的说法,这是受到了"有效性幻觉"(Illusion of Validity)的干扰。为了克服这个干扰,卡尼曼编制了一个新兵的面试量表,从多个维度评估新兵的能力。实践证明,基于量表评估的准确率要比直观评估高很多,这份量表被以色列军队沿用了几十年。

1956年,卡尼曼结束了军旅生涯。希伯来大学的学术委员会决定资助他出国继续深造。但当时的卡尼曼深感自己基础知识不足,选择先留在以色列自学了1年多。1958年,他前往美国,在加州大学伯克利分校攻读心理学博士学位。在伯克利分校读书时,卡尼曼全面而系统地学习了心理学的重要理论。不过,根据他的回忆,他读博期间最重要的智力收获却并非来自研究生院,而是来自马萨诸塞州斯托克布里奇镇的奥斯汀·里格斯(Austen Riggs)诊所。1958年夏天,卡尼曼在那里学习了几个月。通过和大卫·拉波特(David Rapaport)等专家的交流,卡尼曼学到了很多东西,其中就包括关于注意力资源分配的问题,以及对"事后聪明式偏见"(Hindsight Bias)行为的最初思考。1961年,卡尼曼在苏珊·埃尔文(Susan Ervin)的指导下完成了他的博士论文。论文是关于语义分析中形容词之间的关系，内容本身十分沉闷，以至于埃尔文在评阅论文时"如同在泥泞中艰难行进"。但对于卡尼曼而言，写作时却十分享受，因为这使他能够从事自己最喜欢的两项工作——复杂相关结构的分析和FORTRAN编程。

初入学界

在伯克利分校取得博士学位后，卡尼曼回到希伯来大学任教，正式开始了自己的学术生涯。在最初几年中，卡尼曼的研究集中在视觉感知和注意力方面，为此他专门建立了一个视觉实验室，开展了一系列研究。

1965年，为了进一步提升自己的学术能力，卡尼曼再赴美国密歇根大学进行博士后研究。在密歇根大学时，他和一位叫杰克逊·比蒂（Jackson Beatty）的研究生一起研究人在催眠状态下被要求复述数字时瞳孔的变化状况。他们发现，人在听到数字时，瞳孔会稳定扩张，在复述数字时瞳孔则会稳定收缩。这表明在短期记忆任务中，瞳孔收缩可以被用来作为考察人脑处理状态的指标。这个成果很快就被发表在《科学》杂志上，并受到了广泛关注。随后的一年中，他们又合作发表了多篇论文，其中又有两篇发表在《科学》杂志上。

这一系列的工作让卡尼曼声名鹊起。在结束了博士后工作后，他向希伯来大学要求终身教职。对此要求，希伯来大学不置可否。于是，卡尼曼一怒之下决定先不回以色列，而是到哈佛大学担任一年访问学者。在哈佛大学的日子让他收获良多，不仅获得了很多研究灵感（如关于选择性倾听的课题），还结识了英国心理学家安妮·特莱斯曼（Anne Treisman）。日后她成为卡尼曼的第二任妻子。

在结束了哈佛大学的一年访学后，卡尼曼又到剑桥大学担任了一段时间的访问学者。1967年秋，希伯来大学终于同意给予卡尼曼终身教职，于是他放下了对母校的心结，回到了以色列。

特沃斯基

回到希伯来大学，卡尼曼除了给本科生授课，还要主持研究生的讨论班。在讨论班上，他会邀请不同的学者做研究内容的报告。

1969年的一天，他请来了自己的年轻同事阿莫斯·特沃斯基做报告。特沃斯基比卡尼曼小3岁，是一位数理心理学家。他在密歇根大学读的博士，理论上应该和卡尼曼有很多交集。不过实际上，在这次讨论班之前，两个人无论是在美国还是在以色列都少有交集。原因是他们的研究兴趣相差甚远，卡尼曼更专注于实际问题，特沃斯基则醉心于用数学来描绘心理理论。

当时的特沃斯基正和合作者写作一部名为《测量基础》（*Foundations of Measurement*）的艰深著作，这部书中都是数学领域的内容,在卡尼曼的讨论班上报告显然并不合适。为了避免尴尬,他报告了自己在密歇根大学的导师沃德·爱德兹(Ward Edwards)的一项实验。在实验中,研究人员把两个装满了红、白两色筹码的袋子放在被试者面前。其中的一个袋子里红、白两色筹码分别占75%和25%,另一个袋子则正好相反,红、白两色筹码分别占25%和75%。被试者被要求从中任选一个袋子,并一个个往外拿筹码。被试者每拿一个筹码,就需要向研究人员汇报一次他认为袋子里究竟是红筹码多还是白筹码多。

根据特沃斯基的介绍,被试者的猜测会根据抽出筹码的颜色而不断调整,其行为模式十分类似于贝叶斯公式的预测。但卡尼曼对此表示怀疑。在他看来,人脑在思考时并不会自发地参考什么数学公式,而是会更多地依靠直觉。面对卡尼曼的质疑,特沃斯基也不甘示弱,于是两人就在课堂上争辩起来。下课之后,他们还不过瘾,就这个问题多次约饭进行讨论。正所谓不打不相识,这场学术争论意外地让素来沉默孤傲的卡尼曼和特沃斯基成为挚友。在卡尼曼的引导之下,特沃斯基最终也动摇了原本的信念,转而同意卡尼曼关于人在决策时会受非理性因素影响的观点。

在此之后,两人开始了长期的合作。短短几年内,他们就一同撰写了大量的论文,并提出了包括启发性偏见、前景理论、框架效应在内的一系列重磅理论。

这些合作让卡尼曼和特沃斯基在学术界声名大噪,这给了他们走出以色列，去学术更发达的北美闯荡的机会。于是，20世纪70年代，他们商定一起移居美国。此时，有个严峻的问题摆在了两人面前，当时的特沃斯基只想去哈佛大学或者斯坦福大学，但无论是其中的哪一所学校，都只愿意接受他们中的一人。因为精明的校方知道，对于如此深度合作的两位学者，只要挖到了其中一位，就可以拥有他们的合作成果。如果一次性招了两人，就等于多负担了一个人的薪水。最终，在特沃斯基受聘斯坦福大学后，卡尼曼受聘加拿大的英属哥伦比亚大学。1986年，他离开英属哥伦比亚大学，受聘加州大学伯克利分校。此后又于1993年跳槽到普林斯顿大学。

虽然他们交流的机会少了，但并没有减少卡尼曼和特沃斯基之间的情谊，两人还一直合写文章，只不过合作模式变成了其中一人完成大半部分工作，再让另一个人提出一些意见，然后挂名。这种奇怪的合作方式一直持续到了特沃斯基去世。

"逆向殖民"经济学

在移民北美前，卡尼曼和特沃斯基的一系列研究成果已经被经济学界关注。一些经济学家开始邀请他们作为心理学界的代表进行交流。对此，卡尼曼和特沃斯基一开始很高兴。但很快，他们就发现在"经济学帝国主义"盛行的当时，要说服经济学家相信自己的研究是多么困难的一件事。在这种情况下，特沃斯基向卡尼曼建议，应该花心思去着力影响那些对心理学感兴趣的年轻经济学家。

事实证明，这个策略是有效的。很快，一些刚刚崭露头角的经济学家成为他们的合作者和信徒。他们当中就包括后来被誉为行为经济学创始人的理查德·塞勒。

在这些后起之秀的努力下，关于非理性行为的研究在经济学界从边缘变为了主流。现在，大约每10篇经济学论文中，就有一篇是关于行为经济的。至此，卡尼曼终于不用忍受经济学家的傲慢了。不仅如此，2002年他还成功获得了经济学界的最高荣誉——诺贝尔经济学奖，也就是说，他以一个心理学家的身份成功跻身经济学界的顶层。遗憾的是，特沃斯基已经于1996年因癌症去世，否则他或许会与卡尼曼分享这个奖项。

值得一提的是，在经济学家接受了卡尼曼的理论之后，他们又将这套理论扩展到其他学科，这使卡尼曼的学术影响进一步扩散。一个典型的例子是，在塞勒的影响下，法学家卡斯·桑斯坦（Cass Sunstein）也成为行为经济理论的信徒。后来，桑斯坦成为法学界的巨擘，并成为奥巴马政府的重要顾问。他和塞勒一起将行为经济学应用于政策制定，形成了著名的"助推"理论，产生了很大的影响。

卡尼曼的一生，涉猎十分广泛，学术贡献遍及多个领域，发表的论文多达数百篇，要全面介绍其学术贡献很困难。限于篇幅，这里只着重介绍其在行为经济学领域的几个开创性贡献。

启发性偏见

在传统的经济学中,人的决策行为被假设为是完全理性的。这意味着,在面临不确定情况时,人们会按照概率论公式去进行决策。毫无疑问,这种传统思想的影响是巨大的。比如,特沃斯基在卡尼曼讨论班上展示的那个实验,就显然受到了这种思想的影响。但是,在卡尼曼看来,这个说法并不靠谱。事实上,当他在以色列国防军的心理部门服务时,就早已认识到了这一点。那时,人们完全不会根据数据和概率论知识去考察一个新兵适合干什么,而是直接依据直观感受来完成这个判断。在卡尼曼用自己的观点说服了特沃斯基后,两人将这个观点进一步发展成为一套理论,即所谓的"启发性偏见"(Heuristic Bias)理论。

在1974年发表的论文《不确定状况下的判断:启发式和偏见》(*Judgment under Uncertainty: Heuristic and Biases*)中,卡尼曼和特沃斯基首次阐述了这个理论。他们指出:"在面临不确定时,人们通常会依靠数量有限的启发式原理,这些原理将评估概率和预测值的复杂任务简化为更简单的判断操作。"

根据启发来源的不同,启发性偏见可以分为以下三类。

第一类是代表性启发(Representativeness Heuristic)。在现实生活中,人们经常会对某些具有代表性的事件给予过高的重视。

比如,卡尼曼和特沃斯基要求被试者根据对一个虚拟人物的描述来猜测他的职业。根据他们的描述，这个人"非常害羞和孤僻，总是乐于助人，但对人或现实世界几乎没有兴趣。他是一个温顺整洁的灵魂，需要秩序和结构，对细节情有独钟"。在描述完上述特征后，他们问被试者该人更可能是一名图书馆管理员还是一个农民。虽然在这段描述中并没有包含任何关于职业的信息，但结果大多数被试者都认为这个人是图书馆管理员。很显然，这种情况的出现，是因为描述似乎更符合人们对于图书馆管理员的刻板印象。

在后续的研究中，卡尼曼和特沃斯基还发现，这种代表性启发可能让人们无视额外信息和统计规律。在后续的实验中，他们向被试者描述完这个人的特征后，还额外告诉被试者该人所在的社区的职业构成信息，如"这个社区有70%的农民"。然而，实验显示这些额外信息对被试者的决策影响并不大。

代表性启发的一个特例是"小数定律"，即人们会过度依赖通过对一个小样本的观察来推测总体规律。比如，卡尼曼和特沃斯基在一个实验中，曾问被试者："已知一个城市八年级小学生的平均智商是100。现在从中选出50人进行研究，发现其中一人的智商是150。那么这50人的平均智商最有可能是多少？"通过简单的计算可以知道，这个问题的答案是101，但实际上被试者回答的值要比这高得多，这主要是因为那个高智商的孩子给他们留下了太深的印象。

第二类是可得性启发（Availability Heuristic）。由于人的知识和思维能力都是有限的，在决策中，他们会更倾向于以自己容易获取的信息为参考。比如,卡尼曼和特沃斯基曾在一个实验中问被试者:"如果从英文文本中随机选择一个词,那么它以K开头的概率和它的第三个字母是K的概率哪一个更高?"结果显示,被试者明显倾向于认为以K开头的概率更高。但事实上,在常见文本中,第三个字母是K的单词出现概率要比以K开头的单词出现概率高两倍。卡尼曼和特沃斯基认为,这是因为思考以K开头单词出现概率是相对容易的,当被试者发现其概率不小时,就会想当然地认为它的概率比第三个字母是K的概率更高。

第三类是调整性启发(Adjustment Heuristic)或者"锚定"(Anchoring)启发式。这种启发性偏见指的是人们在进行估算和判断时,会更倾向于在一个"锚点"的基础上来进行调整,即使这个锚点未必和问题有关。比如,卡尼曼和特沃斯基曾做过一个有趣的实验。在实验中,他们先要求被试者估算非洲究竟有多少国家。然后,他们要求被试者转动一个标有0到100的数字转盘,得到一个数值,并问他们认为自己估算的非洲国家数比这个数值大还是小。随后,他们继续要求被试者估计联合国成员国里有多少个非洲国家。很显然,联合国里面有多少个非洲国家完全和转转盘得到的数字无关。但在实验中,被试者对后者的估算明显受到了前者的影响。如果他转到的数字是10,那么他报出的估算值平均为25;如果他转到的数字是25,则报出的估算值平均为45.8。

很多时候,这种启发式的决策方法十分实用,可以大幅减少决策成本。然而，在一些情况下，这种决策方式却会造成很多问题。一类典型问题是"过分自信"（Overconfident）。在实践当中，人们经常会根据过去的经验，以及某些片面的信息认为某事很容易处理，这种草率可能会让他们陷于失败的境地。另一类典型问题是"事后聪明式偏见"。它指的是人们在事后总是会根据直觉或某些信息，认为自己在事前就已预测到了事件的结果。比如，在某些重大事故发生之后，总会有人说事故的原因是很显然的，本来可以避免。但实际上，如果放在事前，这些事故原因未必能够很容易被发现。因而，"事后聪明式偏见"效应很容易造成对事故责任的简单归因和归责。

前景理论

在行为经济学兴起前，经济学倾向于用期望效用理论来分析人在不确定性下的决策。根据这种理论，人们在进行决策时，会分别计算每一种状态下可能得到的效用值，将它们根据状态发生的概率得出一个期望效用，以此来作为行动的指标。

比如，某人玩抛硬币游戏，如果抛到正面，他可以得到100元；如果抛到背面，他什么也得不到。假设硬币正反的概率都是50%，他个人从游戏中得到的效用是所得金额的开方，并且玩这个游戏需要花24元，那么他会玩这个游戏吗？答案是肯定的。如果抛到正面，得到的效用将是10个单位；如果抛到背面，得到的效用将是0个单位，最终其期望效用为5个单位，这等价于25元带给他的效用。因而，花费24元来玩这个游戏对他来说就是划算的。

现实中，人们对于风险的倾向是不同的，有的人偏好风险，有的人则回避风险，这种区分可以用期望效用函数来定义。如果一个人的期望效用大于收益期望值所带来的效用，那么他就是偏好风险的；反之，他就是回避风险的。比如，在上面的抛硬币游戏中，玩家可以从游戏中获得的期望收益为50元，对应的效用为7.07单位，如果一个人从这个游戏中获得的期望效用高于这个值，那么他就是一个风险偏好者，反之他就是一个风险回避者。

在很多情况下，期望效用理论可以很好地预测人们的行为，但在一些情况下，它也存在着问题。比如，人们其实会在不同的状态下，对风险表现出迥然不同的态度。1988年，诺贝尔经济学奖得主莫里斯·阿莱（Maurice Allais）曾做过一个实验。他首先让100个被试者在A、B两个赌局中进行选择。在赌局A中，他们有100%的机会能得到100万元；在赌局B中，他们有10%的机会能得到500万元，有89%的机会能得到100万元，有1%的机会什么也得不到。结果，绝大部分的被试者都选择了赌局A。根据期望效用理论，被试者更类似于风险偏好者。随后，他又设计了C、D两个赌局让被试者进行选择。在赌局C中，他们有11%的机会得到100万元，89%的机会什么也得不到。在赌局D中，他们有10%的机会得到500万元，90%的机会什么也得不到。结果，绝大部分的被试者则选择了赌局D。根据期望效用理论，他们又更类似于风险回避者。很显然，根据期望效用理论，很难对上述实验现象作出良好的解释，经济学中将其称为"阿莱悖论"（Allais Paradox）。

那么，上述的悖论应该如何解释呢？针对这个问题，卡尼曼和特沃斯基提出了著名的"前景理论"。根据前景理论，人们在进行决策时，会关注某一个财富的参考点。相比于财富的总量，他们会更加重视财富相对于这个参考点的变化。当面临收益时，他们会更倾向于风险回避；而当面临损失时，他们会更倾向于风险偏好。一般来说，一定数量的财富减少给人们带来的痛苦将会远大于同等数量财富增加给人带来的快乐。例如，丢失100元的痛苦会远大于得到100元带来的快乐。此外，人们的风险态度会在很大程度上受前期决策结果的影响。具体来说，前期盈利可以使人的风险偏好增强，还可以平滑后期的损失；而前期损失则加剧了以后亏损的痛苦，风险回避程度也相应提高。

运用前景理论，就可以很好地破解阿莱悖论：当人们被要求在阿莱安排的A、B两个赌局中进行选择时，赌局A中的100万确定收入会被视为一个参考点。如果他选择了赌局B，那么他就有1%的可能什么也得不到，这带给他们的痛苦将远大于10%概率获得500万元所带来的快乐。而在C、D两个赌局中，本来他们就有非常大的概率什么也得不到。如果他们将此作为参考点，那么放手一搏赢得500万元所带来的快乐，将会远高于以略高一点点的概率得到100万元的快乐。

在后续的研究中，卡尼曼与特沃斯基继续对前景理论进行完善。例如，在与塞勒合作的一项研究中，他们指出了禀赋效应（Endowment Effect）的作用，即当人们拥有某个物品时，他们会非常倾向于持有它。他们用一个简单的实验说明了这一点。当一群被试者被预先发了一个马克杯后，他们并不愿意用它来交换巧克力；而当另一群被试者被预先发了一块巧克力后，他们也并不愿意用它来交换马克杯。尽管禀赋效应看起来十分简单，但它却可以解释很多用传统经济理论难以解释的现象。比如在金融市场上，大批股民明知道自己的股票未来走势不会很好，却很不愿意将它们抛出，这就是禀赋效应的一种体现。

值得一提的是，卡尼曼和特沃斯基提出前景理论的基本思想是在20世纪70年代中期，当时他们将这个理论同时写成了多篇论文，分别在经济学和心理学的期刊上发表。结果，那篇1979年发表于《计量经济学》上的《前景理论：对风险决策的分析》（*Prospect Theory: An Analysis of Decision under Risk*）在经济学界引起了轰动（到笔者写作本文时，其谷歌引用量已经达到了8万多次），而同期发表在心理学刊物上的几篇论文则应者寥寥。正是这一次墙内开花墙外香促成了卡尼曼和特沃斯基后来更多地投身到经济学界。但尽管如此，他们还依然将心理学视为自己的主业。或许这本身就是前景理论和禀赋效应的一个案例，毕竟成为著名经济学家会给他们带来快乐，但这可能并不足以抵消让他们放弃心理学这个旧业所带来的痛苦。

框架效应

所谓"框架效应"（Framing Effects），指的是人在进行决策时会受到背景环境的影响。

在1986年发表的论文《选择、价值和框架》（*Choices, Values, and Frames*）中，卡尼曼和特沃斯基用一个公共卫生的例子向人们展示了"框架效应"。

他们安排了这样一个实验：他们要求被试者想象自己正在面临一场疾病的暴发。如果不进行任何干预，预计这种疾病将导致600人死亡。现在，政府已经提出了两种对抗这种疾病的方案。如果采用方案A，将有200人获救；如果采用方案B，有1/3的概率会让600人都获救，但有2/3的概率会导致所有患者死亡。在描述完上述设定后，被试者被要求选择一个更为喜欢的方案。结果有72%的被试者表示他们更喜欢方案A。

然后，他们让另一群被试者也考虑类似的选择。他们给出了C、D两个方案。如果采用方案C，将会有400人死亡；而如果采用方案D，则会有1/3的概率让所有人获救，有2/3的概率造成所有人都死亡。结果，在这群被试者中，有78%都表示会选择方案D。

如果对上述两组选择进行比较，就会发现他们给出的选项其实都是一样的，只是表述的方式有所不同。在第一组选择中，给出的方案A强调了可以拯救的患者数，这会引起人们更为关注收益中的风险程度。这会让他们感觉方案A的确定拯救200

人要比方案B的期望拯救600人要好。在第二组选择中，对死亡的强调则会唤起人们对损失的风险偏好。他们会认为，与其让400人确定地死去，倒不如尝试一下冒险，看看能不能让更多的人获救。

在卡尼曼和特沃斯基之后，有很多学者对框架效应进行了深入研究。其中，成就最大的是塞勒。在与埃里克·约翰逊（Eric Johnson）合作的一项研究中，他在框架效应的基础上提出了"心理账户"（Mental Accounting）的概念，并用它来解释金融市场中的一些反常现象。根据金融学的理论，一个理性的投资者应该根据情况的变化对资产组合不断进行配置，当他发现某项资产未来收益堪忧时，就应该及时抛出它们，并将资金配置到更优质的资产上。但现实中，情况并非如此，大批股民在经历了股票暴跌后都不会愿意"割肉"并重新配置资产，更愿意坐等它重新回本。塞勒认为，之所以会有这样的情况出现，是因为投资者人为地为不同的资产设立了一个独立的心理账户，将它们的盈亏独立地进行了核算。在这种状况下，他们就会过分关注某个个股的涨跌，而非整个资产组合的收益变化。

体验到的幸福感

在涉足经济学领域的早期，卡尼曼的研究主要集中在人的决策偏差问题上。在学术生涯的晚期，他又把关注的焦点重新移回早年关注的享乐心理学问题，并尝试将这个理论和经济学相结合，从而探索一套基于体验的幸福感（Experienced Well-being）的经济理论。

卡尼曼通过一系列的研究发现，人的认知偏差不仅会导致他们的行为偏离最优，在一些情况下，人们还会因为错误估计自己行为所导致的幸福后果，从而让自己的行为难以达到最优的结果。在2000年的论文中，他指出人们倾向于使用"过渡规则"（Transition Rule）来思考问题，他们对于某个新情况的初始预测通常很准确，却会把这错误地用作预测该情况的长期影响的代理变量。因此，他们总是会倾向于低估适应带来的效用后果，夸大生活中的变化所导致的效用变化。在现实生活中，卡尼曼所说的情况是很常见的。比如，人们在减肥初期，会产生强烈的不适感觉。在很多情况下，他们会认为这种不适感会很长久，但对于减肥成功带来的好处却难以感知。这种感知上的偏误很容易让人们在减肥过程中半途而废。

在卡尼曼看来，幸福应该是经济学关注的最终对象，而经济政策的制定也应该以纠正人们对幸福感知的偏误，引导人们以实现幸福的最大化为目标。基于这一理念，他和经济学家艾伦·克鲁格（Alan Krneger）一起，建立了一套"国民幸福指数"。这个指数包含四级指标体系：社会健康指数、社会福利指数、社会文明指数、生态环境指数。每一级指标体系都由若干个指标构成。在计算每一级的指数后，再通过加权平均得到最终指数。虽然这个指数在理论和实践上还存在着很多的缺陷，但在很大程度上，它已经成为GDP之外，用来评估国家发展水平的一个重要指标。

在后续的研究中,卡尼曼围绕着经验幸福感和幸福指数进行了很多的工作。根据谷歌学术,他生前发表的最后几篇论文都是关于这个主题的。

快思慢想

2012年,卡尼曼出版了《思考,快与慢》(Thinking, Fast and Slow)一书。这本书是一部通俗读物,学术性并不强,在很大程度上可以将其看成卡尼曼对自己学术成就的一个总结。

在这本书中,卡尼曼指出人类的认知系统包含两个部分:系统1和系统2。其中,系统1反应快速、依赖直觉,几乎不需要我们的努力就能完成任务;系统2则具有惰性,它的工作需要我们集中注意力,不过它也更为理性和精确。

在卡尼曼看来,启发性偏见、前景效应、框架效应等问题,就是由于人们在决策时太多依靠系统1。因而,为了克服它的干扰,人们需要在很多时候让思考慢下来,让系统2更好地发挥作用。

值得一提的是,卡尼曼并没有像很多学者那样,仅仅只是告诉人们出现了哪些问题。在此基础上,他还针对现实中的认知偏差提出了一些应对之道。比如,他提醒人们,在决策时应该意识到启发性偏见的存在,主动对这些偏差进行矫正;对于"事后聪明式偏见"问题,他则建议引入一种"事前验尸"的思路,在事故发生之前就假设它已经发生了,并以此为出发点来对项目进行全面的评估。

此外,他还告诉人们,其实这些认知偏差并不完全是问题。如果善于利用它们,反而有助于改善很多政策。卡尼曼的这个建议当然是正确的。事实上,包括桑斯坦在内的很多学者已经将卡尼曼的上述思路用于实践了。他们在环境、能源、法律等多个领域都利用人的认知偏差进行政策"助推",从而让政策的执行效率得到大幅提升。

在逆境中追求成功

卡尼曼生命的最初十几年无疑是不幸的:童年丧父,颠沛流离,忍饥挨饿……或许,正是这些磨难导致了他早期的孤僻和不合群。但是,这些磨难并没有打垮他。虽然现实世界战火纷飞,但他却从书本和知识中寻求到了宁静。在战争阴霾散去,生活重归于平静之后,他并没有执着于过去留下的创伤,而是选择最为积极的享乐心理学作为自己的研究方向,将探究幸福的秘密作为自己的追求。在意外与特沃斯基结识后,他又积极地抓住了珍贵的友情,和自己的朋友一起创造了常人难以企及的学术成就。现在,卡尼曼毫无疑问已经成为20世纪最为重要的心理学家和经济学家之一。

延伸阅读

[美]丹尼尔·卡尼曼,《思考,快与慢》,中信出版社,2012年7月。

[美]丹尼尔·卡尼曼、[美]保罗·斯洛维奇、[美]阿莫斯·特沃斯基,《不确定状况下的判断:启发式和偏差》,中国人民大学出版社,2008年9月。

[美]丹尼尔·卡尼曼、[美]阿莫斯·特沃斯基,《选择、价值与决策》,机械工业出版社,2018年4月。

格兰诺维特：
解释关系的力量

马克·格兰诺维特

Mark Granovetter, 1943—

20世纪70年代以来全球最知名的社会学家之一,主要研究领域为社会网络和经济社会学,提出了弱连接理论。

自加里·斯坦利·贝克尔以来，经济学的分析方法不断向其他学科渗透、扩张，社会学、政治学、法学甚至地理学等多个领域都受到经济学的影响。这个现象，被人们戏称为"经济学帝国主义"。但事实上，学科之间的交互从来都不是单向的。在经济学大举"侵犯"其他学科疆界的同时，其自身的疆界也受到来自其他学科的"侵蚀"。例如，丹尼尔·卡尼曼成功地把心理学植入了经济学，开创了行为经济学，从而斩获了2002年的诺贝尔经济学奖；埃莉诺·奥斯特罗姆凭借一项政治学研究摘取了2009年的诺贝尔经济学奖。

既然心理学家、政治学家都曾经获得过诺贝尔经济学奖，那么社会学家是否也有机会呢？在我看来，这种机会不仅有，而且很大。事实上，经济学和社会学在研究领域上有很多交集，其相互渗透程度也是最大的。那么，如果真有一位社会学家可以获得诺贝尔经济学奖，他最可能是谁呢？在我看来，格兰诺维特或许是最有希望的人选。

作为社会网络理论的重要代表，格兰诺维特一直致力于经济社会学的研究，其关于"镶嵌""强关系和弱关系""门槛效应"的研究都对学界产生过巨大影响。他还曾和奥利弗·威廉姆森等重量级的经济学家在很多问题上发生过论战。作为一名积极抵抗"经济学帝国主义"的坚定斗士，以及"社会学帝国主义"的积极倡导者,给他颁一个诺贝尔经济学奖恐怕也不为过。

马克·格兰诺维特生平

1943年,格兰诺维特出生于美国新泽西州的泽西市。泽西市规模并不大,但地理环境优越,距离美国东部多所名校的路程都不远,人文环境良好,格兰诺维特就在这里度过了他的童年。上大学时,他选择了离家只有1小时车程的普林斯顿大学,并以历史作为自己的专业方向。

在普林斯顿大学求学期间,他读到了法国历史学家乔治·勒费弗尔(Georges Lefebvre)关于法国大革命的论著。和一般的历史著作不同,勒费弗尔选择了一个十分特殊的角度——流言——来诠释这场大革命。这种分析方法彻底吸引了格兰诺维特。从此之后,他开始尝试从社会网络的角度来分析问题。

1965年,格兰诺维特从普林斯顿大学毕业,随即进入哈佛大学攻读社会学方向的博士。此时,哈佛大学已经有哈里森·怀特(Harrison White)等一批人在从事社会网络的研究,格兰诺维特很自然地就加入了他们的行列。在怀特的指导下,格兰诺维特开始以"找工作"作为自己的博士论文方向,这让他在不知不觉中走进了经济学的传统领地。

1970年,他从哈佛大学毕业,进入约翰·霍普金斯大学任教。在霍普金斯任教期间,他整理了博士论文的观点,并在

1973年发表了《弱关系的优势》(The Strength of Weak Ties)一文,一举奠定了其在社会网络研究领域的地位。同年,他又出版了《找工作:关系人与职业生涯的研究》(Getting A Job: A Study of Contacts and Careers),对自己的观点做了进一步阐发。

以上著作的出版,为格兰诺维特赢得了大名。1977年,他应纽约州立大学石溪分校的邀请加盟该校。在石溪分校期间,他重新思考了大学期间曾关注的革命、暴动等问题,提出了"门槛模型",并不断用这一模型来分析群体性事件。

随着研究的不断深入,格兰诺维特的雄心不断增强。为了抗衡"经济学帝国主义",他于1985年提出了"新经济社会学"的概念。同年,他发表了《经济行动与社会结构:镶嵌问题》(Economic Action and Social Structure: The Problem of Embeddedness)一文,在批判经济学和传统社会学不足的基础上,强调了社会网络的重要性。此后,格兰诺维特不断把研究引向深入。例如,为了回应企业史大师钱德勒"战略决定结构"的观点,他开始从社会网络角度来研究产业结构的形成。

1992年,格兰诺维特离开石溪分校,转赴西北大学。3年后,他又转到斯坦福大学任教,并一直持续至今。

镶嵌理论

"镶嵌"是格兰诺维特理论中的一个重要概念。这个词最初来自经济史学家卡尔·波兰尼(Karl Polanyi)。在波兰尼那里,"镶嵌"指的是经济与政治、宗教之间相互嵌入的关系。格兰诺维特借用了波兰尼的这个词,但对其意义却给出了新的解释。在他的理论里,"镶嵌"指的是个人在社会网络中的互相嵌入关系。

在传统经济学家的眼中,人是"理性"的。在各类经济社会活动中,理性人主要按照权衡利益得失行事,而不受社会结构、社会关系的影响。因此社会网络是不重要的。但传统社会学家的观点则正好相反,他们更强调社会对个人的影响。大多数社会学家认为,人的行为取决于其社会化过程。社会的风俗和价值观等因素通过教育等途径会逐步内化为个人的行动准则,从而影响人的具体行为。

对于这两种观点,格兰诺维特都不赞同。他把这两种观点分别冠以了"低度社会化"和"过度社会化"之名。在他看来,尽管这两种观点在表面上分处两个极端,却"共同地以社会性孤立的行动者作为行动与决定的中心"——在前者的观点中,孤立来自个人对自我利益的一味追求;在后者的观点中,孤立来自个人的"行为方式已经被内化"。它们都脱离了具体的社会情境和个人所处的社会关系,其分析结论也都和现实相差甚远。

针对这两种观点的问题,格兰诺维特主张,既要避免"低度社会化"的分析倾向,把人认为是孤立的原子,也要避免"过度社会化"的分析倾向,把人看成附属于社会的奴隶。而应该把人看作镶嵌在真实的、正在运作的社会关系系统之中的,有目的的行动个体。

弱关系的力量

"关系"（ties）是衡量人与人之间关联的一个重要指标。不同亲密程度的人与人之间，"关系"的紧密程度也各不相同。在分析中，可以用"认识时间的长短""互动的频率""亲密性"，以及"互惠性服务的内容"等维度来对关系的强度进行衡量。

在传统的社会学中，一般会强调强关系的作用。例如，我国社会学泰斗费孝通先生提出过"差序结构"，其本质就是强调强关系对于人的行为的影响。但格兰诺维特则反其道而行之，强调了弱关系的影响。

在撰写那篇关于"找工作"的博士论文的过程中，他就意识到了弱关系的作用。通过大量的调查，他发现很多人能找到工作，其实主要依赖于弱关系而非强关系。而其作用机制则主要是信息传播。一般来说，具有强关系的人，基本处于同一群体，他们拥有的信息基本是同质的。而那些彼此关系较弱的人，则可能分处不同的群体，因此可能会拥有差异化的信息。显然，这种差异化的信息对于人们找工作是十分重要的——例如，你从一个并不熟悉的朋友那里听来的招聘信息很可能会彻底改变你日后的职业路径。格兰诺维特把弱关系的这种作用称为弱关系的力量。

弱关系概念的提出，对于传统的经济学和社会学都是一个重要的补充。这一概念沟通了个人和集体，从而让人们在思考个人行为时，不再仅仅聚焦于个人理性，也不再集中于社会结构,而更多地思考人与集体之间的关联。应该说,这一概念的提出是十分具有革命性的。

门槛模型

传统的经济学认为,人是理性的,其行为取决于对行动利弊的权衡。但现实中,情况并非如此。在很多时候,我们考虑是否进行某项活动前,并不会仔细考虑成本—收益,只会看别人会不会这么做。如果有足够多的人这么做,我们就会从众。诺贝尔经济学奖得主、战略大师托马斯·谢林很早就分析过这一问题,并提出了"引爆点"(Tipping Point)的概念。

我不知道格兰诺维特有没有读过谢林的作品,但他在1978年的论文《门槛模型与集体行为》(*Threshold Models of Collective Behavior*)中,确实提出了类似的分析。根据"门槛模型",一个集体的内部结构会对集体行为产生很大影响。例如,如果在一个集体中,大部分人都是容易被煽动的,或者说对于从事某事件有较低的门槛,只需要有很少的人行动,他们就会行动,那么这个集体就更容易发生群体行为。反之,如果这个集体中多数人不易煽动,那么这个集体发生群体行为的可能也就相应较低。而一个集体的结构,显然和集体的人群构成、收入水平、教育水平相关,因此这套理论的提出,就在这些特征和集体行为之间建立起了联系。

和威廉姆森的纷争

自罗纳德·科斯以来，经济学家们已经习惯于从交易成本的角度来解释企业的存在和边界。在科斯看来，由于市场上存在着交易成本，因此企业的存在是必要的，因为它可以通过企业内部的行政指令来减少交易成本。当然，企业内部的管理也存在成本，市场交易成本和企业管理成本之间的权衡就决定了企业的边界。

作为科斯理论的继承者，威廉姆森细化了科斯关于交易成本的概念，发展了企业理论。他认为，交易成本是决定企业结构的直接因素，而企业面临的不确定性则可以作为交易成本的衡量指标——不确定性越强，交易成本越大。企业面临的不确定性主要源于以下几个因素：一是环境和交易对方的机会主义行为导致不确定性；二是资产的专属性导致沉没成本；三是交易次数的不确定性。这些因素决定了交易成本，进而决定了企业的结构。在他的《市场与层级制》（*Markets and Hierarchies*）一书中，对于这套理论给出了详细的论述。

作为社会学家，格兰诺维特对于经济学家的这种分析十分不满。在阅读了《市场与层级制》后，格兰诺维特对威廉姆森的理论提出了批评。他认为，威廉姆森的理论中同时有低度社会化和过度社会化的错误。他指出，在威廉姆森看来，市场是低度社会化的，人与人之间除了相互竞争，没有其他关系；而在企业内部，则存在过度社会化，人们会忠实、无条件地执行企业主的命令。针对这些错误，他给出了反驳。在格兰诺维特看来，由于企业间网络的存在，企业与企业之间的行动也可能是有秩序的；而在企业内部，则同样可能出现混乱。从这个观点看，在考虑企业的结构，以及一体化行为时，就不能只采用简单的、经济的分析观点，而应该把企业间网络、企业内部员工之间的网络纳入考虑范围。不可否认，这些观点确实是纯粹的经济学家在先前不曾想到的，它们为思考企业的结构和行为提供了很多新的观点。

各个学科之间的边界正在被打破。一方面，经济学家正在走出去，用自己的理论改变着其他学科；另一方面，其他学科的理论也正在走进来，对经济学产生影响。在来自其他学科的影响中，社会网络理论是十分重要的，包括马修·杰克逊（Matthew Jackson）、阿西莫格鲁在内的很多经济学者已经吸收了这一理论，并用这一崭新的工具对很多经济问题展开了分析。如今，社会网络的研究已经被应用到了产业经济学、劳动经济学、国际贸易，甚至经济增长、周期分析等各个领域。饮水思源，在我们使用这套有力的工具时，不应该忘记格兰诺维特这位坚强的社会学斗士，正是他坚定对抗"经济学帝国主义"的努力，才让这一工具从社会学传到了经济学。

延伸阅读

［美］马克·格兰诺维特，《社会与经济》，中信出版集团，2019年3月。

[美]马克·格兰诺维特,《镶嵌:社会网与经济行动》,社会科学文献出版社,2007年7月。

[美]马克·格兰诺维特,《找工作:关系人与职业生涯的研究》,华东师范大学出版社,2020年5月。

曼昆：

交过经济学的
接力棒

格里高利·曼昆

N. Gregory Mankiw, 1958—

美国经济学家, 29岁成为哈佛大学历史上最年轻的终身教授之一。他的主要作品有《经济学原理》《宏观经济学》等。

哈佛大学是经济学的重镇，能在哈佛大学执教的经济学家都可以算得上是同行中的佼佼者。然而，即使在如此高手云集的地方，曼昆也显得极为突出。

曼昆生于1958年2月3日，是乌克兰裔移民。1984年，年仅26岁的曼昆在著名宏观经济学家斯坦利·费希尔的指导下完成了毕业论文，并从麻省理工学院获得了经济学博士学位。此后，他突然对法学产生了兴趣，于是进入哈佛大学法学院学习。1年之后，他发现自己的兴趣还是在经济学领域，因此就于1985年成为哈佛大学经济学助理教授。后来的发展证明，他的这一决定是非常正确的。1987年，29岁的曼昆就凭借其卓越的研究能力成为教授。要知道，在哈佛大学成为教授并不是一件容易的事，大多数学者从助理教授升到教授要花上10年或者更长的时间，而曼昆完成这一切的时间却只用了短短两年！

在学术界，曼昆最早是以新凯恩斯主义旗手的形象闻名的。新凯恩斯主义脱胎于传统的凯恩斯主义，其特点是试图从微观主体的理性决策出发，沟通宏观、微观经济学之间的界限，为凯恩斯主义的宏观经济理论奠定微观基础。在传统的凯恩斯主义中，价格黏性是一个重要的理论假设。我们知道，如果价格是可以自由调节的，货币政策就是完全"中性"的，货币量的增减只会导致价格水平的同比例变化，而不会对实际产出水平发生影响。只有当价格是黏性的，也就是其变动十分缓慢时，货币量的变化才有可能真正影响人的行为，进而影响实际产出。但按照微观经济学的理论，价格黏性却是很难被解释的——理性决策的经济人在面临货币存量变动时，竟然不会对应地调整价格，这简直是太不可思议了！正是由于这个原因，"价格黏性"在很长一段时间内都只是作为一种信条或者一个研究假设，而没有被发展成一套理论。

对于这个长期困扰凯恩斯主义者的理论难题，曼昆在1985年发表的一篇论文中给出了自己的回答。他的回答很简单：价格之所以不能灵活进行调整，是由于有"菜单成本"（Menu Costs）的存在。什么叫"菜单成本"呢？简而言之，就是对价格进行调整的成本。例如，一个餐馆如果要对价格进行调整，就需要重新印制自己的菜单，这必须花上一笔钱。显然，如果市场上的货币量变化过小，企业用调整价格的方法来进行应对就是一件很不划算的事情；只有货币量变化足够大，企业才会有足够的激励对自身的价格进行调整。在曼昆看来，尽管对任何一个具体的个人或企业来说，"菜单成本"的影响并不大，但当它们加总在一起，就会导致整个经济的价格黏性。曼昆的这篇论文一发表，就引发了学界的关注。此后，他又和自己的合作者一起完成了多篇关于凯恩斯主义微观基础的论文，其新凯恩斯主义领军人物的地位得以一举奠定。

20世纪90年代，曼昆将关注的目光转向了经济增长理论。长期以来，有一个问题一直困扰着增长经济学家：按照增长理论的标准模型——"索洛模型"的预言,无论一个国家的初始人均收入状况如何,随着时间的推移,它们的增长表现都会逐渐趋同,但这显然是不符合现实的。在真实世界中,各个国家的经济表现千差万别,高收入国家的人均收入可以达到低收入国家的几十倍,这种差异又如何解释呢?在1992年的一篇论文中,曼昆和两位合作者对这个问题进行了回答。他们指出,问题的关键在于标准的增长模型忽略了人力资本这一要素。通过计量模型,他们证明了在纳入人力资本要素后,各国的增长差异就可以得到很好的解释。尽管在今天看来,曼昆他们的这个观点平平无奇,但在当时,这个发现却是增长经济领域的一个重大发现。更为重要的是,这篇论文还开创了"增长回归"的先河。在此之后,无数经济学家利用这一方法,进一步展开了对增长问题的探索。根据谷歌学术的搜索结果,截至2019年,这篇论文的引用率已经达到17812次。这个引用数,已经远远超过了很多诺贝尔经济学奖得主的代表作。从这个角度讲,说曼昆等人用这篇论文开创了增长经济学的一个子领域,恐怕也不为过。

当然,无论是对新凯恩斯主义的贡献,还是对增长理论的贡献,都只能让曼昆成为一位业内知名的学者,真正让他成为公众名人的还是那本著名的《经济学原理》(*Principles of Economics*)教科书。

在经济学历史上,曾有过几本重要的教科书。第一本是穆勒的《政治经济学原理》。这本教科书将斯密、大卫·李嘉图等学者的理论进行了调和，从而构建了完整的古典经济学体系。自19世纪中期出版之后，这本著作曾在几十年内被视为当时经济学界的标准教科书。第二本是马歇尔的《经济学原理》。这部成书于19世纪末的教科书全面阐述了新古典经济学的思想，用边际主义的供求理论全面改造了古典经济学的内核，从而奠定了现代经济学的基础。第三本是萨缪尔森的《经济学》。这部著作将新古典经济学的微观经济学和凯恩斯主义的宏观经济学结合起来，这种写作方法成为后来经济学教科书写作的标准范式。到萨缪尔森去世前，这本教科书一共出版了19版，现在第20版也已面市。

在萨缪尔森的《经济学》之后，最有名的教科书就当属曼昆1997发表的《经济学原理》了。坦白地说，如果从学术意义看，曼昆的教科书是很难和前几本教科书相比的，但它的好处就是特别通俗易懂。一个典型的例子就是，在教科书的开始，曼昆并没有像其他作者那样一板一眼地讨论各种概念、定义，而是直接归纳出"经济学的十大原理"，用短短的几句话就把经济学最核心的理念传达给了读者。在后面的论述中，他更是大量应用了生活中的案例，力图帮助读者理解。依靠这种"用户导向"的写作策略，曼昆的教科书成功击败了同期的竞争者（比如斯蒂格利茨的教科书），成为最受读者欢迎的教科书。而曼昆这个名字，也随着这本教科书逐渐被广大公众知晓。

据说，曼昆的教科书每年都能在美国卖出几万本。考虑到美国的人口规模，这个数字绝不可小视。在美国之外，这本教科书的销量更为可观。

萨缪尔森曾说过，只要让他撰写入门教科书，他不会在乎谁来当央行行长。这句话，恰如其分地说明了教科书的重要性。从这个角度讲，在公众眼中，曼昆这位写出畅销教科书的经济学家已经不再是一个单纯的学者了，他已经成为主流经济学的代言人，或者说，就是主流经济学本身。

EC10 的前世今生

在哈佛大学的课程列表上，《经济学原理》的课程号是 EC10。根据哈佛大学的教学计划，这是唯一一门开设给所有本科生的经济学通识课。由于大部分修课学生此后并不会选修经济学的专业课程，因此这门课的内容就会成为他们对整个经济学的全部认知。

EC10 的历史十分悠久，《哈佛红》(*The Harvard Crimson*，哈佛大学校报) 曾专门有一篇文章对这门课程的历史进行过介绍。根据这篇文章提供的信息，EC10 从 1896 年就开始设立，当时的课程名叫《经济发展讲座》(*Lectures on Economic Development*)。从课程设置目的上看，这门课程主要是为了给跨学科的学生提供有关经济问题的背景知识。需要指出的是，尽管这门课程关注的是经济问题，但其涉及的知识却并不局限于经济学。事实上，当时课程的指定阅读材料涉及了从哲学到人类学的各个学科，并且对经济史给予了很高的重视。

最初，EC10的授课教师并不固定。但从20世纪60年代开始，这门课的授课教师逐渐走向了"垄断"。

第一位"垄断者"是奥托·埃克斯坦（Otto Eckstein）。或许对当代读者来说，埃克斯坦这个名字多少有些陌生，但在20世纪六七十年代，他却称得上是鼎鼎大名。他不仅在学界十分活跃，还积极参与经济实践。在学术上，埃克斯坦提出了"核心通货膨胀"，这一理论至今仍在宏观经济学中占有重要地位；在实践上，他不仅出任过约翰逊总统的经济顾问，还和合伙人一起创办了著名数据公司"数据资源"（Data Resource Inc.），可谓政商学三界通吃。

在埃克斯坦时代，EC10一改原来的跨学科研究风格，开始变得越来越"经济学化"，而课程的关注点也逐渐从经济发展转向了对具体经济政策的分析。伴随这种改变，这门课的课程名也从《经济发展讲座》变成了《社会分析》（Social Analysis）。20世纪60年代正值美苏冷战，因此对比资本主义和社会主义这两种经济制度的优劣也成了课程讲授的一个重点。为此，修课的学生被要求阅读大量古典经济学家和马克思主义经济学家的原著。

第二位"垄断者"是马丁·费尔德斯坦（Martin S. Feldstein）。直到20世纪80年代，才从埃克斯坦手里拿过接力棒。

在经济学界，费尔德斯坦是一位了不起的大人物。经济学网站IDEAS有一个著名的排行榜，按照发表、引用等指标，对全世界数万名经济学家排了座次，费尔德斯坦曾在这个榜单上长期高居榜首。据说,费尔德斯坦在早年想投身于医学事业,只是由于一笔意外的奖学金而阴差阳错地走上了经济学研究之路。但在此之后,他就"将错就错"地在经济学之路上一路狂奔,在职业生涯中发表了300多篇论文,并斩获了包括克拉克奖在内的众多重量级奖项。或许是由于对医学的初心不改,在学术生涯的早期,费尔德斯坦将很多精力放在了对医疗体系的研究上。在此之后,他又将研究进一步扩展到更广义的公共政策上,成为用经济学研究公共政策的代表人物。

相比于埃克斯坦时代,费尔德斯坦更加突出了公共政策分析在整个课程中的位置。我曾在哈佛大学的网站上看到过某年费尔德斯坦的授课大纲。根据这份大纲,在整个课程中,经济学原理的讲授只占据了一半的课时,另一半课时则留给了对具体政策问题的讨论。与此同时,费尔德斯坦认为,如果在一个导论性的课程中过于强调各种学派的观点差异会让学生产生混淆,于是删除了课程中对马克思主义经济学和奥地利经济学派经济学的讲授内容。从这时开始,主流经济学成为EC10的唯一指导思想。

费尔德斯坦"垄断"了EC10就有20年。从2005年开始,EC10的接力棒交到曼昆手里,课程名也被改为《经济学原理》。从这时起,EC10成为一门完完全全的经济学课程。从课程大纲上看,这门课和一般的经济学入门课并无二致。上半学期讲授供给、需求等微观经济理论,下半学期则讲授宏观经济学的相关知识。费尔德斯坦时代的专题讲座不再单独设立,相关的内容被安插到对应的章节中。

凭借本人的超级人气,以及课程本身的光环,曼昆很快让EC10成为整个哈佛大学最受欢迎的课程。由于选课人数过多,一般教室难以容纳,因此授课地点被安排在校内的歌剧院里。不过,在赢得超高人气的同时,曼昆的经济学课程也受到了很多的质疑。前几年,这种反对声音曾十分高涨,甚至还一度发生过学生集体罢课的事件。

尽管曼昆本人并没有透露自己的交棒是否和这些激烈的反对相关,但很多人认为,这两个事件之间应该存在着很大的关联。

曼昆之过?主流经济学之过?

那么,曼昆的反对者们究竟为什么对他如此不满呢?归纳一下反对者的观点,主要理由不外乎有以下两个。

第一个理由是,它刻意忽略,甚至压制除了主流经济学之外的其他经济学流派观点。2011年,当时的罢课学生曾发表过《致格里高利·曼昆的公开信》,对曼昆的经济学进行了吐槽。在这封公开信中,曼昆的反对者指出,真正合理的经济学研究,必须同时包含对各种经济学简化模型的优点与缺点的批判性探讨。由于在曼昆的课程中不涉及第一手资料,学术期刊中的关键文献也并不充分,因此学生几乎无法接触其他可供选择的路径来研究经济学。认为斯密的经济学原理就比其他任何理论,例如，凯恩斯的理论更重要、更基本，这是毫无道理的。

第二个理由是，它不关注现实，对现实中的重要问题视而不见。很多曼昆的反对者指出，他的经济学课程只讲理论不谈实际，在空谈供给、需求曲线的同时，却漠视了现实中人们关切的金融危机、通货膨胀、收入分配恶化等问题。

正如我们前面所指出的，通过撰写畅销教科书，曼昆在很多人眼中已经成为当今主流经济学的代表。因此在很大程度上，这两个对曼昆经济学批判的理由，事实上也可以被认为是人们对当今主流经济学的批判。

应当承认，这些批判确实颇有道理，指出了不少主流经济学存在的问题。但在我看来，这些批判本身也存在着一些问题，其中还夹杂着很多的误解。

首先，现在的主流经济学本身就是在吸收各种流派的基础上发展起来的，它具有很强的包容性。

事实上，究竟什么才是主流经济学，学界并没有一个统一的看法。萨缪尔森曾试图把新古典的微观经济学和凯恩斯主义宏观经济学结合起来，构建一套统一的经济学理论，这或许就是所谓的现代主流经济学的起源。不过，即使在萨缪尔森时代，主流经济学本身也充满了矛盾和斗争。例如在宏观经济学内部，货币主义就和凯恩斯主义长期叫板，但在同一门经济学课程中，这两个彼此对立的观点都会被作为主流经济学的一部分介绍给学生。现在有很多学者说，在主流经济学中，已经见不到马克思主义或者奥地利学派的内容了，这其实是不确切的。事实上，多部门经济增长模型很大程度上就是马克思主义两大部类增长模型的发展，而哈耶克关于生产结构的分析也早就被希克斯等人引入到了宏观经济分析当中。只不过，在吸收过程中，主流经济学也对这些理论进行了一些形式上的改造，因而不容易被一眼看出。

由于主流经济学本身的来源就十分复杂，因此要说明每一个理论的源头究竟来自哪里，其实是十分困难的。而在一门入门级课程中，要详细说明这一切，则更是不可能的任务。因此，如果从单纯的教学看，像曼昆这样把整个经济学中比较一致的观点拿出来重点讲，并不能算有太多的不妥。至于相关文献介绍，事实上在曼昆本人的教科书中已经给出了相应的介绍，真正感兴趣的学生应该不难找到这些资料。有趣的是，从2011年的公开信中，我们可以看出，一些曼昆的反对者似乎都没有仔细读过曼昆本人的教科书，不然，他们一定不会指责曼昆这位新凯恩斯主义的代表人物重视斯密而忽略凯恩斯。

其次，他们认为现代经济学不关注现实，其实也是一个天大的误解。

我曾执教过几次经济学的入门课程，曼昆遭遇的问题我也曾经遇到过。记得在某一年的课程上，有一位物理学出身的学生问道："你让我们读曼昆的《经济学原理》，为什么通读了这本书后，我还是不能理解经济危机为什么会产生？"我当时的回答是："你学物理的，应该也读过《费曼物理学讲义》，为什么还不会造原子弹呢？"

如果我们对经济学的理论有一个整体的了解，就会知道其中任何一个重要的理论都是从具体的问题中抽象出来的，并且对于现实问题也有着很强的解释力。但是在一门原理性的课程中，这些问题很难被完全展现出来。事实上，曼昆本人根据自己的经验，已经试图把那些最有用、最有解释力的观点归纳出来，只不过这些原理都过于抽象了，因此缺乏阅历的学生可能很难真正理解这些微言大义。

举例来说，在2011年的公开信中，曼昆的反对者曾指责他的理论并不能解释金融危机。但如果他们真的好好读懂了曼昆列出的十大原理中的第四条"人们会对激励做出反应"，就应该知道造成金融危机的原因就是不当的制度造成了对投资者激励的扭曲，从而导致了他们行为上的过度贪婪。事实上，在那场危机之后，人们对于监管制度的改善，就是通过改变激励来纠正人们的行为。从这个角度看，曼昆教给学生的那些知识，其实就像《绿野仙踪》里那双充满魔法的鞋子，要等使用它的人历经磨难，才会发现真正的魔力早就在他们身边了。

当然，以上为曼昆的辩护并不代表他和他代表的主流经济学没有问题。

一方面，现代经济学理论本身还面临着很多挑战。尽管以新古典经济学为代表的经济理论在总体上依然具有强大的解释力，但在对一些特殊问题的解释上，力度还不够强。

这确实是一个问题，但它其实并没有如很多人想象的那么严重。事实上，由于现代经济学的开放性，行为经济学等一大批新的研究成果已经逐渐被主流承认、吸收，从而成为主流经济学的一部分。相比于过去，现代的主流经济学已经具有了更为全面的解释力。一些学者认为，要从范式上根本颠覆现代经济学，其实并不是一个十分经济的想法。

另一方面，从表述上看，现代经济学似乎也在和普通人渐行渐远。在经济学还被叫作政治经济学的时候，它的表述是从问题出发的。在这种表述下，学习者们很容易看到经济学到底要做什么、有什么用。但在新古典经济学崛起后，尤其是萨缪尔森之后，经济学越来越追求建立一个像物理学一样的理论体系。尽管原本关心的问题还在，但这些问题却被打散到这个理论体系的各个部分。这样的处理结果是，初学者会很不理解自己所学的知识到底有什么用，因此就会很容易误解经济学是屠龙之术。

这两个问题，其实才是造成以曼昆为代表的主流经济学家遭到质疑的真正原因。在今后经济学及其教学的发展中，对这两个问题的克服应当是最需要引起重视的。

曼昆之后

在曼昆宣布交棒之后，哈佛大学教务部宣布将由詹森·福尔曼（Jason Furman）和戴维·莱布森（David Laibson）共同接管EC10的教学。

福尔曼是曼昆的弟子，肯尼迪政府管理学院的教授。从学术实力来看，福尔曼显然要弱于此前几任EC10主持者。不过，他也有自己的优势，那就是极为丰富的政策实践经历。事实上，从1996年毕业起，福尔曼就辗转于政府和各类咨询机构，还担任过白宫经济顾问委员会主席、奥巴马政府的首席经济学家。显然，如此丰富的政策实践经历，对于急于了解现实，想知道如何用经济学知识来解释、解决现实问题的经济学初学者来说，是十分合适的。

与福尔曼相比，莱布森则是一个十足的学院派。在长达20多年的教学研究经历中，他的关注点一直在行为经济学及其应用。他最具代表性的成果是关于社会保障制度的研究。长期以来，关于社会保障制度是否应该存在一直存在争议。一些人认为，与其让政府收钱来办社保，不如让人们自己决定如何储蓄。而莱布森则从行为经济学的观点出发，指出由于受到"动态不一致"行为的影响，自主的储蓄行为从长期来看未必可以让人们实现终身福利的最大化。从这一观点出发，莱布森不仅为社保制度的存在正了名，还对改进社保制度提出很多有益的建议。由于莱布森本人就是一个不算太主流的"行为经济学家"，因此，由他出任EC10的教学将会有助于学生用更多、更广的视角来审视经济问题。

从对福尔曼和莱布森这二人组的选择上，我们不难看出哈佛大学对EC10这门入门课程的规划思路，更关注现实、引入更多的视角将会成为这门课的发展方向。作为经济学的重镇，哈佛大学对EC10的这次调整应该会为整个经济学界带来十分有益的启示。

如前所述，在公众视野中，曼昆是以其教科书《经济学原理》著称的。由于其对经济学体系梳理得十分巧妙，所以这本书从1998年初版起，就被全世界的高校广泛采用，从而影响了整整几代经济学人。然而，如果我们将《经济学原理》从第一版到最新的第十版的内容进行一个比较，就会发现各版之间的变化非常小——虽然时有小修小补，但整体框架却几乎没有变。相比之下，萨缪尔森的《经济学》的前十个版本几乎每一版都会有重大改动，甚至整个体系都会进行调整。这种差别之所以存在，固然有两位学者个人风格差异的缘故，但更重要的原因却是学科发展的差别：在萨缪尔森的时代，经济学这个学科是蓬勃发展的，几乎每一年都有新的理论被发展出来；而到了曼昆的时代，虽然可能还有"几朵乌云"，但大多数经济学者都认为，经济学的大厦已经建成了。

但遗憾的是，这个所谓成熟的经济学体系似乎已经越来越难以应对现实问题的挑战。金融危机、财富不平等、贸易冲突、气候变化等各种各样的问题时刻在嘲讽着经典的经济学理论，而曾被喻为"社会科学女王"的经济学似乎也已经荣光不再。

在这样的背景下，作为经典理论传教士的曼昆走下讲坛，似乎颇有一番隐喻之意。那么，经济学的未来会是怎样的呢？恐怕我们现在能做的只有等待和希望了。

延伸阅读

[美]格里高利·曼昆,《经济学原理》,北京大学出版社,2009年4月。

[美]格里高利·曼昆,《宏观经济学(第十版)》,中国人民大学出版社,2020年1月。

书中主要经济学家名录

A

阿比吉特·巴纳吉（Abhijit Banerjee，1961— ），美国经济学家，研究领域主要是扶贫和发展经济学，获得2019年诺贝尔经济学奖。他的主要作品有《贫穷的本质：我们为什么摆脱不了贫穷》。

艾布拉姆·伯格森（Abram Bergson，1914—2003），美国经济学家，社会福利函数主要倡导者之一，研究领域主要在福利经济学理论和现实社会主义制度的性质及运行等方面。

亚当·斯密（Adam Smith，1723—1790），英国经济学家、哲学家、作家，英国古典政治经济学体系的主要创立者。他强调自由市场、自由贸易以及劳动分工，被誉为"古典经济学之父""现代经济学之父"。他的主要作品有《国富论》《道德情操论》。

亚历山大·汉密尔顿（Alexander Hamilton，1755—1804），美国政治家、军人、经济学家，美国开国元勋之一，美国制宪会议代表及《美国宪法》起草人和签署人之一，美国第一任财政部部长，美国政党制度创建者。

艾伦·布林德（Alan Binder，1945— ），美国经济学家，曾任联邦储备委员会副主席，目前担任普林斯顿大学经济学教授。他的研究方向为宏观经济学、货币政策、经济周期理论等。

艾伦·梅尔策（Allan Meltzer，1928—2017），美国经济学家，美国卡内基梅隆大学教授，曾经担任里根总统顾问，被誉为美联储研究第一人。

埃尔文·罗斯（Alvin E. Roth，1951— ），美国经济学家，主要研究领域为博弈论、市场设计和实验经济学领域。他获得了2012年诺贝尔经济学奖。他的主要作品有《经济学中的实验室实验：六种观点》。

阿尔文·汉森（Alvin Hansen，1887—1975），美国凯恩斯主义经济学家，综合派的奠基人。他的主要作品有《货币理论与财政政策》等。

艾伦·格林斯潘（Alan Greenspan，1926— ），美国经济学家，美国第十三任联邦储备委员会主席，任期跨越6届美国总统。他被认为是美国国家经济政策的权威和决定性人物，被称为全球的"经济沙皇""美元总统"。

阿尔弗雷德·马歇尔（Alfred Marshall，1842—1924），英国经济学家，新古典学派的创始人，剑桥大学经济学教授，19世纪末和20世纪初英国经济学界最重要的人物。在马歇尔的努力下，经济学发展成为一门独立的学科，剑桥大学在他的影响下建立了世界上第一个经济学系。他的主要作品有《经济学原理》。

阿尔弗雷德·卡恩（Alfred Kahn，1917—2010），康奈尔大学经济系终身名誉主席。1977年，吉米·卡特总统选他做民航委员会主席。

安娜·雅各布森·施瓦茨（Anna Jacobson Schwartz，1915—2012），美国经济史学家，美国国民经济研究局高级研究员。她的主要研究方向为经济周期、银行业、货币政策和金融监管等。

安格斯·麦迪逊（Angus Maddison，1926—2010），英国经济学家。发展了生产法购买力平价理论及其在国际比较中的应用，创建了"麦迪森数据库"。他的主要作品有《世界经济千年史》《世界经济千年统计》等。

安格斯·迪顿（Angus S. Deaton，1945— ），英国微观经济学家，美

国经济协会(AEA)前主席，获得2015年诺贝尔经济学奖。他的主要作品有《经济学与消费者行为》等。

安·罗伯特·雅克·杜尔哥（Anne Robert Jacques Turgot，1727—1781），法国政治家，经济学家，18世纪后半叶重农学派的重要代表人物之一。他的主要作品有《关于财富的形成和分配的考察》。

青木昌彦（Aoki Masahiko，1938—2015），日本经济学家，原国际经济学会主席，"比较制度分析(CIA)"学派的代表。他采用组织理论、博弈论、信息经济学、委托—代理理论等理论工具，对制度问题开展了深入分析。他的主要作品有《企业的合作博弈理论》等。

阿诺德·哈伯格（Arnold Harberger，1924— ），美国经济学家，财政与发展问题研究专家，发展经济学中新古典主义代表。福利经济学中常用的哈伯格三角正是以他的名字命名的。

阿瑟·伯恩斯（Arthur Burns，1904—1987），美国学者，曾任美联储主席，担任过艾森豪威尔总统的经济顾问委员会主席、尼克松总统的经济顾问。

阿瑟·扬（Arthur Young，1741—1820），英国农业经济学家，货币数量论的拥护者，英国农业革命的先驱。他认为生产手段的合理配合是农业经营中重要的原则，由此提出大经营胜于小经营的理论。

阿维纳什·迪克西特（Avinash Dixit，1944— ），美国经济学家，数量经济学家。主要研究微观经济理论、博弈论、国际贸易、产业组织，增长和发展理论等多个方面。他的主要作品有：《经济理论中的最优化方法》《国际贸易理论》等。

B

巴斯夏（Bastiat，1801—1850），法国经济学家，主张自由贸易和市场经济。他的主要作品有《经济学诡辩》《经济和谐论》等。

白重恩（1963— ），清华大学经济管理学院院长、弗里曼经济学讲席教授，中华全国工商业联合会第十三届执行委员会副主席。他的研究方向为制度经济学、经济增长和发展、公共经济学、金融、公司治理，以及中国经济等。

本特·霍姆斯特罗姆（Bengt Holmstrom，1949— ），芬兰经济学家，现任麻省理工学院教授。他提出了著名的霍姆斯特罗姆理论。他获得了2016年诺贝尔经济学奖。

本·伯南克（Ben S. Bernanke，1953— ），美国经济学家，前美国联邦储备委员会主席，获得2022年诺贝尔经济学奖。他的主要作品有《21世纪货币政策》《金融的本质》等。

C

查尔斯·金德尔伯格（Charles P. Kindleberger，1910—2003），美国经济学家，经济历史学家，国际货币问题专家，第二次世界大战后马歇尔计划的主要构建者之一。他的主要作品有《西欧金融史》《疯狂、惊恐和崩溃：金融危机史》等。

切萨雷·贝卡里亚（Cesare Beccaria，1738—1794），意大利经济学家、法理学家，近代资产阶级刑法学鼻祖。他的主要作品为《论犯罪与刑罚》。

克劳迪娅·戈尔丁（Claudia Goldin，1946— ），美国经济学家，哈

佛大学经济学教授，哈佛大学历史上第一位女性终身教授。她的研究涵盖了女性劳动力、收入方面的性别差距、收入不平等、技术变革、教育和移民等。2023年，她因在女性劳动力研究领域的突出贡献获得了诺贝尔经济学奖。

克莱夫·格兰杰（Clive W. J. Granger，1934—2009），美国经济学家，经济时间序列分析大师，被认为是世界上最伟大的计量经济学家之一，获得2003年诺贝尔经济学奖。他的主要研究方向为统计学和计量经济学（主要是时间序列分析）、预测、金融、人口统计学和方法论等。

D

戴维·卡德（David Card，1956— ），加拿大裔美国劳动经济学家，加州大学伯克利分校经济学教授，获得2021年诺贝尔经济学奖。

大卫·德瑞特·弗里德曼（David Director Friedman，1945— ），美国自由意志主义思想家，经济学家，当代无政府资本主义理论的主要人物。米尔顿·弗里德曼之子。他的主要作品有《自由的机制》《弗里德曼的生活经济学》等。

大卫·休谟（David Hume，1711—1776），苏格兰哲学家、经济学家、历史学家。他被视为是苏格兰启蒙运动以及西方哲学历史中最重要的人物之一。他的主要作品有《人性论》《道德原则研究》《人类理解研究》等。

戴维·克雷普斯（David Kreps，1950— ），美国经济学家，斯坦福大学商学院的经济学教授，世界博弈理论研究的领军人物。他在1979年与哈里森一道将鞅引入金融分析当中，创立了证券定价鞅定理。他的主要作品有《博弈论与经济模型》等。

431

大卫·李嘉图（David Ricardo，1772—1823），英国经济学家，英国古典政治经济学的主要代表之一，英国古典政治经济学的完成者。李嘉图继承并发展了亚当·斯密的自由主义经济理论，主要作品有《政治经济学及赋税原理》。

戴尔·乔根森（Dale W. Jorgenson，1933—2022），美国经济学家。他对经济学的贡献包括在信息技术与经济增长、能源与环境、税收政策与投资行为及计量经济学应用等方面具有影响力的研究。他长期倡导建立一般均衡模型来研究中国的经济增长、能源利用及其对环境的影响。

丹比萨·莫约（Dambisa Moyo，1969— ），国际知名经济学家，曾在世界银行和美国高盛等机构任职。她的研究领域为全球债务问题与国际经济问题的分析与研究，主要作品有《援助的死亡》。

达龙·阿西莫格鲁（Daron Acemoglu，1967— ），美国经济学家，麻省理工学院经济学教授、美国国家科学院院士、美国艺术与科学院院士。他的主要作品有《现代经济增长导论》《国家为什么会失败》等。

丹尼尔·卡尼曼（Daniel Kahneman，1934—2024），心理学家，美国科学院院士、美国人文与科学院院士。他将心理学研究的视角与经济科学结合起来，成为这一新领域的奠基人，获得2002年诺贝尔经济学奖。他的主要作品有《思考，快与慢》。

迪利普·阿布鲁（Dilip Abreu，1955— ），印度裔美籍经济学家，博弈论专家。

唐·帕廷金（Don Patinkin，1922—1995），当代西方著名经济学家，希伯莱大学埃利译·卡普兰经济和社会科学学院教授。他的主要作品有《货币、利息与价格》等。

道格拉斯·诺斯（Douglass C. North，1920—2015），美国经济学家、历史学家，新经济史的先驱者、开拓者和抗议者。他创新运用新古典经济学和经济计量学来研究经济史问题，获得了1993年诺贝尔经济学奖，他的主要作品有《制度变迁与美国经济增长》等。

道格拉斯·戴蒙德（Douglas W. Diamond，1953— ），美国艺术与科学院院士，耶鲁大学经济学博士，美国经济学家，芝加哥大学布斯商学院金融学教授，获得2022年诺贝尔经济学奖。他的研究方向为金融中介、流动性、金融危机、金融管制。

E

爱德华·普雷斯科特（Edward C. Prescott，1940—2022），美国经济学家，获得2004年诺贝尔经济学奖。他主要研究商业周期分析，其研究成果改变了人们对商业周期原因的看法，并为拓宽商业周期研究提供了基础。他的主要作品有《致富的障碍》《跨期贸易的契约安排》等。

爱德华·哈斯丁·张伯伦（Edward Hastings Chamberlin，1899—1967），美国经济学家。他认为实际的市场既不是竞争的，也不是垄断的，而是这两种因素的混合。他将市场结构分成了更加符合资本主义进入垄断阶段实际情况的四种类型。他的主要作品有《垄断竞争理论》《垄断竞争理论的起源和早期发展》等。

爱德华·肖（Edward S. Shaw，1908—1994），斯坦福大学经济学教授，和麦金农一起提出了金融抑制理论和金融深化理论。

埃尔赫南·赫尔普曼（Elhanan Helpman，1946— ），以色列经济学家，新贸易理论和新增长理论的重要奠基者。他的主要作品有《市场结构和对外贸易》《贸易政策和市场结构》《特殊利益政治学》等。

埃莉诺·奥斯特罗姆（Elinor Ostrom，1933—2012），中文名为欧玲，美国政治学家、政治经济学家、行政学家和政策分析学家，美国公共选择学派的创始人之一。她获得了2009年诺贝尔经济学奖，是历史上第一个获得诺贝尔经济学奖的女性。她的主要作品有《公共事物的治理之道：集体行动制度的演进》。

埃里克·马斯金（Eric Maskin，1950— ），美国经济学教授，获得2007年诺贝尔经济学奖。他的研究方向包括博弈论、机制设计、拍卖设计理论等。

埃斯特·迪弗洛（Esther Duflo，1972— ），法国经济学家，阿卜杜勒·拉蒂夫·贾米尔贫困行动实验室（J-PAL）联合创始人，美国麻省理工学院发展经济学教授，获得2019年诺贝尔经济学奖。她的主要作品有《贫穷的本质：我们为什么摆脱不了贫穷》。

埃弗塞·多马（Evsey D. Domar，1914—1997），波兰裔美国经济学家。他的主要作品有《经济增长理论论文集》《资本主义、社会主义以及农奴制：埃弗塞·多马论文集》。

F

富兰克·奈特（Frank H. Knight，1885—1972），芝加哥学派（经济）创始人、芝加哥大学教授，20世纪最有影响的经济学家之一，也是西方最伟大的思想家之一。他的主要作品有《风险、不确定性与利润》《经济组织》《竞争的伦理学及其他文论》等。

弗兰克·拉姆齐（Frank P. Ramsey，1903—1930），英国科学家、数学家、哲学家、逻辑学家、经济学家。他创造了拉姆齐定价法。

弗里德里希·奥古斯特·冯·哈耶克（Friedrich August von Hayek，1899—1992），英国经济学家、政治哲学家，被广泛誉为20世纪最具影响力的经济学家及社会思想家之一。他获得了1974年诺贝尔经济学奖。他坚持自由市场资本主义、自由主义，主要作品有《通往奴役之路》《致命的自负》《自由秩序原理》等。

弗里德里希·李斯特（Friedrich List，1789—1846），德国经济学家，德国历史学派的先驱。他认为国家应该在经济生活中起到重要作用。他被公认为贸易保护论最早的代表人物之一，主要作品有《政治经济学的国民体系》《政治经济学的自然体系》《美国政治经济学大纲》等。

G

加里·斯坦利·贝克尔（Gary Stanley Becker，1930—2014），美国经济学家，芝加哥经济学派代表人物之一，被誉为20世纪最杰出的经济学家和社会学家之一。他获得了1992年诺贝尔经济学奖。他发动了一场以其开创或研究的新家庭经济学、人力资本理论、犯罪经济学等为主要内容的"贝克尔革命"。他的主要作品有《偏好的经济分析》《歧视经济学》《生活中的经济学》等。

吉恩·格罗斯曼（Gene Grossman，1955— ），美国经济学家。他的主要研究领域为国际贸易，特别是经济增长与贸易的关系以及政治经济学中的贸易政策。他的主要作品有《全球经济中的创新与增长》《特殊利益政治学》等。

乔治·斯蒂格勒（George J. Stigler，1911—1991），美国著名经济学家，经济学史家，芝加哥大学教授，芝加哥经济学派领袖人物之一，"信息经济学"和"管制经济学"的创始人。他获得了1982年诺贝尔经济学奖，主要作品有《价格理论》《产业组织》等。

乔治·阿克尔洛夫（George A. Akerlof，1940— ），美国经济学家，因在不对称信息市场分析方面的重要贡献，获得了2001年诺贝尔经济学奖。他的主要作品有《钓愚：操纵与欺骗的经济学》《动物精神》等。

戈特弗里德·冯·哈伯勒（Gottfried von Haberler，1900—1995），奥地利出生的美国经济学家，作家，教育工作者。他的主要作品有《国际贸易理论》《繁荣与萧条》。

杰里·格林（Jerry Green，1946— ），哈佛大学商学院与经济系双聘教授，曾先后担任哈佛大学经济系主任、哈佛大学教务长。他的代表作品有《微观经济理论》。

吉多·因本斯（Guido Imbens，1963— ），荷兰裔美国经济学家，斯坦福大学商学院经济学教授，获得2021年诺贝尔经济学奖。他的研究方向为计量经济学，包括因果关系、程序评估、识别、贝叶斯方法、半参数方法、工具变量。

H

海恩·利兰德（Hayne E. Leland，1941— ），加州大学伯克利分校哈斯商学院荣休教授。

亨利·西蒙斯（Henry C. Simmons，1899—1946），美国芝加哥大学的

经济学家，芝加哥经济学派成员。他的反垄断和货币主义主张对于芝加哥经济学派影响巨大。

赫伯特·西蒙（Herbert A. Simon，1916—2001），美国科学家，计算机科学家，心理学家，美国国家科学院院士，中国科学院外籍院士，认知心理学和人工智能开创者之一，被誉为"人工智能之父"。他是1975年图灵奖获得者，获得了1978年诺贝尔经济学奖。

赫歇尔·格罗斯曼（Herschel Grossman，1939—2014），美国经济学家，其研究领域包括不平等问题、财产权和国家的起源等。

霍华德·雷法（Howard Raiffa，1924—2016），在哈佛商学院和哈佛肯尼迪政府学院任弗兰克·P.拉姆齐讲席的管理经济学教授。他同时还是《谈判的艺术与科学》等多部经典著作的作者和合著者。

J

雅各布·明瑟（Jacob Mincer，1922—2006），美国经济学家。他最先使用简单而易于操作的经济学模型来系统阐述和解释劳动力市场行为，从而极大地促进了现代劳动经济学研究体系和专业风格的形成。他的研究成果对劳动经济学的发展有较重要贡献。他的主要作品有《学校教育、经验与收入》《人力资本与个人收入分配》等。

雅各布·维纳（Jacob Viner，1892—1970），加拿大经济学家，芝加哥经济学派早期代表人物之一。他关于成本理论的研究和成本曲线的图形表述对后来微观经济学成本理论产生了重大影响。

杰格迪什·巴格瓦蒂（Jagdish Bhagwati，1934— ），美国经济学家，美

国哥伦比亚大学教授,世界贸易组织顾问,联合国经济政策特别顾问。他的研究方向主要集中于国际贸易、福利经济学和财政学等领域,是国际贸易领域最重要的理论家之一。

詹姆斯·杜森贝里(James S. Duesenberry,1918—2009),美国经济学家。他的主要作品有《收入、储蓄和消费者行为理论》。

詹姆斯·托宾(James Tobin,1918—2002),美国经济学家,获得1981年诺贝尔经济学奖。他早期的研究为凯恩斯主义的整体经济学说提供了理论基础,并最终发展成为当代的投资组合选择和资产定价理论。他在金融市场及相关的支出决定、就业、产品和价格等方面的分析做出了重要贡献。他的主要作品有《国家经济政策》《经济学论文集:总体经济学》等。

简·丁伯根(Jan Tinbergen,1903—1994),荷兰经济学家,被誉为经济计量学模式建造者之父,发展了动态模型来分析经济进程。他获得了1969年诺贝尔经济学奖,主要作品有《商业循环理论的统计检验》《1921—1933年美国的经济周期》《国际经济一体化》等。

让·梯若尔(Jean Tirole,1953—),法国经济学大师。2014年他因对市场力量和监管的分析获得了诺贝尔经济学奖。他的主要作品有《产业组织理论》《博弈论》《公司金融理论》《共同利益经济学》等。

杰弗里·萨克斯(Jeffrey Sachs,1954—),全球发展问题专家,哥伦比亚大学经济学教授,哈佛大学国际研究中心主任,前联合国秘书长安南的高级顾问,"休克疗法"之父。他连续两年被《时代》杂志评为"世界百名最有影响的人物"之一,并被《纽约时报》称为"世界上最重要的经济学家"。他的主要作品有《贫困的终结》《全球视角的宏观经济学》等。

琼·罗宾逊(Joan Robinson,1903—1983),英国著名经济学家,新剑

桥学派的代表人物。她在1933年发表了《不完全竞争经济学》。她创立了垄断竞争理论，发展补充完善凯恩斯理论，创立了新资本积累理论。

约翰·海萨尼（John C. Harsanyi，1920—2000），美国经济学家、理性预期学派的重量级代表，把博弈论发展成为经济分析工具的先驱之一。他获得了1994年诺贝尔经济学奖。他的主要作品有《博弈和社会中的理性行为与讨价还价均衡》《博弈均衡选择的一般理论》等。

约翰·邓洛普（John Dunlop，1912—2008），美国经济学家。主要作品有《劳动关系系统》。

约翰·梅纳德·凯恩斯（John Maynard Keynes，1883—1946），英国经济学家，宏观经济学创始人，现代经济学最有影响的经济学家之一。他创立的宏观经济学与弗洛伊德所创的精神分析法、爱因斯坦提出的相对论并称为20世纪人类知识界的三大革命。他的主要作品有《货币改革论》《货币论》《就业、利息和货币通论》等。

约翰·肯尼斯·加尔布雷思（John Kenneth Galbraith，1908—2006），美国经济学家，新制度学派的领军人物。他的新制度学派主要观点包括：权力转移论、生产者主权论、二元体系论和新社会主义论。他的主要作品有《富裕社会》《新工业国》等。

约翰·摩尔（John Moore，1954— ），英国经济理论家，爱丁堡大学和伦敦政治经济学院教授，苏格兰经济研究所的主任。

约翰·纳什（John Nash，1928—2015），美国数学家、经济学家，提出纳什均衡的概念和均衡存在定理，他与其他两位博弈论学家约翰·海萨尼和莱因哈德·泽尔腾在非合作博弈的均衡分析理论方面做出了开创性的贡献，对博弈论和经济学产生了重大影响。他获得了1994年诺贝尔经济学奖。

他是电影《美丽心灵》的原型人物。

约翰·内维尔·凯恩斯（John Nevile Keynes，1852—1949），英国经济学家，剑桥大学经济学教授。他是约翰·梅纳德·凯恩斯的父亲。

约翰·罗杰斯·康芒斯（John Rogers Commons，1862—1945），美国经济学家，制度经济学方面有特色的威斯康星传统的奠基人。他发展了资本主义进化的理论和制度变化的理论。他的主要作品有《财富的分配》《制度经济学：它在政治经济学中的地位》等。

约翰·穆勒（John Mill，1806—1873），英国著名哲学家、心理学家、经济学家，19世纪影响力很大的古典自由主义思想家，支持边沁的功利主义。他的主要作品有《罗辑体系》《论自由》等。

约翰·希克斯（John R. Hicks，1904—1989），英国经济学家，一般均衡理论模式的创建者，获得1972年诺贝尔经济学奖。他的主要作品有《经济史理论》《价值与资本》《动态经济学方法》等。

约翰·威廉姆斯（John Williams，1937—2021），英国经济学家，在开放条件下的宏观经济理论、汇率理论，国际资本流动和经济发展等领域有过许多杰出贡献。他的主要作品有：《均衡汇率评估》《新兴市场的汇率机制》等。

约瑟夫·阿洛伊斯·熊彼特（Joseph Alois Schumpeter，1883—1950），美籍奥地利经济学家，"创新理论"和"商业史研究"奠基人，被誉为"创新经济学之父"。他的主要作品有《经济发展理论》《资本主义、社会主义与民主》《经济分析史》等。

约瑟夫·斯蒂格利茨（Joseph Eugene Stiglitz，1943— ），美国经济学家，

英国杜伦大学民法博士，美国哥伦比亚大学校级教授，哥伦比亚大学政策对话倡议组织主席。他所倡导的前沿理论，如逆向选择和道德风险，已成为经济学家和政策制定者的标准工具。他获得了2001年诺贝尔经济学奖，主要作品有《不平等的代价》等。

乔舒亚·安格里斯特（Joshua D. Angrist，1960— ），以色列裔美国经济学家，麻省理工学院福特经济学教授，获得2021年诺贝尔经济学奖。他的主要研究方向为教育经济学和学校改革；社会项目和劳动力市场；移民、劳动力市场调控和制度的影响；以及用于项目和政策评估的计量经济学方法等。他的主要作品有《基本无害的计量经济学》《精通计量》。

乔舒亚·甘斯（Joshua Gans，1968— ），颠覆性创新实验室首席经济学家，多伦多大学罗特曼管理学院策略管理教授，技术竞争与创新、经济增长、产业组织与管理经济学等领域的专家。他的主要作品有《创新者的行动》等。

K

冈纳·缪尔达尔（K. Gunnar Myrdal，1898—1987），瑞典经济学家，瑞典学派的创始人之一，瑞典学派和新制度学派以及发展经济学的主要代表人物，获得1974年诺贝尔经济学奖。他的主要作品有《亚洲的戏剧：南亚国家贫困问题研究》《世界贫困的挑战：世界反贫困大纲》等。

卡尔·马克思（Karl Heinrich Marx，1818—1883），德国思想家、政治学家、哲学家、经济学家、革命理论家、历史学家、社会学家。他是马克思主义的创始人之一，第一国际的组织者和领导者，马克思主义政党的缔造者之一，全世界无产阶级和劳动人民的革命导师，无产阶级的精神领袖，国际共产主义运动的开创者。他的主要作品有《资本论》《共产党宣言》等。

卡尔·波兰尼（Karl Polanyi，1886—1964），匈牙利哲学家、政治经济学家。他是20世纪公认的最彻底、最有辨识力的经济史学家。他的主要作品有《法西斯主义的本质》《大转型》《达荷美和奴隶贸易》等。

肯尼斯·阿罗（Kenneth J.Arrow，1921—2017），美国经济学家，获得1972年诺贝尔经济学奖。他被认为是战后新古典经济学的开创者之一，保险经济学发展的先驱，不确定性经济学、信息经济学和沟通经济学的发展先驱。他的主要作品有《社会选择与个人价值》《组织的极限》等。

克努特·维克塞尔（Knut Wicksell，1851—1926），瑞典经济学家，瑞典学派的创始人。他的主要作品有《利息与价格》等。

L

劳伦斯·萨默斯(Lawrence H. Summers，1954—)，美国经济学家，第27任哈佛大学校长，美国国家经济委员会主任。

卢伊季·帕西内蒂（Luigi L. Pasinetti，1930—2023），意大利经济学家，国际经济学协会成员和执委会委员，经济计量会成员。他的主要作品有《多部门经济增长模型》《生产理论》。

李稻葵（1963— ），清华大学苏世民书院创始院长，现任清华大学中国经济思想与实践研究院院长，清华大学弗里曼经济学讲席教授，中国世界经济学会副会长，中德经济顾问委员会顾问委员，享受国务院特殊津贴。他的主要作品有《大国发展战略》《人民币国际化道路研究》《中国经济的未来之路：德国模式的中国借鉴》《重启：新改革时代的中国与世界》等。

林毅夫（1952— ），中国经济学家，发展中国家科学院院士，英国科学院外籍院士，北京大学新结构经济学研究院教授、院长，北京大学南南合作与发展学院院长，北京大学国家发展研究院名誉院长，第十四届全国政协常委、经济委员会副主任。他的主要作品有《制度、技术与中国农业发展》《中国的奇迹：发展战略与经济改革》《新结构经济学》等。

M

马丁·费尔德斯坦（Martin S. Feldstein，1939—2019），美国经济学家、哈佛大学教授。他的主要作品有《转变中的美国经济》。

马克·格兰诺维特（Mark Granovetter，1943— ），20世纪70年代以来全球最知名的社会学家之一，主要研究领域为社会网络和经济社会学，提出了弱连接理论。

马斯-克莱尔（Mas-Colell，1944— ），西班牙籍经济学家，主要研究领域为微观经济学。

默顿·米勒（Merton H. Miller，1923—2000），美国经济学家，美国经济计量学会会员，获得1990年诺贝尔经济学奖。他提出了公司财务理论，解释了什么因素决定公司在应计债务和分配资产方面的选择。他的主要作品有《经济学术语文选》《金融理论》等。

迈克尔·克雷默（Michael Kremer，1964— ），美国发展经济学家，被世界经济论坛评为全球青年领袖，获得2019年诺贝尔经济学奖。

迈克尔·哈里森（Michael Harrison，1944— ），美国运筹学家，在随机网络、金融工程等领域贡献卓著。他曾获2004年冯·诺伊曼奖。

米盖尔·西德劳斯基（Miguel Sidrauski，1939—1968），阿根廷经济学家。他利用拉姆齐-卡斯-库普曼斯模型考察了货币对经济增长的影响，对经济增长理论做出了重要贡献。

米尔顿·弗里德曼（Milton Friedman，1912—2006），美国著名经济学家，芝加哥经济学派领军人物、货币学派的代表人物，以研究宏观经济学、微观经济学、经济史、统计学、主张自由放任资本主义而闻名。他获得1976年诺贝尔经济学奖，被誉为20世纪最具影响力的经济学家及学者之一。他的理论成了自由意志主义的主要经济根据之一，并对20世界80年代开始的美国里根政府，以及其他许多国家的经济政策都有极大影响。他的主要作品有《资本主义与自由》《自由选择》等。

莫里斯·阿莱（Maurice Allais，1911—2010），法国经济学家，曾获得多个著名经济学奖项，包括1988年的诺贝尔经济学奖，以及1980年的法国荣誉军团勋章。他的研究领域涵盖了货币理论和金融理论，对经济理论发展做出了重要贡献。他的主要代表作品包括《经济与利息》《增长与通货膨胀》等。

穆罕默德·尤努斯（Muhammad Yunus，1940— ），孟加拉国经济学家，孟加拉乡村银行（Grameen Bank，也译作格莱珉银行）的创始人，有"穷人的银行家"之称，开创和发展了"微额贷款"的服务，专门提供给因贫穷而无法获得传统银行贷款的创业者。他获得了2006年诺贝尔和平奖，主要作品有《穷人的银行家》。

N

南希·斯托基(Nancy L. Stokey，1950—)，美国当代著名经济学家，在经济增长理论、国际贸易理论、应用理性预期理论和经济动态学等领域均做出卓著的研究贡献。他的主要作品有《可信的公共政策》《自由贸易、要素收益与要素积累》等。

格里高利·曼昆（N. Gregory Mankiw，1958— ），美国经济学家，29岁成为哈佛大学历史上最年轻的终身教授之一。他的主要作品有《经济学原理》《宏观经济学》等。

尼古拉斯·卡尔多（Nicholas Kaldor，1908—1986），英国经济学家，新剑桥学派的主要代表人物之一。研究方向是厂商理论、福利经济学、资本理论等。他的主要作品有《价值与分配论文集》《税收报告》。

清泷信宏（Nobuhiro Kiyotaki，1955— ），伦敦经济学院经济学家，世界计量经济学会会员。他提出了著名的微观经济基础模型，在新凯恩斯主义的宏观经济学中扮演了重要的角色。

O

奥利维尔·布兰查德（Olivier Blanchard，1948— ），法国经济学家，宏观经济学新凯恩斯主义学派经济学家，获得2016年诺贝尔经济学奖。他的主要作品有《宏观经济学》等。

奥利弗·威廉姆森（Oliver E. Williamson，1932—2020），美国经济学家，"新制度经济学"的命名者，获得2009年诺贝尔经济学奖。他的主要作品有《自由裁量行为的经济学》《资本主义经济制度》等。

奥利弗·哈特（Oliver Hart，1948— ），英国经济学家，不完全合约理论的开创者之一，合同理论、现代厂商理论和公司财务理论的创立者之一，获得2016年诺贝尔经济学奖。他的研究领域主要是契约理论、企业理论、公司金融和法律经济学等，主要作品有《企业、合同与财务结构》等。

奥斯卡·理沙德·兰格（Oskar Ryszard Lange，1904—1965），波兰经济学家、政治家、外交家。兰格把市场机制的作用引入社会主义经济，开创了对社会主义经济中市场机制运行的分析的先例。他提出了社会主义经济的分散模型，即著名的"兰格模型"。

奥托·埃克斯坦（Otto Eckstein，1927—1984），美国经济学家。提出了受益原则分权论。

P

保罗·萨缪尔森（Paul A. Samuelson，1915—2009），美国著名经济学家，美国麻省理工学院经济学教授，凯恩斯主义在美国的主要代表人物，创立了新古典综合学派，获得1970年诺贝尔经济学奖。他的主要作品有《经济学》《线性规划与经济分析》《经济分析基础》等。

保罗·道格拉斯（Paul H. Douglas，1892—1976），美国经济学家，曾任芝加哥大学教授、美国经济学会会长等。他发现了柯布-道格拉斯生产函数。

保罗·罗默（Paul M. Romer，1955— ），美国经济学家，内生增长理论的先驱，新增长理论的主要建立者之一，2018年获得诺贝尔经济学奖。现任纽约大学经济学教授，斯坦福大学经济学教授，胡佛研究所高级研究员。他的主要研究方向为经济增长领域。

保罗·斯威齐（Paul Sweezy，1910—2004），美国马克思主义经济学家。

研究方向是马克思主义经济理论等。他的主要作品有《作为历史的现在》《繁荣的终结》。

保罗·克鲁格曼（Paul R. Krugman，1953— ），美国经济学家，主要研究领域包括国际贸易、国际金融、货币危机与汇率变化理论。他创建的新国际贸易理论，分析解释了收入增长和不完全竞争对国际贸易的影响。他获得了2008年诺贝尔经济学奖，主要作品有《期望减少的年代》《亚洲奇迹之谜》《萧条经济学的回归》等。

保罗·米尔格罗姆（Paul R. Milgrom，1948— ），美国经济学家，美国国家科学院院士，美国文理科学院院士，因在"用于改进拍卖理论和新拍卖形式"方面做出的贡献获得2020年诺贝尔经济学奖。他的主要作品有《拍卖理论与实务》等。

彼得·戴蒙德（Peter Diamond，1940— ），美国经济学家，世代交叠模型的提出者，社会保障、养老金和税收问题专家。他因对市场冲突的研究获得2010年诺贝尔经济学奖。

彼得·豪伊特（Peter Howitt，1946— ），加拿大经济学家，布朗大学经济学教授。主要研究领域包括货币经济学、失业理论和经济增长理论等。他的主要作品有《内生增长理论》等。

菲利普·阿吉翁（Philippe Aghion，1956— ），法国经济学家。他的主要研究领域是经济增长和契约理论。他与彼得·豪伊特提出了"熊彼特范式"的概念。他的主要作品有《内生增长理论》《创造性破坏的力量》等。

菲利普·迪布维格（Philip Dybvig，1955— ），美国圣路易斯华盛顿大学奥林商学院金融学教授、2010至2021年期间担任中国西南财经大学金融研究院院长、金融学教授、金融学科建设咨询专家，获得2022年诺贝尔经济学奖。他的研究领域包括银行、公司金融、金融市场、资产定价、固定收益证券、工业组织和资产组合管理等。

菲利普·莱特（Philip Wright，1861—1934），美国经济学家，曾就关税问题出版过多部专著。

Q

钱颖一（1956— ），中国经济学家教授，孙冶方经济科学奖获得者，著名经济学家。他曾任清华大学经济管理学院院长，央行货币政策委员会委员，全国政协十二、十三届委员。他的主要作品有《理解现代经济学》《现代经济学与中国经济》等。

R

拉格拉迈·拉詹（Raghuram Rajan，1963— ），印度经济学家，美国财政部名誉经济顾问和美国金融协会的现任主席。他曾任国际货币基金组织（IMF）的首席经济学家。他的主要作品有《断层线：无形裂缝如何威胁全球经济》《从资本家手中拯救资本主义》等。

拉格纳·弗里希（Ragnar Frisch，1895—1973），挪威经济学家，数理经济学和经济计量学研究领域的先驱者，发展了经济规划的决策模型，设计了设法利用现代计算机技术的数学规划方法。他于1969年获得诺贝尔经济学奖。1930年，他与欧文·费舍尔（Erving Fisher）发起成立了世界计量经济学会。他的主要研究领域为长期经济政策和计划。主要作品有《生产理论》《定量、动态政治经济学》《经济计划研究论文集》等。

兰德尔·赖特（Randall Wright，1956— ），美国经济学家，货币搜索理论最前沿、最主要的代表人物，当代货币主义领域最有学术影响的学者之一。现任威斯康星商学院的资深教授，兼任明尼波利斯和芝加哥联邦储备银行的顾问，以及美国国家经济研究局研究员。他的主要研究方向是货币论、宏观经济学和劳动经济学。

理查德·马斯格雷夫（Richard A. Musgrave，1910—2007），20世纪最主要的政治经济学家之一，全球著名的现代财政学家。他被誉为现代财政学的真正开拓者之一，现代财政学之父。他是将经济学从描述和制度性的课题转化成使用微观经济学和凯恩斯巨集观经济学的工具来了解税收的影响的课题的第一人。他的主要作品有《比较财政体制》《财政：理论与实践》《最大最小、不确定性和休闲之间的权衡》等。

理查德·坎蒂隆（Richard Cantilion，1680—1734），法国经济学家、金融家。他的主要作品是《商业性质概论》，这部作品被称为第一部经济学著作，对后世产生了极大影响。

理查德·塞勒（Richard Thaler，1945— ），美国经济学家，行为经济学和行为金融学领域的重要代表人物。因他在行为经济学方面的贡献获得2017年诺贝尔经济学奖，主要作品有《助推》。

罗伯特·戈登（Robert Gordon，1940— ），美国经济学家。主要研究方向是新经济的兴衰、美国生产率的增长复苏、欧洲生产增长的停滞等。他的主要作品有《美国增长的起落》。

罗伯特·威尔逊（Robert Wilson，1937— ），美国经济学家，因在"用于改进拍卖理论和新拍卖形式"方面做出的贡献获得2020年诺贝尔经济学奖。

罗伯特·巴罗（Robert J. Barro，1944— ），当今世界最具影响力的经济学家之一，在宏观经济学、经济增长、货币理论与政策等领域做出了卓越贡献。他的主要作品有《经济增长》《宏观经济学：现代观点》等。

罗伯特·霍尔（Robert Hall，1943— ），斯坦福大学教授，著名宏观经济学家。他的研究涉及消费、税收、经济增长等多个领域。

罗伯特·卢卡斯（Robert Lucas，1937—2023），美国经济学家，芝加哥大学经济学教授，芝加哥经济学派代表人物之一，因对"理性预期假说的应用和发展"所做的贡献获得1995年诺贝尔经济学奖。他的主要作品有《经济周期理论研究》《经济周期模型》《经济动态的递归方法》等。

罗伯特·索洛（Robert Solow，1924—2023），美国经济学家。因他在研究产生经济增长与福利增加的因素方面所做出的特殊贡献获得1987年诺贝尔经济学奖。他的主要作品有《资本理论与收益率》《美国失业的性质与原因》《增长理论评注》等。

罗伯特·萨默斯（Robert S. Summers，1922—2012），美国经济学家，曾任教于宾夕法尼亚大学。保罗·萨缪尔森之弟，劳伦斯·萨默斯之父。

罗伯特·福格尔（Robert W. Fogel，1926—2013），美国经济学家、芝加哥经济学派代表人物之一、芝加哥大学教授、芝加哥大学商学院人口经济学中心主任。因他在计量经济史方面出色的工作获得1993年诺贝尔经济学奖。他的主要作品有《苦难的时代：美国奴隶制经济学》《第四次大觉醒及平等主义的未来》等。

罗杰·迈尔森（Roger B. Myerson，1951— ），美国经济学家，博弈论大师。因他在创建和发展机制设计理论方面所做的贡献获得2007年诺贝尔经济学奖。他的研究领域包括经济学领域里的博弈论和政治学领域里的投票体制等。他的主要作品有《博弈论：矛盾冲突分析》《经济决策的概率模型》等。

罗纳德·科斯（Ronald H. Coase，1910—2013），英国经济学家，新制度经济学鼻祖，法律经济学的创始人之一，获得1991年诺贝尔经济学奖。他提出了"科斯定理"，是对初始的权利配置、交易成本、交换过程和资源配置效率四者内在联系进行的一种分析。他的代表作品有《企业的性质》《社会成本问题》等。

罗伊·福布斯·哈罗德（Roy Forbes Harrod，1900—1978），英国经济学家。他在不完全竞争理论、国际贸易理论、经济周期理论的研究中做出了重大贡献。他的主要作品有《经济周期》《改革世界的货币》《动态经济学》。

S

山姆·佩尔茨曼（Sam Peltzman，1940— ），美国芝加哥大学布斯商学院教授。曾担任美国总统经济顾问委员会的高级经济学家。

西蒙·史密斯·库兹涅茨（Simon Smith Kuznets，1901—1985），俄裔美国著名经济学家，美国的GNP之父。他获得了1971年诺贝尔经济学奖，主要作品有《各国的经济增长》《人口、资本和增长》《增长、人口和收入分配》等。

斯坦利·费希尔（Stanley Fischer，1943— ），以色列经济学家，新凯恩斯主义经济学理论的奠基人之一。他的主要作品有《宏观经济学》。

斯蒂芬·罗斯（Stephen Ross，1944—2017），美国经济学家，套利定价理论创始人。他因创立了套利定价理论(Arbitrage Pricing Theory，简称

APT)而举世闻名。他关于风险和套利的思想已成为许多投资公司的基本投资理念。

苏珊·阿西（Susan Athey，1970— ），美国经济学家，斯坦福大学商学院科技经济学教授，微软前顾问。2007年"克拉克奖"得主，2022年当选美国经济学会主席。与2021年诺贝尔经济学奖得主因本斯是夫妻。

T

西奥多·舒尔茨（Theodore W. Schultz，1902—1998），美国经济学家，芝加哥经济学派成员，最早研究经济发展理论的学者之一。因他在经济发展方面做出了开创性研究，深入研究了发展中国家在发展经济中应特别考虑的问题获得1979年诺贝尔经济学奖。他的主要作品有《农业的经济组织》《世界农业中的经济危机》《经济成长和农业》等。

托马斯·谢林（Thomas C. Schelling，1921—2016），美国经济学家，学者。因他通过博弈论分析改进了我们对冲突和合作的理解获得2005年度诺贝尔经济学奖。他的代表作品有《冲突的战略》《微观动机与宏观行为》等。

托马斯·萨金特（Thomas J. Sargent，1943— ），美国经济学家，主要研究总体经济学、货币经济学、时间序列等。理性预期学派的领袖人物，为新古典宏观经济学体系的建立和发展做出了杰出贡献。他因对宏观经济中因果的实证研究获得2011年诺贝尔经济学奖。他的主要作品有《理性预期与经济计量实践》《理性预期与通货膨胀》等。

托马斯·皮凯蒂（Thomas Piketty，1971— ），法国著名经济学家，巴黎经济学院教授，法国社会科学高等研究院研究主任，主要研究财富与收入不平等。2014年，他成为年度最红经济学家，主要作品有《21世纪资本论》等。

托马斯·罗伯特·马尔萨斯（Thomas Robert Malthus，1766—1834），英国教士、人口学家、政治经济学家，提出了著名的人口理论。他的主要作品有《人口原理》《地租的性质和增长及其调节原则的研究》《政治经济学原理的实际应用》等。

托斯丹·邦德·凡勃伦（Thorstein Bunde Veblen，1857—1929），美国经济学家、制度经济学创始人。他的代表作品有《有闲阶级论》《营利企业论》等。

斯瑞尼瓦桑（T. N. Srinivasan，1933—2018），印度经济学家，国际经济学和发展经济学家，耶鲁大学教授。他的主要研究领域包括国际贸易、发展理论、农业经济学以及微观经济理论等。他的主要作品有《国际贸易讲义》《印度的经济改革》等。

W

瓦西里·里昂惕夫（Wassily Leontief，1905—1999），俄裔美籍经济学家，因他在发展投入—产出分析方法方面的杰出贡献获得1973年度诺贝尔经济学奖。他的主要作品有《1919—1929年美国经济结构》《美国经济结构研究：投入产出分析中理论和经验的探索》《投入产出经济学》等。

沃尔特·海勒（Walter Heller，1915—1987），美国经济学家。主要作品有《经济：旧神话与新现实》等。

威廉·阿瑟·刘易斯（William Arthur Lewis，1915—1991），圣卢西亚

经济学家，作家，教授。他在经济发展方面做出了开创性研究，深入研究了发展中国家在发展经济中应特别考虑的问题，获得1979年诺贝尔经济学奖。他的主要作品有《经济增长理论》《经济成长面面观》《国际经济秩序的演变》等。

威廉·贝弗里奇（William Beveridge，1879—1963），英国经济学家，社会问题和失业问题专家。他的主要作品有《贝弗里奇报告》《自由社会的全面就业》等。

威廉·伊斯特利（William Easterly，1957— ），纽约大学经济学教授，曾在世界银行、全球发展中心和国际经济学研究所任职。他的主要作品有《白人的负担》《在增长的迷雾中求索》等。

威廉·诺德豪斯（William Nordhaus，1941— ），美国经济学家，美国最有影响的50名经济学家之一，全球研究气候变化经济学的顶级分析师之一，现任耶鲁大学惠特尼·格里斯伍尔德经济学教授和考尔斯经济学研究基金会理事。他因在可持续发展增长研究领域做出的突出贡献获得2018年诺贝尔经济学奖。他的主要作品有《绿色经济学》《均衡问题：全球变暖的政策选择》等。

威廉·斯坦利·杰文斯（William Stanley Jevons，1835—1882），英国经济学家、逻辑学家，边际效用学派的创始人之一，数理经济学派早期代表人物。他的主要作品有《政治经济学理论》等。

威廉·维克里（William Vickrey，1914—1996），加拿大政治经济学教授，激励经济理论奠基者。因他在不对称信息下对激励经济理论做出的奠基性贡献获得1996年诺贝尔经济学奖。他的主要作品有《累进税制议程》《突变论和宏观经济学》等。

沃尔夫冈·斯托尔珀（Wolfgang Stolper，1912—2002），美国经济学家。和萨缪尔森一起提出了斯托尔珀－萨缪尔森定理。

X

夏威尔·萨拉-伊-马丁（Xavier Sala-i-Martin，1962— ），美国经济学家，世界经济论坛首席经济顾问，《全球竞争力报告》创始编著者，达沃斯世界经济论坛首席经济学顾问。他是经济增长和发展、宏观经济学、社会保障、公共财政、货币理论和健康经济学方面的权威。世界经济论坛年度发布的《全球竞争力报告》便是根据萨拉－伊－马丁于2004年编制设计的"全球竞争力指数"来评定的，该指数从12个方面衡量一国的综合竞争力状况。他的主要作品有《经济增长》等。

Z

张培刚（1913—2011），中国经济学家，发展经济学奠基人。博士论文《农业与工业化》，是世界上第一部从历史上和理论上比较系统地探讨农业国家或经济落后国家如何实现工业化和经济发展的专著。他创立了系统的农业国工业化理论，为发展经济学的诞生奠定了理论基础；提出了建立新型发展经济学的理论构想，为发展经济学在当代的新发展指明了方向；率先倡导并推动现代市场经济学在中国的引进和普及。他的主要作品有《新发展经济学》《发展经济学与中国经济发展》《微观经济学的产生和发展》等。

张五常（1935— ），中国经济学家，现代新制度经济学和现代产权经济学的创始人之一，新制度经济学代表人物之一。他的主要作品有《佃农理论》《经济解释》《中国的经济制度》等。